보혈의 비밀과 권능을 알고 사용토록 안내하는 책

보혈의 권능을 사용하는법

강요셉 지음

보혈을 사용해야 영육의 자유함을 누린다. 성령

보혈의 권능을 사용하는 법

성령

들어가는 말

예수님의 보혈은 신비한 은혜가 있습니다. 예수님 보혈은 권능이 있습니다. 예수님의 보혈은 치유가 있습니다. 예수님의 보혈의 권능은 마귀 귀신을 쫓아냅니다. 제가 지난 세월동안 성령사역을 하다가 보면 많은 분들이 보혈의 권능을 잘 모르고 있습니다. 또 보혈을 활용하는 법을 잘 모르고 있습니다. 보혈의 능력을 잘 몰라 활용을 못하고 있는 줄도 모릅니다. 이 책을 통하여 보혈의 신비한 은혜를 알고 사용할 수 있기를 소원합니다.

이스라엘은 해마다 유월절이면 어린양을 잡아 양고기를 먹고 그 피를 문의 좌우 설주에 바릅니다. 심지어 결혼할 때 신부의 연지와 곤지도 귀신을 쫓고 죽음을 물리치는 피를 상징 한다고 합니다. 귀신 들린 사람에게 예수님의 보혈을 사용하여 보세요. 그러면 소리를 지르며 도망합니다. 보혈은 귀신을 쫓아내는 권능이 있기 때문입니다.

이외에도 거룩하신 주님의 보혈이 얼마나 큰 능력이 있는지 바르게 알아야 합니다. 주님의 피 한 방울이면 전 우주를 씻기고도 남습니다. 지금도 쉬지 않고 흐르는 주님의 보혈이 얼마나 많은 죄를 씻기며 얼마나 위대한 능력이 있는지 가히 상상을 해 보셨습니까? 나이아카라 폭포가 끊어지지 않고 계속되는 한 주님의 보혈도 계속 흐를 것입니다. 주님의 보혈은 가고 오는 모든 세대를 향하여 주님 재림하실 때까지 흐릅니다.

히브리서는 이렇게 말씀합니다. 예수 그리스도는 십자가에서 단번에 자신을 속죄제 물로 드려 단 한 번에 영원한 속죄를 이루셨고 그 거룩한 보혈은 죽은 영혼을 살리고 모든 죄를 씻기시며, 우리의 심령으로 살아계신 하나님을 능히 섬기게 할 수 있다고 말씀하고 있습니다. 그러므로 주님의 거룩한 보혈은 능치 못할 일이 없습니다.

저자는 그동안 목회사역과 성령치유 사역을 통하여 터득한 보혈의 비밀을 한 권의 책으로 망라했습니다. 이 책을 통하여 예수님의 보혈의 신비와 권세와 능력을 알고 사용토록 심려를 기우려 **"보혈의 권능을 사용하는 법"**이라는 책을 완성했습니다. 독자 모두 이 책을 통하여 보혈의 권세와 신비를 바르게 알기를 소원합니다. 그리고 보혈의 능력을 사용할 수 있기를 바랍니다. 이 책을 읽는 분마다 보혈의 능력이 흘러넘칠 것입니다.

주후 2013년 08월 10일
충만한 교회 성전에서
저자 강요셉목사.

보혈의 권능 목차

들어가는 말 -3

01장 보혈의 권능을 사용하는 비결 -7

02장 보혈의 신비한 은혜와 능력 -25

03장 어린양의 뿌린 피의 효력 -44

04장 예수님의 보혈에 숨은 비밀 -62

05장 보혈은 지옥에서 천국 가는 능력 -80

06장 보혈의 효력을 극대화 하는 법 -99

07장 새사람으로 태어나게 하는 보혈 -116

08장 보혈의 초자연적인 권세와 능력 -135

09장 보혈의 신비한 능력을 사용하는 법 -147

10장 보혈의 초자연적인 권능을 적용하는 법 -171

11장 예수님의 피의 권세를 사용하는 법 -192

12장 보혈의 능력으로 삶을 치유하는 법 -208

13장 보혈의 권세로 귀신을 축사하는 법 -227

14장 보혈로 죄와 상처를 치유하는 법 -246

15장 성령을 강림하게 한 근원인 보혈 -266

16장 영육을 치유하는 피가 흐르는 말씀 -281

17장 십자가에 숨어있는 초자연적인 위력 -298

18장 십자가로 일어난 큰 사건의 실상 -316

19장 보혈의 새 옷으로 갈아입는 법 -334

20장 보혈로 구원과 성화를 이루는 법 -346

1장 보혈의 권능을 사용하는 비결

(히 9:14)"하물며 영원하신 성령으로 말미암아 흠 없는 자기를 하나님께 드린 그리스도의 피가 어찌 너희 양심으로 죽은 행실에서 깨끗하게 하고 살아계신 하나님을 섬기게 못하겠느뇨"

예수님의 피는 죄를 이기는 권능이 있습니다. 보혈을 사용할 때 어두움의 영이 물러갑니다. 예수님의 피는 모든 죄를 씻어주는 능력이 있습니다. 예수님의 피는 죄의 저주를 제기하는 역사가 있습니다. 예수님의 피는 죄의 결박을 끊어주는 힘이 있습니다. 예수님의 피는 나의 마음을 깨끗하게 하시고 거룩하게 하는 권능이 있습니다. 예수님의 피는 나의 돌 같은 굳은 마음을 녹여 주시고, 악하고 강한 마음을 사라지게 하십니다.

예수님의 피는 나의 마음을 온유하고 부드럽게 녹여 주십니다. 예수님의 피는 나의 더러운 마음이 사라지게 하십니다. 예수님의 피는 모든 질병이 생겨나지 않게 하시고, 질병을 이겨내는 능력을 십니다. 예수님의 피는 모든 질병을 치료해 주십니다. 예수님의 피는 죄의 유혹과 죄의 욕구가 마음에서 사라지게 하시며, 예수님의 피 만이 부정을 거룩하게 하고, 더러운 것을 깨끗하게 하는 능력임을 믿고 사용해야 합니다.

1. 보혈의 능력으로 귀신축사 사례

성령으로 충만한 가운데 보혈을 사용하며 축귀를 해야 합니다. 그래야 귀신이 떠나가는 것입니다. 무조건 예수 보혈을 외친다고 귀신이 떠나가지 않습니다. 저는 이렇게 합니다. 귀신의 종류에 따라 쉽게 떠나가는 귀신이 있는가하면 그렇지 못한 귀신이 있습니다. 쉽게 떠나가는 귀신은 일반적인 방법을 사용하면 됩니다. 잘 떠나가지 않는 귀신은 이렇게 합니다. 예수 피! 예수 피! 하면서 기도합니다. 그러면 피사역자가 깜작깜작 놀라면서 귀신이 정체를 드러냅니다. 정체를 드러내면 불러내어 축귀를 합니다. 아주 강한 귀신은 "내가 예수 이름으로 보혈을 이 사람 속에 붓노라. 예수님의 보혈을 이 사람 속에 들어붓노라. 예수 이름으로 보혈은 이 사람 속에 차고 넘칠 지어다." 합니다.

그러면 귀신이 정체를 폭로합니다. 그래도 떠나가지 않으면 "내가 나사렛 예수 이름으로 이 사람에게 예수 피를 뿌리노라. 붓노라." 하면서 지속적으로 명령을 합니다. 그러면 귀신의 종류에 따라 정체를 폭로하면서 떠나갑니다.

또 다른 방법은 축귀를 하면서 성령의 음성을 들어가면서 성령이 알려주시는 '레마'에 따라 명령하는 것입니다. 성령께서 어떤 때는 천사를 이용하게 하시기도 합니다. 예를 든다면 "예수님 이 사람에게 강한 천사를 보내시어 이악한 귀신을 몰아내게 하소서. 강한 천사들아 이곳에 와서 나를 도울지어다. 예수님 강한 천사를 보내서 이 귀신들을 몰아내소서. 강한 천사들아 귀신을 결박하여 끄집어낼지어다." 하면서 명령을 합니다.

귀신에 따라서 2시간 20분 만에 나가는 귀신도 있다는 것을 알아야 합니다. 귀신은 떠나갈 수 있는 조건이 되어야 떠나가기 때문입니다. 반드시 성령의 임재 하에 축귀를 해야 한다는 것입니다. 이렇게 보혈의 권능을 귀신축사 할 때 사용할 수 있어야 성도는 하나님이 주신 권세를 사용할 줄 알아야 합니다.

2. 보혈을 이용하여 류머티즘 관절염과 심장병치유

김 권사는 심장병과 류머티즘 관절염으로 많이 고생을 하였습니다. 전철을 타려고 세 계단만 올라가도 쉬어야만 할 정도였다고 합니다. 그러다가 친구들의 권면을 받고 우리 교회에 와서 치유를 받았습니다. 자신을 지금까지 괴롭히던 질병을 치유 받을 수 있다는 사모하는 마음으로 맨 앞에 앉아서 은혜를 받았습니다. 성령의 불세례를 체험했습니다. 본인에게 호흡을 들이쉬고 내쉬면서 아랫배에서 나오는 소리로 기도를 하라고 했습니다. 질병을 치유 받고 축귀를 하려면 기도가 바뀌어야 하기 때문입니다. 그래야 성령께서 장악하시고 역사합니다. 내가 알려준 대로 순수하게 기도를 했습니다. 성령이 완전하게 장악을 했습니다. 그래서 제가 기도시간마다 안수하면서 예수 보혈을 뿌리고 부으면서 귀신을 물리쳤습니다. "예수 이름으로 명하노니 심장병을 일으키는 귀신은 떠나갈지어다."하고 안수하면 발작만 하지 귀신이 떠나가지 않았습니다. 그래서 내가 "예수 이름으로 권사의 입에 예수 피를 붙노라. 김 권사의 입에 예수 피를 퍼 붙노라."하고 보혈을 사용하면서 안수기도를 하니 귀신이 악을 쓰다가 기침을 한동안 하다가 떠나갔습니다. "예수 이름으로 보혈을 붓고 뿌리노라. 류머티즘 관절염을 일으키는 귀신은 떠나갈지어다." 하면서 안수를 하니 발작을 하고 기침을 하면서 귀신들이 떠나갔습니다. 몇 주를 성령이 감동하시는 대로 안수하면서 명령을 했습니다.

　그러면서 권사의 얼굴이 점점 밝아지는 것을 보게 되었습니다. 몇 주를 다니다가 나에게 이렇게 간증을 했습니다. "목사님 내가 처음 여기 올 때는 계단 세 개를 올라가서 쉬고, 또 올라가고 했는데 지금은 오십 계단을 거뜬하게 올라갑니다." 이 권사는 출산 후 당한 두려움과 공포의 영으로 심장병과 류머티즘 관절염으로 고생을 했는데 말씀과 성령으로 내적치유하고 귀신을 쫓아내서 완벽하게 치유 받은 것입니다. 이렇게 예수님의 보혈과 성령의 권능으로 귀신을 축귀하여 성도들의 질병에서 해방 받게 할 수가 있습니다.

3. 보혈을 이용 부부문제를 치유

　몇 해 전에 임신을 해서 만삭이 된 여자가 집회에 참석하여 상담을 요청한 적이 있었습니다. 내가 그 여자에게 "어떻게 오셨습니까?" 하고 물었더니 "답답한 일이 있어서 인근에 기도원에 갔다가 강요셉 목사님 소문을 듣고 왔습니다." 하고 말하는 것입니다. 그 여자는 결혼을 한지 일 년이 됐다고 했습니다. 그리고 남편이 결혼하기 전에는 "너 없이는 못산다." 하면서 쫓아다녔다고 말했습니다. 그래서 결혼을 했는데 신혼 첫날밤을 자고 나자마자 그 이튿날부터 남편이 "너 꼴 보기 싫어서 못산다." 하고 말을 한다는 것입니다. 그리고서는 이혼하자고 집에 들어오지도 않는다는 것입니다. 그래서 나는 너무 딱한 사정을 듣고 성령님 이것이 무슨 문제입니까? 하고 물어보니 성령께서 "이것은 부부를 이혼시키려는 귀신의 역사이다." 하고 감동을 주시는 것입니다. 그 여자를 보니 불쌍한 마음이 들었습니다. 그래서 머리에 손을 얹고 "하나님 아버지 불쌍히 여겨 주옵시고, 이 사랑하는 딸이 어려움 가운데 있는데 도와주시옵소서." 성령이여 임하소서. "내가 예수 이름으로 예수님의 피를 이 여인의 입에 붓고 뿌린다." 하며 안수 기도하는데 이 여자가 갑자기 깔깔깔 웃는 것입니다. 그래서 순간 얼마나 소름이 끼쳤는지 모릅니다. 성령께서 감동하시기를 귀신은 여자에게 들어와서 이 가정을 파탄시키려고 부부간에 갈등을 생기게 하고, 이혼시키려고 한다는 것입니다. 언제 들어왔느냐고 물어보니 결혼 첫날밤에 들어왔다는 것입니다. 누구냐고 물어보니 이 여자 친정어머니라는 것입니다. (참고로 친정어머니가 귀신 되어 이 여자에게 들어온 것이 아니고 생전에 친정어머니를 이혼하게 한 귀신이라는 것을 명심하세요. 친정어머니는 예수를 믿었기 때문에 천국에 간 것입니다.) 그래서 너무 괘씸해서 "예수의 이름과 보혈을 이용하여 명하노니 이 가정을 파괴하고, 행복을 파괴하는 귀신은 떠나갈지어다." 하고 명령을 했습니다. 그랬더니 앉은 자세에서 뒤로 넘어져서 한동안 발작은 하면서 귀신은 떠나가지를 않는 것입니다. 만삭된 몸이 뒤로 넘어져서 발작을 하기 때문에 애가 잘못됐을까봐 걱정을 했습니다. 다시 "내가 예수님의 이름으로 예수 피를 붓고 뿌리노라."하니까, 한 참동안 발작을 하다가 괴성과 기침을 하면서 귀신이 떠나가는 것입니다. 여인이 툭툭 털고 일어나면서 마음이 기쁘다고 말했습니다. 그래서 그 여자에게 친정어머니가 생전에 어떻게 지냈느냐고 물었습니다. 그랬더니 시집을 가자마자 이혼하고 자신을 기르면서 둘이 지냈다는 것입니다. 그 친정어머니가 이 년 전에 돌아 가셨다는 것입니다. 여자 분에게 내가 좀 더 치유를 받으러 다니라고 권면했습니다. 그래야 혈통으로 흐르는 이혼의 영이 완전하게 떠나갈 것이라고 했습니다. 그리고 한 이 개월이 지난 다음에 그 여자에게 계속 치유를 받아 혈통으로 역사하던 귀신이 떠나갔으니 "이제 가보십시오. 남편도 돌아올 것입니다." 하고 돌려보냈습니다. 그 다음 얼마동안 치유를 더 받으러 다녔습니다. 건강한 아들을 출산했다고 전화가 왔습니다. 남편도 돌아와서 화목하게 잘 지내고 있다는 것입니다. 이러한 문제는 육신의 병보다 더 심각한 것입니다. 예수는 좋은 것을 주시지만 마귀는 나쁜 것을 줍니다. 하나님은 좋은 씨를 뿌려주었는데 귀신이 가라지를 뿌린 것입니다. 분별하여 축귀하므로 불필요한 고난을 당하지 말아야 합니다.

4. 보혈을 이용 허리디스크치유

저는 강북에 사는 김 집사입니다. 허리디스크로 인하여 양쪽 다리가 아파도 제대로 걷지를 못했습니다. 병원에서는 수술을 하라고 하는데 한번 수술을 받았으나 치유되지 않고 재발하여 수술을 하지 않고 하나님의 은혜로 치유를 받기 작정을 했습니다. 충만한 교회 집회에 참석하여 은혜를 받았습니다. 2일째 되는 날 말씀은 전하시고 찬양을 부른 후에 "아픈 곳이 있는 분은 나오시오!"하고 말을 하는 것입니다. 그래서 내가 나갔습니다. 목사님이 "어디가 아프십니까?" 질문을 해서 양쪽 다리가 굉장히 아프다고 했습니다.

목사님이 저에게 누우라고 하고 양발을 잡고 발의 상태를 점검하는 것입니다. 그러면서 하시는 말씀이 오른쪽 발이 약 2센티 정도 길다는 것입니다. 그러면서 양쪽 다리를 들고 골반을 돌이면서 기도를 하셨습니다. 목사님이 다리를 잡고 기도를 했는데 갑자기 내가 머리를 바닥에 박고 몸이 활과 같이 휘어졌습니다. 순간 아~ 이렇다가 허리가 부러지면 어떻게 하지하며 은근히 걱정이 되었습니다.

막 투두둑 하는 소리가 나면서 빙글빙글 돌았습니다. 계속 돌았습니다. 목사님은 저의 발에 손을 얹고 있었습니다. 목사님이 연속적으로 "성령님 강하게 역사하여 주옵소서" 하고 기도를 한 후에 계속해서 돌도록 내버려두셨습니다. 어느 정도 안정이 되자, 목사님이 허리디스크를 일으켜서 양다리가 아프게 한 질병의 영은 떠나가라 하고 명령을 하셨습니다. "예수 이름으로 보혈을 허리에 바른다. 허리디스크는 치유될지어다. 예수 피를 입에 붙는다. 귀신은 정체를 밝히고 떠나갈지어다." 그러니까 계속 활과 같이 휘어지면서 저는 기침을 사정없이 했습니다. 목사님이 "허리디스크를 발생하게 한 악한 영은 예수 이름으로 명하노니 완전하게 해놓고 떠갈지어다." 하고 명령을 하셨습니다. 기침을 막하다가 잠잠해졌습니다. 일어서라고 하셨습니다. 목사님이 지금도 양발이 아프십니까? 하시는 것입니다. 그래서 통증이 순간 없어졌다고 대답을 했습니다. 그러면서 저에게 "어떻게 그렇게 허리 디스크가 발생이 된 것이냐?" 질문을 하시는 것입니다. 제가 몇 년 전에 건축 공사장에서 일을 했습니다. 공사장에 가면 난간 같은 곳에 쇠파이프를 많이 해놨습니다. 그가 거기를 지나가다가 그 쇠파이프에 이마를 정통으로 부딪쳤습니다. 얼마나 충격을 받았는지 허리까지 뒤로 재껴졌습니다. 그때 허리를 다친 것 같습니다. 그러니까 앉으라고 하셨습니다. 앉으니까, "예수 이름으로 명하노니 그 때 공사장에서 놀랄 때 들어온 귀신을 떠나갈지어다." 명령을 하시는 것입니다. 막 기침을 사정없이 하면서 귀신이 떠나갔습니다. 목사님이 지금은 치유되어서 통증이 없어졌지만 다시 재발을 할 수가 있으니 몇 주더 다니면서 은혜를 받으라고 해서 6주 동안 다녔습니다. 지금 치유를 받은 지 일 년이 되었는데 아프지를 않습니다. 완벽하게 치유하여 주신 것입니다.

5. 보혈의 능력으로 절을 이사 보낸 사례

제가 시화에서 목회할 때 4층에서 창문 밖을 보니까, 사찰이 바로 앞 건물로 들어오는 것입니다. 교회가 있는데 사찰이 들어 왔다는 것은 한마디로 문제가 있는 것입니다. 한편으로 생각하면 사찰의 주지가 교회와 목사를 우습게 여겼다는 것입니다. 강력한 영적인 전쟁이 필요한 것입니다. 제가 예배 시간에 성도들에게 담대하게 말했습니다. 사찰이 6개월을 못 버티고 이사를 갈 것이라고 말입니다. 이사 온 사찰과 영적인 전쟁을 하기 시작한 것입니다. 교회에서 성령으로 기도를 뜨겁게 하고 사찰을 찾아 갔습니다. 사찰이라 출입문이 아주 견고하고 좋았습니다. 사찰의 출입문 문고리를 잡고 성령의 임재를 요청했습니다. "성령이여! 임하소서. 성령이여! 이 사찰을 사로잡으소서. 내가 예수님의 이름으로 보혈을 붓고 바르고 뿌린다. 내가 예수님의 이름으로 보혈을 붓고 바르고 뿌린다. 예수 이름으로 명하노니 사찰에 역사하는 더러운 귀신들은 떠나갈지어다. 예수 이름으로 명하노니 사찰에 역사하는 더러운 귀신들은 떠나갈지어다. 천사들아 이 사찰에 한 사람도 들어가지 못하도록 보초를 설지어다. 천사들아 이 사찰에 한 사람도 들어가지 못하도록 보초를 설지어다. 내가 예수님의 이름으로 보혈의 피를 붓고 바르고 뿌리노라. 내가 예수님의 이름으로 보혈의 피를 붓고 바르고 뿌리노라." 다음날 다시 가서 동일하게 기도를 했습니다. 그런데 문제가 생긴 것입니다. 6개월이 지나도 사찰이 이사를 가지 않는 것입니다. 교회에서 성령으로 기도를 했습니다. "성령이여! 역사하소서. 저 사찰이 이사하여 하나님의 살아계심을 나타내소서." 다시 기도를 한 후 2달이 채 되지 않아서 이사를 가는 것입니다. 그러니까 8개월을 버티지 못하고 이사를 간 것입니다. 보혈을 이렇게 강력한 권능이 있습니다.

6. 보혈로 능력심방 하는 사례

평소 친분이 있는 전도사가 집을 새로 구입해서 심방을 해달라고 부탁을 했습니다. 그래서 거절하지 못할 관계라 심방을 갔습니다. 가서 심방을 해주었습니다. 가정을 성령으로 충만하게 하고 성령으로 장악을 하는 것을 목적으로 심방을 했습니다. 심방을 끝내고 점심을 대접한다고 하기에 점심을 먹기로 하고 식당에 가서 점심을 먹는데 이왕 여기까지 오셨으니 급한 사정이 있는 집이 있는데 한 가정 심방을 해달라고 했습니다.

그래서 그러자고 하고 그 집을 방문했습니다. 가정 사정을 들어보니 2년 전에 빌라를 팔려고 부동산에 내 놓았는데 지금까지 팔리지를 않는다는 것입니다. 한 달 후면 분양받은 아파트에 들어가야 하는데 빌라가 나가야 중도금을 주고 들어갈 수가 있는데 팔리지를 않는 다는 것입니다. 그래서 예배를 드렸습니다. 제가 심방할 때마다 예배를 드리는 순서대로 심방을 진행했습니다. 성령의 임재가 가정을 장악한 것을 느끼고 보혈을 이용한 대적기도를 했습니다.

"성령이여! 임하소서. 성령이여! 이 가정을 사로잡으소서. 내가 나사렛 예수 이름으로 이 가정에 예수 피를 붓고 뿌리노라. 빌라를 나가지 못하도록 방해하는 더러운 영은 떠나갈지어다. 내가 나사렛 예수 이름으로 이 가정에 예수 피를 붓고 뿌리노라. 빌라를 나가지 못하도록 방해하는 더러운 영은 떠나갈지어다. 천사들아 나가서 빌라 새 주인을 보시고 올지어다. 빌라가 빨리 나가도록 도울지어다." 대적 기도를 강하게 하고 돌아왔습니다. 일주일이 지나자 집이 팔린 것입니다. 그래서 정확한 시간에 중도금을 지불하고 이사를 갈 수가 있었습니다. 이렇게 심방을 할 때도 예수 보혈을 이용하여 예배를 드림으로 문제를 해결할 수가 있습니다.

성령의 임재 가운데 예수님의 피를 뿌리고 집안에 부으면 더러운 귀신들이 더 이상 능력을 행사하지 못하고 떠나가는 것입니다. 모두 보혈의 능력으로 가정을 장악하시기를 바랍니다.

7. 보혈로 교회를 정화한 사례

제가 시화에서 교회를 개척하고 얼마 되지 않는 시기에 있었던 사례입니다. 우울증에 걸려 고생하는 여 집사가 교회에 찾아와서 기도를 해달라고 사정해서 기도를 해주었습니다. 한 두 시간동안 안수 기도와 축사를 해주었더니 너무 평안하다고 하면서 집으로 돌아갔습니다. 그런데 우울증을 치유 받은 환자가 돌아가고 난 다음에 문제가 발생할 것입니다. 제가 교회를 둘러보니까, 순간 보이는데 큰 뱀들이 천정 여기저기에 힘이 빠져서 돌아다니고 있는 것입니다. 그래서 성령의 임재를 요청했습니다.

"성령이여 임하소서, 성령이여 임하소서, 성령님 교회를 장악하여 주옵소서. 예수 이름으로 명하노니 우울증 집사에게 붙었다가 나와서 교회 안에 돌아다니는 귀신은 물러갈지어다. 예수 이름으로 명하노니 우울증 집사에게 붙었다가 나와서 교회 안에 돌아다니는 귀신은 물러갈지어다. 예수 이름으로 명하노니 우울증 집사에게 붙었다가 나와서 교회 안에 돌아다니는 귀신은 물러갈지어다. 내가 예수 피를 교회 안에 덮고 뿌리노라. 내가 예수 피를 교회 안에 덮고 뿌리노라. 내가 예수 피를 교회 안에 덮고 뿌리노라." 하면서 한동안 강하게 대적기도를 했더니 깨끗해졌습니다.

그 때 제가 느끼고 체험한 것은 아~ 교회가 성령의 강한 역사가 일어나지 않으면 더러운 귀신들이 축사되어도 바로 떠나가지 않고, 교회 안에 자리를 잡고 있으면서 문제를 일으킬 수가 있겠다는 것을 체험적으로 알게 되었습니다.

이렇게 성령의 임재 하에 예수님의 보혈을 적용하여 지속적으로 교회를 정화시켜야 합니다. 반드시 성령의 임재를 요청하여 교회를 장악하게 된 다음에 보혈을 덮고 뿌려야 합니다. 성령의 세례를 받지 않는 성도가 아무리 큰 소리를 지르면서 예수님의 보혈을 덮고 뿌린다고 더러운 영들이 떠나가지 않습니다. 보혈의 권능을 사용하려면 성령으로 세례 받는 것이 중요합니다.

8. 보혈의 능력으로 공황장애치유 사례

공황장애나 불안장애는 세상에서 불치병이라고 합니다. 그런데 성령의 권능과 예수님의 보혈을 사용하여 영적치유를 하면 치유가 된다는 것입니다.

얼마 전에 공황장애로 하루에 세 번씩 약을 먹는 30대 후반의 여인을 치유한 경험을 적습니다. 공황장애가 발병하여 고통을 당하다가 저희 교회를 받고 와서 2주 동안 다니면서 내적치유를 받았습니다. 저희 교회는 매주 토요일 날 개별 능력전이와 영육 집중치유 시간을 2시간 30분씩 하고 있습니다. 이분이 예약하여 치유를 받았습니다.

성령의 임재를 요청하고 예수님의 보혈을 사용하며 안수 기도를 시작했는데 50분이 지나도록 성령의 역사가 일어나지 않았습니다. 50분이 지나지 성령의 역사로 악을 쓰면서 울기 시작을 했습니다. 제가 예수 이름으로 보혈을 붓고 뿌렸습니다. "예수 이름으로 보혈을 붓고 뿌리노니 상처는 드러나고 악한 영은 떠나가라." 명령을 했습니다. 그러자 울면서 악을 쓰면서 상처들이 떠나갔습니다. 태중과 유아 시절에 충격을 받을 때 들어온 귀신들이 떠나가기 시작을 했습니다. 이렇게 하기를 50여 분을 했습니다. "상처가 치유되고 귀신이 떠나가자 얼굴에 화색이 돌면서 하나님 감사합니다."를 연발하는 것입니다.

찬양을 부르기도 하고 방언찬양을 하기도 했습니다. 2시간 30분 정한 시간이 끝나서 제가 질문을 했습니다. 지금 기분이 어떠세요. 너무 너무 평안합니다. 그때 제가 2시간 30분간 하는 영육 집중치유가 필요하다는 것을 절실하게 느꼈습니다. 집으로 돌아가서 약을 끊고 생활해도 불안하지를 않다는 것입니다. 그래서 제가 완전히 치유가 된 것이 아니니 지속적으로 성령 충만을 받으라고 권면을 했습니다.

9. 보혈로 가정과 교회를 장악한 사례

우리가 이사를 간다든지 교회를 옮긴다든지 하면 반드시 해야 될 영적인 일이 있습니다. 가정과 교회를 성령의 권능과 예수님의 보혈로 장악하는 일입니다. 제일 좋은 방법이 성령의 임재 하에 예수님의 보혈을 붓고 바르고 뿌리는 것입니다.

매일 아침저녁으로 출입문 문고리를 잡고, "내가 예수님의 이름으로 우리 가정에 보혈을 붓고 바르고 뿌리노니 집과 교회에 역사하는 귀신들은 떠나갈지어다. 내가 예수님의 이름으로 우리 가정에 보혈을 붓고 바르고 뿌리노니 집과 교회에 역사하는 귀신들은 떠나갈지어다." 지속적으로 명령하시기를 바랍니다.

그러면 이사나 장소를 이전하여 생기는 불미스러운 일들이 생기지 않습니다. 이사한 직후에 악한 영의 역사로 교통사고가 다발적으로 나는 사람이 있습니다. 아이들이 돌아가면서 아픈 경우도 있습니다. 부부 불화가 심한 경우도 있습니다. 예수님의 보혈을 이용하여 가정과 교회를 장악하면 이러한 불미스러운 일들이 일어나지 않습니다.

10. 보혈로 가난을 물리친 사례

강북 상계동에 사는 어느 집사님이 가난으로 고통을 당하다가 저를 찾아왔습니다. 제가 사정을 듣고 보혈을 사용하여 대적기도를 지속적으로 하도록 상세하게 알려주었습니다.

집에 돌아가 제가 가르쳐준 대로 집사님이 매일 입버릇처럼 "성령이여! 임하소서. 성령이여! 우리 가정을 사로잡아주옵소서. 내가 예수 이름으로 우리 가정에 보혈을 붓고 뿌리노니 우리 가정에 대물림되는 가난의 저주는 끊어질지어다. 내가 예수 이름으로 우리 가정에 보혈을 붓고 뿌리노니 우리 가정에 가난으로 역사하는 귀신은 예수 이름으로 명하노니 떠나갈지어다. 내가 예수 이름으로 우리 가정에 보혈을 붓고 뿌리노니 우리 가정에 대물림되는 가난의 저주는 끊어질지어다. 예수 이름으로 명하노니 가난으로 역사하는 귀신은 떠나갈지어다. 예수 이름으로 명하노니 우리 가정에 대물림되는 가난의 저주는 끊어질지어다. 예수 이름으로 명하노니 가난으로 역사하는 귀신은 떠나갈지어다. 예수 이름으로 보혈을 붓고 뿌리노니 우리 가정에 재정 축복의 영이 임할지어다. 예수 이름으로 보혈을 붓고 뿌리노니 우리 가정에 재정 축복의 영이 임할지어다. 우리 남편의 손에 돈을 버는 능력이 임할지어다." 하면서 보혈을 붓고 뿌리면서 대적기도 하며 다녔다고 합니다.

남편이 하는 사업이 서서히 풀리기 시작하여 조그마한 주택도 마련하고 이제는 먹고 사는 것을 걱정하지 않아도 될 만큼 가정 경재가 좋아졌습니다. 계속적으로 대물림되는 가난의 마귀저주를 예수님의 보혈을 사용하여 끊고 귀신을 몰아낸 결과입니다. 이렇게 가계의 가난 대물림도 예수님의 보혈을 가정에 지속적으로 붓고 뿌림으로 물리 칠 수가 있습니다.

보혈의 능을 사용하여 가난을 물리치시기를 바랍니다. "예수님 가난을 물리쳐 주시오소서." 하고 간구만 하지 말고, "내가 예수님의 보혈을 붓고 뿌리노니 가난의 대물림은 끊어질지어다. 가난의 귀신은 떠나갈지어다. 재정의 축복이 임할지어다." 직설 화법으로 대적기도를 해야 합니다.

11. 보혈의 능력으로 질병치유 사례

예수님은 우리의 질병을 고쳐 주시기 위해 채찍에 맞으시는 일을 감내하셨습니다. 예수님은 우리에게 완전한 건강을 주시기 위해 우리의 질병을 담당하셨습니다. 성도는 예수님의 보혈의 권세를 사용하여 질병을 치유할 줄 알아야 합니다.

저는 질병을 치유하면서 예수님의 보혈을 사용합니다. 성령의 임재를 요청하여 성령께서 환자를 완전하게 장악을 하면 명령을 합니다. "내가 예수님의 이름으로 환부에 보혈을 붓고 뿌리노니 질병은 치유될지어다." 하면서 기도를 합니다.

만약에 심장병 환자라면 이렇게 합니다. "내가 예수님의 이름으로 심장에 보혈을 붓고 뿌리노니 심장병은 치유될지어다. 내가 예수님의 이름으로 심장에 보혈을 붓고 뿌리노니 심장병은 치유될지어다." 하면서 안수 기도를 하면 환자가 기침을 사정없이 합니다.

다시 이렇게 기도를 합니다. "내가 예수님의 이름으로 심장에 보혈을 붓고 뿌리노니 심장은 치유될지어다. 심장은 강심장이 될지어다." 기도하면 심장이 치유가 됩니다. 저는 지난날 예수님의 보혈을 이용하여 수많은 심장병 환자를 치유하였습니다.

환자가 뼈와 신경에 질병으로 허리 디스크환자라면 이렇게 기도합니다. "성령이여 임하소서. 허리와 인대와 디스크를 사로잡으소서. 내가 예수님의 이름으로 허리에 보혈을 붓고 뿌리노라. 허리 인대와 디스크는 제자리에 들어가고 깨끗하게 치유될지어다." 하면서 안수 기도하면 현장에서 허리 디스크가 치유됩니다. 저는 지난날 예수님의 보혈을 이용하여 목 디스크, 요통, 어깨통증, 좌골 신경통, 악성근육통, 관절염 등을 예수님의 보혈을 사용하여 현장에서 수없이 많은 분들을 치유하여 자유하게 했습니다. 예수님의 보혈을 질병을 치유할 때도 강력하게 역사하십니다.

종합하여 말씀을 드리면 성도는 하나님이 우리에게 주신 권능이 무엇이 있는지를 알아야 합니다. 권능이 무엇이 있는지 아는 것으로 끝내면 안 됩니다. 하나님이 주신 권능을 어느 곳에 어떻게 사용해야 하는지 밝히 알아야 합니다. 알았으면 이제 사용해야 합니다. 권능을 사용하여 자신과 가정을 천국 만들어야 합니다.

우리 성도들이 세상에서 무기력하게 살아가는 것은 하나님이 주신 권능을 사용하지 못할 뿐아니라, 사용하지 않기 때문입니다. 권능 중에는 생명의 말씀이 있습니다. 예수 이름이 있습니다. 성령의 능력이 있습니다. 보혈의 권능이 있습니다. 이 많은 권능을 사용할 줄 아는 성도가 성령의 인도를 받는 영에 속한 성도입니다. 이렇게 권능을 사용할 때 자신과 가정과 교회에 와있는 문제들이 떠나가는 것입니다. 더 상세한 축귀에 대한 것은 "귀신축사 알고 보니 쉽다."책과 "귀신축사로 질병기적치유"교재를 참고하시기를 바랍니다.

이 책과 교재에는 예수님의 보혈의 은혜와 보혈의 영적 비밀과 보혈의 권능을 사용하는 방법을 상세하게 설명하고 있습니다. 모두 정독하여 자기의 것으로 만들어 담대하게 사용하여 날마다 승리하는 하나님의 군사가 다 되시기를 소원합니다.

2장 보혈의 신비한 은혜와 능력

(히12:24) "새 언약의 중보자이신 예수와 및 아벨의 피보다 더 나은 것을 말하는 뿌린 피니라"

하나님은 우리에게 끊임없이 말씀하고 계십니다. 또 사탄과 귀신들도 말을 합니다. 물론 인간들은 말할 것 없이 말을 통하여 의사를 통하고 전달합니다. 그런데 성경은 인간이 흘린 피도 말한다고 기록하고 있는 것입니다. 인간이 흘린 피가 무슨 말을 할까요? 우리 사람들의 귀로는 들을 수가 없지만 인간이 흘린 피는 하나님께 향해서 외쳐 말을 한다고 기록하고 있습니다.

창세기 4장 9-11절에 보면 "여호와께서 가인에게 이르시되 네 아우 아벨이 어디 있느냐 그가 이르되 내가 알지 못하나이다 내가 내 아우를 지키는 자니이까? 이르시되 네가 무엇을 하였느냐 네 아우의 핏 소리가 땅에서부터 내게 호소하느니라. 땅이 그 입을 벌려 네 손에서부터 네 아우의 피를 받았은즉 네가 땅에서 저주를 받으리니" 이처럼 가인이 그 동생 아벨을 돌로 쳐서 죽이고 그를 파묻어버리고 모른척하고 있을 때에 하나님께서는 아벨의 피가 내게 호소한다고 말씀하셨습니다.

성경 히브리서 12장 24절에는 어린양 예수의 피는 아벨의 피보다 더 나은 것에 대하여 말한다고 기록하고 있습니다. 아벨의 피는 하나님께 복수를 해 달라고 원한에 사무친 부르짖음으로 통곡을 하고 있습니다. 의인인 아벨의 피보다 어린양 예수 그리스도의 뿌린 피는 우리에게 구원의 희망을 주는 외침이라고 말씀하고 있습니다. 하나님은 예수그리스도의 피가 아벨의 피보다 더 나은 것에 관해서 하나님께 외치고 있다고 증거하고 있는 것입니다.

그러면 예수 그리스도의 피가 우리를 위해서 하나님께 부르짖고 있는 더 나은 것이란 무엇일까요? 예수님은 어디에서 그 고귀한 피를 흘리셨습니까? 예수님의 피 한 방울 한 방울은 모두 다 죄 없는 하나님 아들의 성결한 피요, 그 한 방울이라도 의미 없이 이 땅에 떨어지지는 아니한 것입니다. 그리스도의 피는 모두 다 그 속에 사람을 구속하는 위대한 능력이 들어 있는 것입니다. 그러므로 이 장에서 예수 그리스도의 피 흘림을 우리가 알아보고, 그 피가 우리를 위해서 오늘 무엇을 외치고 있는지 이 사실을 알아서 우리는 믿음을 얻어, 그 피의 부르짖음에 따라 하나님 앞에 은총을 구해야 되겠습니다.

1. 겟세마네 동산에서 흘리신 피와 땀

누가복음 22장 44절에 보면 "예수께서 힘쓰고 애써 더욱 간절히 기도하시니 땀이 땅에 떨어지는 핏방울 같이 되더라." 예수님이 마지막 날 밤에 겟세마네 동산에서 베드로와 야고보와 요한을 데리시고 기도하실 때에 간절한 기도를 하였습니다. 이 기도를 하면서 피와 땀을 쏟으신 주님이십니다.

예수님께서는 겟세마네 동산에서 기도할 때 말할 수 없는 무거운 중압을 느꼈습니다. 그는 자기가 짓지 않은 죄, 모든 인류의 죄를 자기가 책임지고, 십자가에 올라가서 하나님 앞에 극형을 받고 인간으로써 가장 고통스러운 십자가에 못 박혀 죽는 죽음을 당해야 되는 것입니다. 이렇기 때문에 예수님께서는 인간의 한 사람으로써 이 억울할 죄를 다 덮어쓰고 이 처참한 고통을 당하는 것을 좋아할 리가 없습니다. 그러나 하나님께서는 예수님에게 십자가에서 인류를 대신해서 희생제물이 되어 십자가에서 죽어 주기를 소원했습니다.

그러므로 하나님 뜻은 예수님이 십자가에서 죽는 데에 있습니다. 그러나 예수님께서는 할 수만 있으면 이 죄의 잔을 받지 아니하고 이 십자가의 고통을 받지 아니하고 지나가고 싶습니다. 그러나 여기에서 예수님께서는 전적으로 자기 자신을 버리고 하나님의 뜻을 택하는 기도를 드렸었습니다. '내 뜻대로 마옵시고 아버지의 뜻대로 하시옵소서.' 이것이 얼마나 힘들고 어렵고 고통스러웠던지 그의 피하의 모세혈관들이 터져서 그는 땀과 함께 피가 그 온 몸에서 솟구쳐 나왔습니다. 예수 그리스도의 겟세마네 동산에서 흘린 피는 우리에게 오늘날 '내 뜻대로 마옵시고 아버지의 뜻대로 하옵소서.' 하는 이 위대한 기도와 결단을 내리도록 우리에게 도와주시는 것입니다.

예수님이 분명히 피를 흘리시면서 까지 기도하는 이유는 분명히 있습니다. 마태복음 26장 38절 "이에 말씀하시되 내 마음이 매우 고민하여 죽게 되었으니 너희는 여기 머물러 나와 함께 깨어 있으라 하시고" 예수님께서 얼마나 고민이 되셨으면 믿음이 약한 제자에게까지 깨어서 기도하여 달라는 기도의 응원을 부탁하였나를 생각 할 때에 주님의 애절한 마음을 알 수가 있습니다. 예수님은 심한 고민을 조금이라도 덜기 위하여 믿음이 약한 세 제자들에게까지 기도를 부탁하였습니다. 그러나 예수님이 피와 땀을 쏟으며 기도를 한 후에 돌아와 보니 제자들은 절박한 예수님의 심정을 모르고 잠을 자고 있었습니다. 주님은 우리의 고민을 담당하신 후에, 기도의 피를 흘리신 후에는 제자들에게 이제는 자고 편히 쉬라는 평안을 주신 것입니다.

성경에는 예수님이 고민을 짊어지신 일로 인하여 고민이라는 단어조차 없습니다. 단지 부자와 나사로의 비유에서 부자가 지옥불 속에서 고민하고 있는 것만 있을 뿐입니다. 예수님이 세상의 모든 고민을 겟세마네 동산에서 기도하시며 생명의 피를 흘려주심으로 우리에게는 이제 평안과 기쁨과 감사가 넘치게 되었습니다.

빌립보서 4장 4절에 보면 "주 안에서 항상 기뻐하라 내가 다시 말하노니 기뻐하라" 말씀하십니다.

고민이나 고통은 주안에 있는 사람에게는 상관이 없는 단어입니다. 고민과 고통은 부자와 같이 지옥에 갈 사람들이나 하는 단어이요, 일입니다. 지옥에 간 부자와 같이 마귀의 사슬에 묶여 있는 자들이 하는 일이 고통입니다.

우리는 항상 고민 대신에 항상 기뻐하면서 살아가야 합니다. 데살로니가 전서 5장 16절로 18절에서 "항상 기뻐하라. 쉬지 말고 기도하라. 범사에 감사하라. 이것이 그리스도 예수 안에서 너희를 향하신 하나님의 뜻이니라"아버지의 뜻대로 되게 하여 달라 하신 주님의 기도대로, 모든 고민을 걷어 가시고, 항상 기쁘게 생활하는 복을 주신 주님, 대속의 생명의 피를 흘려 우리의 고민을 없이하신 예수님께 감사와 영광을 돌립니다.

그런데 우리가 수많은 일에 아버지의 뜻보다 내 뜻을 택할 때가 많습니다. 우리가 눈앞에서 이것이냐 저것이냐 택해야 될 때, 하나님을 택해야 될 것인데도 불구하고, 여기에 나를 택할 때가 많습니다. 아무리 하나님을 택하려고 해도 내 마음속에 유혹이 많고, 내 마음의 탐욕 때문에 하나님의 길을 못 택하고, 몸부림칠 때, 우리는 이 피의 도움을 받을 수가 있습니다. 하나님 아버지여 겟세마네 동산에서 흘리신 예수 그리스도의 보혈의 능력으로 나를 도와주시옵소서. 이렇게 기도할 때 겟세마네 동산에서 흘리신 예수님의 피의 능력으로 말미암아 하나님의 능력이 우리에게 임하여서 자아를 깨뜨리고 자아를 버리고, 하나님의 길을 택할 수 있는 힘을 얻을 수가 있는 것입니다.

오늘 그렇기 때문에 겟세마네 동산에서 흘리신 예수님의 피는 '내 뜻대로 마옵시고, 아버지의 뜻대로 하시옵소서.'라고 하나님께 부르짖고 있습니다. 우리가 이 피를 의지하면 이 피의 부르짖음을 통하여 하나님의 위대한 성령의 능력이 임하여서, 우리 자신을 깨뜨리고 극복하고 하나님의 뜻을 따라 신령한 삶을 살아갈 수 있는 길을 열어 주시는 것입니다.

2. 예수님이 채찍에 맞으면서 피를 흘렸다.

마가복음 15장 15절에 보면 "빌라도가 무리에게 만족을 주고자 하여 바라바는 놓아 주고 예수는 채찍질하고 십자가에 못 박히게 넘겨 주니라."고 말하고 있는 것입니다. 그 당시에 사형을 받는 죄수들은 사십에 하나 감한 매를 맞았었습니다. 예수님은 이미 가야바의 뜰에서 밤새도록 심문을 당하고 아침에 빌라도에게 끌려와서 빌라도에게 심문을 당하고 나중에 사형 언도를 받고서 군인들에게 넘겨졌는데 군인들이 자기들의 숙소가 있는 데로 끌고 가서 예수님을 묶었습니다. 그리고 형틀에 예수님을 매단 다음, 그 옷을 벗기고 그 장정들이 채찍을 들고 예수님을 때린 것입니다. 그 당시 로마인들이 사용하던 채찍은 이 손잡이 위에 가죽 끈이 다섯 개 나와 있고 다섯 개의 끈마다 쇠고랑이 걸려 있었습니다. 이것을 가지고서 힘차게 예수님을 때리니까 가죽 끈에 있는 다섯 쇠고랑이 예수님의 몸을 파고 들어갑니다.

이것을 잡아당기면 한꺼번에 다섯 고랑이 파헤쳐집니다. 그들은 한번, 두 번, 세 번, 네 번, 사십에 하나 감한 매를 때립니다.

예수님께서 그 채찍이 그 몸에 내리질 때마다 얼마나 부르짖었겠습니까? 얼마나 몸부림쳤겠습니까? 그 몸에서 선지피가 흘러 나왔었습니다. 성경은 이사야서 53장 5절에"그가 찔림은 우리의 허물 때문이요 그가 상함은 우리의 죄악 때문이라 그가 징계를 받으므로 우리는 평화를 누리고 그가 채찍에 맞으므로 우리는 나음을 받았도다."라고 말하고, 이사야 53장 10절에 "여호와께서 그로 상함을 받게 하시기를 원하사 질고를 당케 하셨다."고 하셨습니다. 이사야 53장 4절에는"그는 실로 우리의 질고를 지고 우리의 슬픔을 당하였거늘 우리는 생각하기를 그는 징벌을 받아 하나님께 맞으며 고난을 당한다 하였노라."고 말한 것입니다.

하나님께서 우리의 병을 얼마나 미워하셨기에 예수님께서 십자가에 못 박히기 전에 채찍에 맞음으로 우리의 모든 질병을 다 청산하도록 만들었다고 하는 것입니다. 여기에 하나님께서는 그로 상함 받게 하기를 원하셨다고 말했습니다. 그래서 우리 질고를 당케 하셨다고 하셨습니다. 그러므로 오늘날 하나님께서는 우리의 죄의 문제만을 해결하려고 한 것이 아니라, 우리의 마음과 육신의 질병의 문제에 관해서 깊은 관심을 가지고, 질병의 문제를 해결하려고 채찍에 맞은 것입니다.

마태복음 8장 16-17절에 보면 이렇게 기록하고 있습니다."저물매 사람들이 귀신 들린 자를 많이 데리고 예수께 오거늘 예수께서 말씀으로 귀신들을 쫓아내시고 병든 자들을 다 고치시니 이는 선지자 이사야를 통하여 하신 말씀에 우리의 연약한 것을 친히 담당하시고 병을 짊어지셨도다 함을 이루려 하심이더라."

이처럼 예수 그리스도께서는 빌라도의 뜰에서 군인들에게 채찍에 맞으심으로 그 몸이 갈기갈기 찢어지면서, 그 피를 쏟음은 우리의 마음의 병, 육신의 병을 대신 짊어지고 가신 것입니다. 그러므로 거기에서 흘린 피는 오늘날 우리를 향하여 외치고 있는 것입니다.

(사53:5) "그가 찔림은 우리의 허물 때문이요 그가 상함은 우리의 죄악 때문이라 그가 징계를 받으므로 우리는 평화를 누리고 그가 채찍에 맞으므로 우리는 나음을 받았도다."

이 채찍에 맞은 보혈은 지금도 하나님을 향해서 의인 아벨의 피보다 더 낫게 말하고 있습니다. 하나님이여 이 사람의 질병은 내가 채찍에 맞아 흘린 피로 갚아버리고 말았습니다. 그러므로 우리는 육신의 병 고침을 위해서 기도할 때 이 예수 그리스도의 채찍에 맞은 보혈을 의지하고 기도해야 되는 것입니다.

하나님이여 날 위하여 날 위하여 예수께서 빌라도의 뜰에서 채찍에 맞아 찢어져서 피를 쏟았는데 그 채찍에 맞은 피에 의지해서 아버지께 기도합니다. 아버지여 그 보혈의 능력으로 나를 고쳐 주시옵소서. 이 예수의 피는 우리보다 더 낫게 말합니다. 의인인 아벨의 피보다 더 낫게 말합니다.

이 피가 우리의 기도와 함께 하늘보좌에 올라갈 때, 하나님은 이 피의 부르짖음을 들으시고, 우리에게 성령으로 믿음을 주심으로 말미암아 우리의 영과 몸과 마음의 여러 가지 병에서 고침을 받도록 역사하여 주시는 것입니다.

병 고침은 하나님의 뜻입니다. 그렇기 때문에 하나님께서는 마음에 원하사, 예수님으로 하여금 채찍에 맞아 우리의 질고를 당하게 하셨기 때문에 오늘 이 시간에도 하나님께서는 우리의 죄를 용서하기를 원하시는 만큼 우리의 병을 고치기를 간절히 원하시고 계십니다. 교회는 예수님의 보혈의 공로를 의지하여 질병을 치유해야 합니다. 교회는 병을 고치는 병원입니다.

3. 가시관의 가시에 찢기어 이마에서 피를 흘렸다.

마가복음 15장 17절에 보면 "예수에게 자색 옷을 입히고 가시관을 엮어 씌우고" 유대나라에 가면 예수 머리에 씌웠던 가시면류관을 볼 수 있습니다. 우리 한국에 있는 찔레꽃이나 탱자나무 가시 같은 이런 가시와는 틀립니다. 유대나라에서 엮어서 예수님께 씌운 가시면류관은 가시 하나가 손가락만큼 큽니다. 아주 무서운 가시입니다. 이 가시를 군인들이 엮어서 면류관을 만들어 가지고 예수님의 머리에다가 눌러 씌웠습니다. 그러니 그 무서운 새끼손가락만한 가시들이 예수님의 이마의 혈관을 뚫고 그 얼굴에서 피가 줄기줄기 흘러 내렸었습니다.

그 피는 예수님의 눈을 가득히 채웠고, 그 수염을 통해서 가슴팍으로 흘러 내렸습니다. 예수님의 피 한 방울 한 방울은 하나님의 아들의 피요, 거룩한 피 입니다. 대속의 위대한 피 입니다. 그 피가 예수 그리스도의 얼굴에 흘러내리면서 그 피가 부르짖는 소리를 우리는 듣습니까? 그 피가 하나님을 향해서 무어라고 부르짖고 외치는지 압니까? 마가복음 15장 34절에 보면 "제구시에 예수께서 크게 소리 지르시되 엘리 엘리 라마 사박다니 하시니 이를 번역하면 나의 하나님, 나의 하나님 어찌하여 나를 버리셨나이까 하는 뜻이라." 라고 부르짖고 외치고 계십니다.

창세기 3장 17-18절에 보면 "아담에게 이르시되 네가 네 아내의 말을 듣고 내가 네게 먹지 말라 한 나무의 열매를 먹었은즉 땅은 너로 말미암아 저주를 받고 너는 네 평생에 수고하여야 그 소산을 먹으리라. 땅이 네게 가시덤불과 엉겅퀴를 낼 것이라 네가 먹을 것은 밭의 채소인즉." 이라고 말했습니다. 여기에서 아담과 하와가 하나님을 반역하고, 타락함으로 하나님께 땅이 저주를 받아 가시와 엉겅퀴를 내었는데 예수께서 가시로 만든 면류관을 그 머리에 눌러 쓴 것은 바로 아담과 하와의 그 저주를 대신 머리에 쓴 것입니다. 아담과 하와가 하나님을 반역할 잘못된 생각을 가졌기 때문에 그 생각을 통해서 행동에 옮겨서 저주를 받았으므로 이제 그 저주도 예수님께서 머리에 쓰신 것입니다. 그래서 오늘날 우리와 나의 머릿속에 있는 모든 저주의 생각을 주님께서 다 청산하기를 원하시는 것입니다.

예수님은 자연의 가시에만 찔린 것이 아니라 주님 십자가에 올라갔을 때 사람이 만든 쇠 가시, 쇠 못 그것에 양손과 양발이 찔려서 십자가에 매달리신 것입니다. 이러므로 갈라디아서 3장 13절에 "그리스도께서 우리를 위하여 저주를 받은바 되사 율법의 저주에서 우리를 속량하셨으니 기록된바 나무에 달린 자마다 저주 아래에 있는 자라 하였음이라."고 말한 것입니다. 이렇기 때문에 예수 그리스도는 우리를 위해 이 세상에 오셔서 저주의 가시, 인간이 만든 쇠 가시에 찔려서 이마에서 피를 쏟고 수족에서 피를 흘리셨습니다. 바로 이 흘린 피가 오늘 우리와 나에게 외치고 있는 소리를 듣습니까? 이것은 우리와 내가 이제 저주에서 해방을 얻고 말았다는 것입니다.

  가시가 쇠 가시가 예수님을 찌르고 그 피를 흘렸으니, 그 피가 넘쳐 나와서 가시의 힘과 쇠 가시의 힘을 청산해 버리고 만 것입니다. 이렇기 때문에 오늘 예수 그리스도께서 면류관을 쓰고 그 가시로 말미암아 온 피, 쇠 가시에 찔려서 흘린 피에 의지해서 우리가 하나님께 나아갈 때 우리와 내가 마음의 생각을 고쳐야 되는 것입니다.

  우리와 나의 생각에서 반역의 생각, 불신앙의 생각, 불순종의 생각을 다 제쳐 버려야 될 것입니다. 우리의 마음속에 부정적인 마음, 열등의식과 좌절감과 비관주의와 패배주의를 다 씻어내야 될 것입니다. 우리의 마음에 예수 안에서 할 수 있다. 하면 된다. 해 보자. 적극적이고, 긍정적이고, 창조적이고, 생산적이며 하나님의 은혜를 의지해서 아브라함의 축복 속에 있다는 자신감을 마음속에 가져야만 할 것입니다. 성경은 말씀하시기를 '하나님은 우리의 온갖 구하는 것이나 생각하는 것에 넘치도록 능히 하시겠다.'고 말하고 있습니다. '지킬만한 것보다 네 마음을 지켜라 생명의 근원이 여기에서 난다.'고 말했음으로 우리의 마음속에 이 예수 그리스도의 가시채로 말미암아 흘린 보혈로 말미암아 마음을 정하게 하고, 우리의 마음속에 하나님의 약속의 말씀으로 아브라함의 축복으로 긍정적이고, 적극적이며 창조적인 생각으로 채워 넣고, 그로 말미암아 믿음으로 나아갈 때 그 피가 우리와 나에게 큰 증명이 되고, 가시로 흘린 피가 우리와 나를 위해서 하나님께 부르짖어 기도해 주시는 것입니다.

그 피는 외칩니다. '하나님이여 이 사람은 저주받을 이유가 없습니다. 이 사람은 생활의 낭패와 실망을 당하고 수렁에 빠지고 절망에 처할 필요가 없습니다. 왜냐하면 내가 이 저주를 가시채로 머리에 쓰고 손발에 찔려서 청산하고 말았습니다.' 우리는 그러므로 이 피의 부르짖음을 들어야 됩니다. 이 피의 메시지를 마음속에 받아 들여야만 하는 것입니다. 그리고 이 피의 메시지를 믿고 이 피를 의지하고 기도할 때 이 보혈이 우리와 함께 기도해 주시므로 우리와 나의 생활 속에 저주는 사라져 버리고 말 것입니다. 이상 우리는 아담의 후손으로서 저주의 가시채를 온 몸에 감고 살아갈 필요는 없습니다. 예수 그리스도의 그 보혈이 우리와 나에게 이것을 증명해 주고 있는 것입니다.

4. 십자가에 못박이시며 양손과 발에서 피를 흘렸다.

마태복음 27장 35절 "그들이 예수를 십자가에 못 박은 후에 그 옷을 제비 뽑아 나누고" 예수님을 십자가에 못 박기 전에 군병들이 쓸개 탄 포도주를 주시며 예수님께 마시려 할 때에 사양하였습니다. 일종의 마취제로 십자가의 고통을 덜어 주려고 하는 인간의 생각이었지만 예수님은 거절하였습니다. 마취된 상태에서 십자가에 달리어 고통을 잊는 다면 아무런 십자가의 의미가 없습니다. 이 십자가의 고통의 피가 우리를 죄에서 속하는 구속의 피 입니다.

이사야서 53장 5절 "그가 찔림은 우리의 허물 때문이요 그가 상함은 우리의 죄악 때문이라 그가 징계를 받으므로 우리는 평화를 누리고 그가 채찍에 맞으므로 우리는 나음을 받았도다." 십자가의 보혈이 아니고서는 우리의 죄, 내 죄가 사하여지지 않습니다. 여기서 우리가 분명히 알 것은 예수님이 모든 고난당하신 이유가 우리를 위해서입니다. 특별히 주님이 나를 위하여 이 십자가의 고난을 당함을 알고, 우리는 이 십자가에서 피 흘려 죽으신 주님의 보혈을 믿음으로, 생명을 얻는 죄 사함을 받아야 합니다. 나와 상관이 없는 십자가의 고난은 아무런 의미가 없습니다. 나를 위한 십자가의 고난이심을 알아야 하고, 이 고난이 나에게 적용이 되어야 합니다. 내 죄를 위하여 내 대신 십자가에 달리셔서 고통을 당하며 피를 흘리며 돌아가신 주님을 믿음으로 십자가와 나와 상관이 있는 사람이 되어야 합니다. 내 죄를 위하여 내 대신 죽으신 예수님을 내 주님, 내 임금으로 삼고 섬기며 믿음 안에서 감사함으로 살아가야 합니다.

5. 창에 찔리심으로 물과 피를 흘렸다.

예수님은 십자가에 못 박혀서 그는 여섯 시간 매달려 있었습니다. 그 다음 로마 군인들이 창으로 예수 그리스도를 찌르매 그 창이 옆구리를 통해서 예수 그리스도의 심장을 꿰뚫은지라, 그 심장에서 물과 피가 다 쏟아지셨습니다.

마가복음 15장 24-25절에 보면 "십자가에 못 박고 그 옷을 나눌새 누가 어느 것을 가질까 하여 제비를 뽑더라. 때가 제삼시가 되어 십자가에 못 박으니라." 예수님은 십자가에 못 박혀서 그 갖은 고통을 당하시고 그 심장이 터져 물과 피를 다 쏟았는데 이것은 무엇을 말할까요?

이 피는 무엇을 외칠까요? 히브리서 9장 22절에 보면 "율법을 따라 거의 모든 물건이 피로써 정결하게 되나니 피흘림이 없은즉 사함이 없느니라." 고 말한 것입니다. 아무리 우리가 윤리와 도덕적인 행위를 가지고 산다고 할지라도 아무리 아름다운 종교와 의식을 행한다고 할지라도 성경은 말씀하기를 '피 흘림이 없은즉 죄 사함이 없다'고 말씀하셨습니다.

우리 사람의 생명이 피에 있다고 말하는데 우리 스스로는 피를 흘려버리면 죽어버리고 말아요. 그러므로 우리는 지옥에 떨어지고 말아요. 예수님만이 죄 없는 분이 우리와 나를 대신해서 그 피를 흘리셨습니다. 그 생명을 쏟았습니다. 그러므로 예수 그리스도의 피로 말미암아 우리는 원죄에서 놓임 받고 우리의 자범 죄에서 놓여남을 받습니다. 아담과 하와 속에서 태어날 때부터 얻고 나온 그 죄와 이 세상에 인간으로 태어나서 지은 수많은 죄가 예수 그리스도의 십자가의 보배로운 피로 한 번도 죄를 짓지 않은 것처럼, 정결하게 씻음 받고야 마는 것입니다. 바로 십자가의 그 피가 내 온 심신을 정결케 합니다.

그뿐 아니라 이 피는 나의 생활을 성결케 합니다. 히브리서 9장 14절에 "하물며 영원하신 성령으로 말미암아 흠 없는 자기를 하나님께 드린 그리스도의 피가 어찌 너희 양심을 죽은 행실에서 깨끗하게 하고 살아 계신 하나님을 섬기게 하지 못하겠느냐." 이러므로 우리가 죄 지을 생각이 아무리 나오더라도 십자가에 못 박힌 예수 그리스도의 피를 의지하고 하나님이여 그 피가 내 마음속에 큰 증거 됩니다. 예수의 피로 나를 정하게 하여 주시옵소서 하고 기도할 때, 이 피가 하나님께 부르짖어 죄 지을 생각을 없애고 우리를 성결하게 나가도록 이끌어 주시는 것입니다.

6. 예수님은 우리의 구원을 위하여 피를 흘렸다.

(계12:10-12) "내가 또 들으니 하늘에 큰 음성이 있어 이르되 이

제 우리 하나님의 구원과 능력과 나라와 또 그의 그리스도의 권세가 나타났으니 우리 형제들을 참소하던 자 곧 우리 하나님 앞에서 밤낮 참소하던 자가 쫓겨났고 또 우리 형제들이 어린 양의 피와 자기들이 증언하는 말씀으로써 그를 이겼으니 그들은 죽기까지 자기들의 생명을 아끼지 아니하였도다. 그러므로 하늘과 그 가운데에 거하는 자들은 즐거워하라 그러나 땅과 바다는 화 있을진저 이는 마귀가 자기의 때가 얼마 남지 않은 줄을 알므로 크게 분내어 너희에게 내려갔음이라 하더라."

우리가 마귀를 이기는 힘은 그리스도의 보혈의 피가 이기게 함으로 우리가 마귀를 이기는 것입니다. 내가 예수를 입으로 증거 하는 말, 주를 시인하는 말, 예수 그리스도의 십자가를 말 할 때에 마귀는 한 길로 왔다가 일곱 길로 도망가게 되는 것입니다. 예수의 피는 능력이 있습니다. 예수님은 다섯 번 우리를 위하여 피를 흘리시고 생명과 고침을 주시었습니다.

1) 기도할 때 흘린 피와 땀은 모든 고민을 해결하고 기쁨을 주는 능력입니다.

2) 채찍에 맞으며 흘린 피는 못된 행실을 고치고 우리를 건강하게 살게 하는 능력입니다.

3) 가시관을 쓰시고 흘린 피는 저주를 축복으로, 평화의 삶을 주시는 능력입니다.

4) 양팔과 양 다리에 못 박히며 흘린 피는 죄악을 사하시고 하나님과 화목케 하시는 능력입니다.

5) 창에 찔려서 쏟아낸 피는 허물을 사하고 밤낮 참소하던 마귀를 이기는 능력입니다.

우리는 주님의 보혈의 능력을 다 믿고, 그 흘리신 피의 목적대로 살아가는 사람이 되어, 주님의 보혈을 결코 하나라도 헛되게 하지 말아야 합니다. 죄 사함을 받고, 허물을 용서받고, 축복 가운데서 기쁨으로 화평케 사는 것이 세상에서의 우리의 삶의 목적이요, 잠시 잠깐 후에 그 피로 말미암아 믿음으로 의롭다 함을 입고, 영생토록 주와 함께 살아가야 할 것입니다. 주님이 나를 위하여 다섯 번 피를 흘리셨습니다. 생명을 바치는 대속의 제물이 되셨습니다. 주님의 피가, 보혈이 결코 헛되게 하지 말아야 할 것입니다.

이 피는 화해의 핍니다. 히브리서 10장19절에 보면 "그러므로 형제들아 우리가 예수의 피를 힘입어 성소에 들어갈 담력을 얻었나니." 우리는 성소에 계신 하나님께 감히 나가지 못했었습니다. 그러나 이 예수 그리스도의 피가 우리와 하나님 사이를 화목하게 만들었습니다. 그렇기 때문에 우리가 예수의 피를 의지하면 하나님의 성소에 담대하게 나가서 아버지 앞에 설 수 있습니다. 우리 스스로는 무자격하고 우리는 열등의식을 가진 인간이지만 예수 그리스도의 피를 의지하고 '주여! 예수 그리스도의 피를 내게 덮어주소서. 나는 예수님의 피를 의지하고 하나님께 나아갑니다.' 그렇게 나갈 때 우리는 담대하게 아버지 앞에 설 수 있습니다.

그렇기 때문에 매일 우리가 기도할 때 우리의 자격으로 나가지 말고 예수 그리스도의 흘린 피를 주장하고, 주의 피를 의지하고 하나님 앞에 나갑니다. 예수의 피를 의지하고 하나님 앞에 나갈 때 하나님 앞에 나가는 문은 활짝 열립니다. 그래서 우리와 나는 하나님 앞에 나설 수 있고 하나님의 웃으시는 얼굴, 하나님의 자비의 손길에 접할 수가 있게 되는 것입니다. 그 피가 맘속에 큰 증거 됩니다.

예수님의 보혈의 피를 이용한 기도는 이렇게 합니다.

할렐루야! 하나님 항상 우리를 지켜주셔서 감사드립니다. 하나님! 오늘도 우리가정 문설주에 유월절 어린양의 보혈의 피를 바릅니다. 모든 재앙과 악을 물리쳐 주심을 감사드리고, 모든 가족들에게 예수님의 보혈의 피를 마시고, 바르고, 뿌리고, 덮습니다. 우리의 영과 혼과 육이 거룩하게 하시옵소서.

우리 자녀들에게 또 우리에게 예수님의 보혈의 피가 능력 있음을 알게 하시옵소서. 예수님의 보혈의 피로 우리의 머리가 맑아져서 예수님의 생각으로 가득 넘치게 하시고, 예수님의 보혈의 피로 우리의 눈이 밝아져서 영의 세계를 보게 하시고, 예수님의 보혈의 피로 우리의 귀가 열려서 하나님의 음성을 듣고 순종할 수 있는 믿음 주시고, 예수님의 보혈의 피로 우리의 입이 열려서 긍정적인 말, 믿음의 말, 격려와, 칭찬의 말만 하게 하시고, 예수님의 보혈의 피로 우리의 가슴이 열려서 예수님의 마음으로 사랑하게 하시고, 예수님의 보혈의 피로 우리의 심장이 예수님의 심장 닮아서, 죽기까지 우리를 사랑하신 그 사랑으로 천국 가는 날까지 전도하며 살게 하시옵소서.

오늘도 내 안에 하나님 계심을 인정합니다. 내 안에 예수님 계심을 인정합니다. 내 안에 성령님 계심을 인정합니다. 하나님! 내 안에 계시는 예수님만 자랑하며 살게 하시옵소서.

예수님의 보혈의 피는 죄 사함입니다. 예수님의 보혈의 피는 생명입니다. 예수님의 보혈의 피는 권세와 능력입니다. 예수님의 보혈의 피는 권능과 은혜입니다. 예수님의 보혈의 피는 치료이고, 기적입니다. 예수님의 보혈의 피는 회복이고, 사랑입니다. 예수님의 보혈의 피는 사탄, 마귀를 이길 수 있는 강력한 무기입니다. 예수님의 보혈의 피는 축복입니다. 예수님의 보혈의 피는 모든 것을 할 수 있고, 이룰 수 있는 특권입니다. "예수께서 힘쓰고 애써 더욱 간절히 기도하시니 땀이 땅에 떨어지는 핏방울 같이 되더라"(눅22:44).

우리를 위하여 땀방울이 핏방울이 될 정도로 기도하신 예수님의 핏방울이 우리들 머리서부터 발끝까지 뚝뚝뚝 떨어져 차고 넘치는 예수님의 보혈의 피로 우리 믿는 그리스도인들을 깨끗게 하시고, 정결케 하시고, 온전케 하셔서, 찬양과 말씀과 기도로 세상을 이기며, 하나님의 나라와 의를 확장해 나아갈 수 있는 믿음을 주시옵소서. 예수님의 이름으로 사랑하며 축복하며 기도드립니다. 아멘

3장 어린양의 뿌린 피의 효력

(히12:22-29)"그러나 너희가 이른 곳은 시온산과 살아계신 하나님의 도성인 하늘의 예루살렘과 천만 천사와 하늘에 기록한 장자들의 총회와 교회와 만민의 심판자이신 하나님과 및 온전케 된 의인의 영들과 새 언약의 중보이신 예수와 및 아벨의 피보다 더 낫게 말하는 뿌린 피니라."

하나님은 사람을 다루심에 있어서 지혜를 모두 동원하십니다. 어느 설교자의 말처럼, 하나님은 한 손에는 사탕을, 한 손에는 채찍을 드시고, 채찍으로 때리시기도 하시고, 사탕으로 얼루기도 하시는 것입니다. 믿음이 약한 초신자는 사탕으로 얼루기도 하시지만, 믿음이 있는 자가 불순종할 때는 채찍을 드시기도 하는 것입니다. 선한 목자도 지팡이와 막대기가 있습니다. 지팡이로 인도를 합니다. 톡톡 치면 양들이 목자의 소리를 듣고 잘 따릅니다. 그러다가 병이 나든지 심통이 나서 고집을 부릴 때가 있습니다. 가끔은 위험한 낭떠러지로 갈 때도 있습니다.

그러면 목자는 그때는 지팡이가 아니라, 막대기로 툭툭 건드려서 바른 길로 인도하십니다. 그래도 고집을 피우면 다리의 환도 뼈를 치시기까지도 한다고 합니다. 오늘 본문은 이스라엘 백성이 시내 산에 이르러 율법을 받는 것에서부터 시작이 됩니다.

무섭고 두려운 하나님을 체험합니다. 그러나 저들은 하나님을 거역하였습니다. 두 번째로 이른 곳은 손으로 만들지 아니한 하늘의 시온산이요, 은혜로우신 하나님을 체험합니다. 마지막 절에 보니 그래도 말을 듣지 않는 사람이 있는데 그 사람은 무서운 심판만이 기다리고 있다고 합니다. 저의 설교도 본문에 입각하여 순서를 정하였습니다.

1. 우리가 이른 곳은 구약의 시내산이 아니라.

은혜를 받은 우리가 이른 곳은 구약의 시내산이 아니라고 말하고 있습니다. 구약의 이스라엘 사람은 하나님 앞에 은혜를 입었습니다. 애굽 나라에서 노예로 살아가다가 하나님의 특별한 은혜를 입어서 하나님의 능력으로 모세를 통하여 구원을 얻었습니다. 그러나 저들은 가는 곳마다 원망이요, 닥치는 사건마다 불평입니다. 그럴 때마다, 하나님은 무서운 진노와 형벌을 내리셨습니다. 그러다가도 불쌍히 여겨 용서하기를 수 없이 반복 하셨습니다.

이제 무지한 저들에게 하나님을 섬기는 법을 가르치시려고 시내 산으로 인도하셨습니다. 하나님은 저들에게 율례를 주시기 위하여 시내산에 데려가셨습니다. 그래서 저들은 시내산에 이른 것 입니다.

(히 12:18-20) "너희의 이른 곳은 만질 만한 불붙는 산과 흑운과 흑암과 폭풍과 나팔 소리와 말하는 소리가 아니라 그 소리를 듣는 자들은 더 말씀하지 아니하시기를 구하였으니 이는 짐승이라도 산에 이르거든 돌로 침을 당하리라 하신 명을 저희가 견디지 못함이라."

1) 하나님은 죄를 심판하시는 하나님이십니다.

(시 7:11-13) "하나님은 의로우신 재판장이심이여 매일 분노하시는 하나님이시로다. 사람이 회개치 아니하면 저가 그 칼을 갈으심이여 그 활을 이미 당기어 예비하셨도다! 죽일 기계를 또한 예비하심이여 그 만든 살은 화전이로다!"

하나님은 불꽃같은 눈으로 사람을 심판하십니다. 사람은 겉으로 드러난 죄만 판단을 하지만, 중심을 보시는 하나님은 숨은 동기까지 보시는 하나님이십니다. 하나님의 심판은 엄격하여서 봐주거나 눈감아 주시지도 않습니다. 그래서 그 하나님 앞에서는 거짓도 통하지 않습니다. 예수를 믿는 사람이나 믿지 않는 사람이나 이 엄위하신 하나님 앞에 서게 됩니다. 믿든지 아니 믿든지 원하던 원하지 않든지 하나님 앞에서 심판을 받게 되어 있습니다.

2) 하나님은 죄를 싫어하시는 하나님이십니다.

그래서 죄를 지니고 있는 사람은 지위고하 빈부귀천을 막론하고 하나님의 심판을 받게 됩니다. 죄의 값은 사망입니다. 오늘 본문은 출애굽기 19장을 인용한 말씀입니다.

(출 19:9-13)"여호와께서 모세에게 이르시되 내가 빽빽한 구름 가운데서 네게 임함은 내가 너와 말하는 것을 백성으로 듣게 하며 또한 너를 영영히 믿게 하려 함이니라 모세가 백성의 말로 여호와께 고하였으므로 여호와께서 모세에게 이르시되 너는 백성에게로 가서 오늘과 내일 그들을 성결케 하며 그들로 옷을 빨고 예비하여 제 삼 일을 기다리게 하라 이는 제 삼 일에 나 여호와가 온 백성의 목전에 시내 산에 강림할 것임이니 너는 백성을 위하여 사면으로 지경을 정하고 이르기를 너희는 삼가 산에 오르거나 그 지경을 범하지 말지니 산을 범하는 자는 정녕 죽임을 당할 것이라. 손을 그에게 댐이 없이 그런 자는 돌에 맞아 죽임을 당하거나 살에 쐬어 죽임을 당하리니 짐승이나 사람을 무론하고 살지 못하리라 나팔을 길게 불거든 산 앞에 이를 것이니라 하라."

사람에게 해를 가하지 않는 짐승이 죽임을 당한다면 죄를 품은 죄인이 어떻게 그 앞에 설 수 있겠습니까? 하나님의 속성 중 하나는 죄를 역겨워 하시는 것입니다. 죄를 보면 우리의 속성은 구토가 나오듯 하나님은 죄를 보면 돌격하여 죽여 버리십니다. 계속하여 읽겠습니다.

(출 19:14-25)"모세가 산에서 내려 백성에게 이르러 백성으로 성결케 하니 그들이 자기 옷을 빨더라. 모세가 백성에게 이르되 예비하여 제 삼일을 기다리고 여인을 가까이 말라 하니라. 제삼일 아침에 우뢰와 번개와 빽빽한 구름이 산 위에 있고 나팔 소리가 심히 크니 진중 모든 백성이 다 떨더라. 모세가 하나님을 맞으려고 백성을 거느리고 진에서 나오매 그들이 산기슭에 섰더니 시내 산에 연기가 자욱하니 여호와께서 불 가운데서 거기 강림하심이라. 그 연기가 옹기점 연기같이 떠오르고 온 산이 크게 진동하며 나팔 소리가 점점 커질 때에 모세가 말한즉 하나님이 음성으로 대답하시더라. 여호와께서 시내 산 곧 그 산꼭대기에 강림하시고 그리로 모세를 부르시니 모세가 올라가매 여호와께서 모세에게 이르시되 내려가서 백성을 신칙하라 백성이 돌파하고 나 여호와께로 와서 보려고 하다가 많이 죽을까 하노라. 또 여호와께 가까이 하는 제사장들로 그 몸을 성결히 하게 하라 나 여호와가 그들을 돌격할까 하노라. 모세가 여호와께 고하되 주께서 우리에게 명하여 이르시기를 산 사면에 지경을 세워 산을 거룩하게 하라 하셨사온즉 백성이 시내산에 오르지 못하리이다. 여호와께서 그에게 이르시되 가라 너는 내려가서 아론과 함께 올라오고 제사장들과 백성에게는

돌파하고 나 여호와에게로 올라오지 못하게 하라 내가 그들을 돌격할까 하노라. 모세가 백성에게 내려가서 그들에게 고하니라."

하나님은 이스라엘 백성에게 율법을 주셨습니다. 사실 이대로만 살면 더 없는 천국입니다. 그러나 율법은 선하지만 인간에게는 그것을 지킬 만한 힘이 전혀 없습니다. 나팔소리가 점점 커질 때 양심의 가책으로 두려워하였습니다. 그 심판 앞에 설자가 하나도 없습니다.

2. 우리가 이른 곳은 은혜로운 시온산.

그러나 우리가 이른 곳은 이런 두려운 곳이 아니라 은혜로운 시온산 입니다. 시온산은 무엇을 의미합니까? 용서와 회복을 의미합니다. 지상에 있는 시온 산에는 예루살렘 성전이 있었습니다. 사람이 죄를 지어 질병이나 저주아래 있더라도 이 예루살렘에 와서 용서를 빌면 어느 정도 사죄의 은총을 입었습니다. 혹 질병도 치료가 되었습니다.

이런 은혜가 있는 곳이 시온산 입니다. 시내산은 심판을 하는 곳이지만 시온산은 용서가 있는 곳입니다. 더 나아가 오늘 본문에서처럼 영적인 시온산에 이르면 용서로 끝이 나는 것이 아니라 성결하게 살 수 있도록 거듭남의 복을 받습니다. 용서로 끝나는 것이 아니라 하나님의 자녀가 되는 복을 받습니다. 오늘 본문의 말씀을 다시 읽어보십시오.

(히12:22)"그러나 너희가 이른 곳은 시온 산과 살아 계신 하나님의 도성인 하늘의 예루살렘과 천만 천사와"

시온산은 지상에 있는 산이 아니라 하늘의 새 예루살렘을 의미합니다. 그래서 오늘 본문도 천상의 모습을 말하고 있습니다. 거기에는 오늘 본문의 말씀처럼 천군 천사가 있습니다. 우리는 그 거룩한 천사들과 이야기를 하고 교제를 나누게 되는 것입니다. 거기는 사도들과 선지자들이 있습니다. 많은 순교자들과 천만의 성도들이 있습니다. 저들과 함께 천국에서 영원히 하나님과 즐겁고 행복하게 살게 되어 있습니다. 그리고 놀라운 것은 천국에는 예수님의 피가 뿌려져 있음을 볼 수 있습니다.

(히 12:24)"새 언약의 중보이신 예수와 및 아벨의 피보다 더 낫게 말하는 뿌린 피니라"

누가 예수님의 피를 천국에 뿌렸습니까? 제사장 되시는 예수님이 하늘성소에 들어가셔서 당신의 피를 뿌리고 영원한 속죄를 이루신 것입니다. 구약의 제사를 보면 제사장은 대 속죄일이라고 하여 일 년에 한번은 제사를 드렸습니다. 송아지의 피를 가지고 성소를 지나 지성소로 들어가서 법궤와 시은 괘에 그 피를 뿌리며 백성의 죄를 용서하여 달라고 속죄의 제사를 드렸습니다.

그러나 우리의 대 제사장 예수그리스도는 짐승의 피가 아니라, 당신의 피로 사람의 지은 장막이 아니라 천국에 들어가셔서 '영원한 속죄제'를 드린 것입니다. 그리고 그 피는 예수의 피가 천국에서 날마다 때마다 말을 한다고 하고 있습니다. 그 피가 무엇을 말씀하시는지 여러분과 함께 잠시 들어봅시다.

1) 피는 말을 한다는 것입니다.

오늘 아벨의 피도 말을 하고 예수님의 피도 말을 한다고 합니다. 아벨의 피는 무엇을 말합니까? 순교 당하였음을 말하고 있습니다. 오늘 초신자를 위하여 자세히 설명을 드립니다. 죄를 지은 아담과 하와에게 자식이 있었는데 가인과 아벨이었습니다. 하나님에게 제사를 드리는데 아벨은 믿음으로 하나님에게 제사를 드려 하늘에 예배가 상달이 되었습니다. 형 가인이 시기와 질투로 동생을 아무도 안 보는 들판에서 돌로 쳐 죽이지 않았습니까? 그 피가 억울하다고 하소연을 하고 있다는 것입니다. 그러나 예수님의 보배로운 피는 이런 시시한 말을 하는 것이 아니라 더 낫게 말한다고 말씀하고 있습니다.

2) 예수님의 피는 우리의 구원을 위하여 부르짖습니다.

그것도 수 년 동안 천국에서 외쳤습니다. 그들을 용서하소서!

그들을 용서하소서! 그들을 용서하소서! 그들을 지옥 무저갱에 들어가지 말게 하소서! 내가 저들을 위하여 피를 흘렸습니다.! 그 피의 부르짖음으로 우리가 구원을 얻은 것입니다.

그러므로 우리가 구원받은 것은 예수님의 공로로 구원을 얻은 것임을 명심하십시다. 또 불신으로 고생하는 자를 전도하기 위해 기도하시는 영적인 군사들이여! 이 기도가 있는 한, 그 영혼은 언젠가 반드시 주님 앞에 돌아올 것을 믿고 낙심하지 않기 바랍니다.

3) 예수님 피는 우리가 이 땅에서 죄를 지어 괴로워 할 때마다 저들을 깨끗하게 하여 달라고 외칩니다.

(요일 1:7) "저가 빛 가운데 계신 것같이 우리도 빛 가운데 행하면 우리가 서로 사귐이 있고 그 아들 예수의 피가 우리를 모든 죄에서 깨끗하게 하실 것이요."

이들의 죄를 없이 하소서! 나의 피가 이들을 모든 죄에서 깨끗하게 하였습니다! 솔직히 죄의 죄 됨을 우리가 볼 수 있다면 더러움으로 인하여 며칠을 고통당할 것입니다. 저는 하나님의 은혜로 죄의 죄 됨을 꿈에 본 적이 있었습니다.

돼지 우릿간의 냄새, 배설물의 냄새, 아무리 닦아도 닦아도 없어지지 않는 그 역겨운 냄새, 그때 하나님의 말씀의 생수가 흘러나와 그 것을 씻으니 새것이 되더라고요, 예수님의 보혈은 여러분의 그 더러운 죄를 깨끗이 씻어달라고 하나님 보좌 우편에서 간구하고 계십니다.

4) 하나님에게 예배를 드리려고 할 때마다 예수님의 피는 외칩니다.

> (히 10:19)"그러므로 형제들아 우리가 예수의 피를 힘입어 성소에 들어갈 담력을 얻었나니."

예전 같았다면 어떻게 하나님 앞에 예배를 드릴 생각을 합니까? 제사장들이라도 능히 서서 하나님을 섬기지 못하였습니다. 제사장들도 피를 찍어 바르고 성소에 들어가 하나님을 섬겼습니다. 그러나 이제 예수님의 피는 외칩니다.

> (롬 3:25)"이 예수를 하나님이 그의 피로 인하여 믿음으로 말미암는 화목 제물로 세우셨으니 이는 하나님께서 길이 참으시는 중에 전에 지은 죄를 간과하심으로 자기의 의로우심을 나타내려 하심이니."
>
> (히 9:14)"하물며 영원하신 성령으로 말미암아 흠 없는 자기를 하나님께 드린 그리스도의 피가 어찌 너희 양심으로 죽은 행실에서 깨끗하게 하고 살아계신 하나님을 섬기게 못하겠느

뇨."

3.예수 보혈에 대한 하나님의 뜻

저는 지금 당신에게 주님의 이름으로 주님의 뜻을 전달합니다. 내 뜻을 말하는 것이 아닙니다.

1) 예수님의 흘리시는 피를 당신에게도 가져와서 외치게 하십시오! 사람은 영을 담는 그릇입니다. 그러므로 반드시 예수님의 보혈을 통해야만 성령을 받을 수가 있습니다. 예수님의 보혈을 통하지 않으면 다른 세상 신을 받을 수가 있습니다. 그러므로 주님의 보혈이 천국에서 외치고 있듯이 여러분의 마음에서 외치게 하십시오! 내 피로 인하여 너희의 죄악이 영원히 사하여 졌느니라….

2) 예수님의 피를 마음에 뿌리십시오! 예수님의 피를 마음에 뿌리는 사람은 구원을 받습니다. 예수님의 피를 마음에 뿌리면 지옥의 사자가 근접을 못 합니다. 구약의 선민 이스라엘사람들은 애굽 나라에서 종살이를 하고 있었습니다. 애굽은 지금의 이집트입니다. 하나님이 모세에게 바로 왕에게 이스라엘을 놓아주라는 명령을 전달하라고 하였습니다. 말을 듣지 않는 왕에게 피의 재앙을 내렸습니다. 애굽나라 온 전역에 물이 피로 변하여 물이 없어 울부짖게 만들었습니다. 칠일이 지난 후 하나님은 모세에게 바로에게 가서 경고를 하도록 합니다.

(출 8:1-4)"여호와께서 모세에게 이르시되 너는 바로에게 가서 그에게 이르기를 여호와의 말씀에 내 백성을 보내라 그들이 나를 섬길 것이니라. 네가 만일 보내기를 거절하면 내가 개구리로 너의 온 지경을 칠지라. 개구리가 하수에서 무수히 생기고 올라와서 네 궁에와 네 침실에와 네 침상 위에와 네 신하의 집에와 네 백성에게와 네 화덕에와 네 떡반죽 그릇에 들어갈지며 개구리가 네게와 네 백성에게와 네 모든 신하에게 오르리라 하셨다 하라."

그러나 말을 들을 리가 없지요, 모세와 아론이 나일강 위에 지팡이를 잡고 손을 펴니 개구리가 올라옵니다. 여러 물들과 하수에 손을 펴니 개구리가 명령을 받은 듯 올라와서 바로 왕과 그 신하의 집을 괴롭힙니다. 그때 바로가 모세와 아론을 불러 말을 합니다.

(출 8:8)"바로가 모세와 아론을 불러 이르되 여호와께 구하여 개구리를 나와 내 백성에게서 떠나게 하라 내가 이 백성을 보내리니 그들이 여호와께 희생을 드릴 것이니라."

모세와 아론이 집에 돌아가서 개구리가 떠나게 하여 달라고 합심기도를 하니 개구리가 마당에서 밭에서 침실에서 나와 죽어

버립니다. 어느정도 숨통이 트였는가 싶었더니, 또 바로가 완악하여 졌습니다. 그러자 하나님의 명을 받은 모세와 아론이 지팡이로 땅의 티끌을 치니 그것이 이가 되어 사람과 짐승을 물어뜯습니다.

또 다음 재앙은 파리 떼를 불러오게 합니다. 그 파리 떼는 희한하게 이스라엘 집안에는 하나도 들어가지 않고 바로와 그 나라 사람들만 괴롭힙니다. 애굽의 파리는 우리나라 파리와는 달리 피를 빨아먹는다고 합니다. 모세가 하나님의 능력으로 그 외에도 애굽 나라 가축을 독종으로 치시기도 하고 독종으로 사람과 가축에 재앙을 내리게도 하셨습니다. 하늘의 거대한 불붙는 우박으로 치기도 하고 메뚜기 떼로 재앙을 내리기도 하셨습니다.

그러나 그때마다 내가 보낼 터이니 용서하시오 하고 숨통이 트이면 내가 왜 보내 하는 식이었습니다. 바로가 어느 때 완전히 무릎을 꿇습니까? 마지막 열 번째 재앙입니다. 온 땅에 흑암이 찾아와 전역을 덮었습니다. 그리고 모세를 통하여 미리 알려진 데로 이스라엘 사람들은 양을 각 가족이 한 마리씩 잡아서 그 피를 양푼에 담아 우슬초라는 식물로 찍어 문 인방과 좌우 설주에 뿌리기 시작하였습니다. 그날 밤 죽음의 사자가 애굽 나라를 찾았습니다.

그리고 문인방과 좌우 설주에 피가 뿌려져 있는 집은 죽음의 사자가 넘어 갔습니다. 그러나 피가 뿌려지지 않은 집에서는 외마디 비명소리와 함께 통곡하는 곡성이 들렸습니다. 왕궁에서도 바로의 장자가 죽었습니다. 그러나 피가 뿌려진 이스라엘은 개도 죽지 않았습니다. 피가 뿌려지지 않은 집에서는 사람은 물론 짐승의 처음 난 것까지도 죽음을 당하였습니다. 오늘날에도 마음에 피가 뿌려진 사람은 지옥에 떨어져도 영원히 죽지 않습니다. 그러나 아무리 고관대작이라 하더라도 유능한 학 박사라 하더라도 마음에 피가 뿌려지지 않으면 영원한 음부에 떨어져 슬퍼하며 이를 갈게 됩니다.

3) 마음에 육체에 질병이 있는 분들에게 권면을 드립니다.

십자가에서 흘리시는 피를 당신의 아픈 곳에 뿌리십시오! 흘리시는 것은 주님이 흘려주시지만 뿌려주시는 것은 예수님이 뿌려 주지 않습니다. 당신이 믿음으로 보혈을 뿌리고 주장하여야 합니다. 아픈 부위에 피를 뿌리며 예수님의 이름으로 고침을 받으라고 명령을 내리십시오! 저가 채찍에 맞음으로 우리는 나음을 입었습니다. 회개하며 예수님의 피를 뿌리면 하나님이 그 병을 고쳐 주십니다.

◎ 어떤 자매님이 주님을 영접하고 믿노라 하면서도 자아가 깨어지지 못하여 세상과 타협하여 하나님 중심보다 내 중심으로 사는 경우가 많은 신앙생활을 하였습니다. 그러다가 관절염에 걸려서 옴짝달싹 못하고 누워 의술로 치료하기에 여념이 없었습니다. 하나님을 믿으면서도 자신의 병을 하나님이 고쳐 주신다는 생각을 해 보지 않고 세상 의학만 의지하던 그였습니다.

그런데 하루는 간호원이 간호차 이 자매님 집에 왔다가 프라

이팬이 더러워진 것을 보고 닦아주겠다는 것입니다. 이 자매님이 평소에 아무리 닦아도 잘 닦아지지 않던 프라이팬이었는지라 간호원만 바라보았습니다. 간호원은 세제로 닦지도 않고 프라이팬을 가스렌지에 얹어 놓는 것이었습니다. 얼마 후 프라이팬이 벌겋게 달아오르자 프라이팬에 붙어 있던 온갖 군더더기들이 뚝뚝 떨어져 나가고 반질반질 윤기가 흐르는 새 프라이팬이 되고 말았습니다.

이것을 보게 된 그 자매님의 뇌리에 갑자기 섬광 같은 깨달음이 스쳐 갔습니다. [그렇다. 내가 관절염에 걸려서 아프다고 탄식만 하고 있는데 하나님이 내가 이 병을 걸리게 하신 것도 바로 나의 신앙의 군더더기를 떨어지게 하려고, 성령의 불 가운데 넣으신 것이구나 생각하고 오히려 감사하고 회개해야 하겠구나] 하고 그래서 십일조를 떼어 먹는 것 주일 성수하지 않는 것 남을 미워한 것을 철저히 회개했습니다. 그리고 성령의 불을 체험하고 며칠이 지나지 않아 자리를 떨고 일어났다는 간증입니다.

4) 예수님에게 예배드리러 나오실 때 기도하러 교회에 나오실 때 그저 빈손으로 오지 마세요. 예전의 대 제사장들이 피를 찍어 손가락이며 발가락에 뿌린 것처럼 뿌리고 나오십시오! 여러분 피를 뿌리면 마귀가 예배를 방해하지 못합니다.

5) 악마의 공격을 받고 있을 때 피를 뿌리십시오!

저희가 자기의 증거 하는 말과 어린양의 피로 이기었습니다. 예수 피를 뿌리노라. 덮노라.

6) 가난과 저주 가운데 있습니까? 예수님의 보혈을 뿌리십시오. 어느 목사님의 간증입니다. 목사님 집안은 대대로 불교와 미신과 우상을 숭배하였던 불행한 집이었습니다. 아버지는 고결한 인품을 지닌 한학자였습니다. 그럼에도 불구하고 집에는 요사스런 기운에 늘 불행하였습니다. 목사님은 상당히 아파서 허약하였습니다. 집안에서는 웃음소리보다는 불화의 소리가 들렸습니다. 그러한 집에서 모두 예수님을 영접하였습니다.

예수님의 피가 뿌려졌습니다. 하루는 목사님 어머니가 낮잠을 자는데 귀신 떼가 마루 밑에서 나오더니 얼마나 많이 떠나던지 동네 논두렁길을 따라서 끝이 안보일 정도로 울며 떠나가더랍니다. 그 뒤 목사님 집안은 웃음이 찾아왔고 행복이 찾아왔습니다.

4. 마지막으로 유월절에 대하여 알고 마침니다.

유월절은 '넘어간다(유월)'라는 의미를 가지고 있습니다. 애굽에서 노예로 있던 이스라엘 백성들에게 하나님께서는 모세를 부르시어 애굽으로 가게 하십니다. 모세를 통한 하나님의 10가지 재앙을 통하여 이스라엘과 거류와 잡족들이 애굽에서 출애굽하게 되는데, 이 때 마지막 10번째 재앙에서부터 유월절은 시작이 됩니다. 때문에 유월절은 사람이 정한 것이 아니고 하나님께서 정하셨음을 우리는 먼저 알아야 합니다.

10번째 재앙, 즉 장자의 죽음의 재앙 때, 하나님께서는 자비로 이스라엘에 이를 피할 수 있는 방법을 알려 주셨습니다. 즉 어린 숫양을 잡아 그 피를 찍어 인방과 문지방에 바르게 하신 것이지요. 그래서 하나님의 죽음의 사자가 애굽을 지날 때, 그 피가 묻어 있는 집은 그냥 지나치셨고, 그 피가 없는 집에 들어가 사람으로부터 짐승에 이르기까지 그 첫째는 다 죽이셨지요.

이렇게 해서 유월절이 시작되었는데, 이스라엘 백성은 그날 출애굽을 하게 되었습니다. 이제 먼 길을 떠나야 하는 이스라엘 백성에게 하나님께서는 쑥과 누룩없는 떡과 구운 양고기를 먹게 하셨습니다. 쑥은 쓴맛을 내기에 그동안의 하나님 앞에서의 죄과를 의미하며, 누룩없는 떡은 진실을 의미합니다. 구운 양고기는 피를 금지하시는 하나님의 생명존중과 이스라엘을 배려한 하나님의 사랑을 나타내십니다.

이렇게 해서 출애굽한 이스라엘은 출애굽후 2년에 시내산에서 처음 유월절을 맞습니다. 그리고 매년 이스라엘의 가장 큰 명절이 되었지요. 예수님께서는 이 유월절 즈음에 성전에 입성하셔서 성전정화를 하셨고, 유월절 전날 십자가에 달리셔서 유월절 다음날 즉 안식 후 첫날 부활하셨습니다. 때문에 신약에서의 유월절은 예수님의 대속의 죽으심에 포함되어 버렸지요. 그래서 기독교에서는 더 이상 유월절을 지키지 않습니다.

은유적으로 유월절은 성도의 중생을 의미합니다. 죄악된 애굽과 같은 생활에서 벗어나 이제는 하나님을 따르고 그분의 말씀에 순종하는 삶에 들어서는 것이지요. 비록 그 삶이 세상으로

부터의 구별로 인하여 때론 고통도 있고 분쟁도 있고 어려움도 있지만, 이생의 삶 속에서 하나님의 말씀처럼 거룩(구별됨)의 삶을 살면 이제 가나안 땅에 들어가는, 즉 천국의 백성이 되는 것입니다. 그러나 아직도 유대교 사람들은 유월절을 지키고 있습니다. 왜냐면 그들에게는 아직도 메시아가 오시지 않았기 때문입니다. 이 유월절은 하나님의 뜻을 좇는 하나님의 백성들에게 인간의 무지함으로 인한 하나님 잊어버림을 잊지 않게 하시려는 하나님의 거룩한 사랑을 담고 있습니다. 오늘 본문의 결론은 경고로 끝이 납니다.

(히 12:25-29) "너희는 삼가 말하신 자를 거역하지 말라 땅에서 경고하신 자를 거역한 저희가 피하지 못하였거든 하물며 하늘로 좇아 경고하신 자를 배반하는 우리일까 보냐 그 때에는 그 소리가 땅을 진동하였거니와 이제는 약속하여 가라사대 내가 또 한번 땅만 아니라 하늘도 진동하리라 하셨느니라. 이 또 한 번이라 하심은 진동치 아니하는 것을 영존케 하기 위하여 진동할 것들 곧 만든 것들의 변동될 것을 나타내심이니라. 그러므로 우리가 진동치 못할 나라를 받았은즉 은혜를 받자 이로 말미암아 경건함과 두려움으로 하나님을 기쁘시게 섬길지니 우리 하나님은 소멸하는 불이심이니라."

예수님의 은혜를 헛되이 받지 마십시오! 하나님의 최후 권면은 십자가입니다.

4장 예수님의 보혈에 숨은 비밀

(마 27:41-44)"그와 같이 대제사장들도 서기관들과 장로들과 함께 희롱하여 이르되 그가 남은 구원하였으되 자기는 구원할 수 없도다 그가 이스라엘의 왕이로다 지금 십자가에서 내려올지어다. 그리하면 우리가 믿겠노라 그가 하나님을 신뢰하니 하나님이 원하시면 이제 그를 구원하실지라. 그의 말이 나는 하나님의 아들이라 하였도다 하며 함께 십자가에 못 박힌 강도들도 이와 같이 욕하더라."

골고다 언덕 위에 당장이라도 폭풍우가 휘몰아쳐올 것 같은 그런 음산한 기분이었습니다. 이미 예수 그리스도는 십자가에 못 박혀서 그 손과 발에 피가 흐르고 있었습니다. 우편 강도는 고함, 고함을 치면서 예수 그리스도를 모욕하고 있고 또 좌편 강도도 그와 같았었습니다.

그런데 그 골고다 십자가 밑에서는 로마 군인들은 추호도 죽음에 대한 관심도 없이 그들은 예수 그리스도의 겉옷을 나누고 속옷을 제비뽑고 있었습니다. 멀리 갈릴리에서 예수님과 함께 그곳에 찾아온 여인들은 땅을 치며 통곡을 합니다. 그 울음도 이제는 목이 쉬어서 잘 나오지 않을 그럴 지경인 것입니다.

그러한 장면에 유대인의 대제사장들 서기관들 장로들은 목쉰

소리로 고함, 고함을 치고 있었습니다.

그들은 입에서 말하기를 성전을 헐고 사흘에 짓는 자여 네가 만일 하나님의 아들이어든 자기를 구원하고 십자가에서 내려오라. 저가 남은 구원하였으되 자기는 구원할 수 없도다. 예수님께서는 그 자리에서 당장 열두 군단이나 되는 천사를 불러서 그리스도 자신을 구원할 수 있습니다. 왜 이 대제사장들과 서기관들과 장로들이 이처럼 모욕을 하는데도 주님께서는 한마디도 대답하지 아니하시고 묵묵히 십자가에 매달리셨을까요? 왜 예수님께서 내려올 수 없었습니까?

비록 원수들이 그리스도를 조롱해서 저가 남은 구원했으나 자기는 구하지 못하는 도다. 라고 외쳤지만, 이 말은 기독교의 진수를 우리에게 설명해주는 깊은 의미를 가지고 있는 것입니다. 예수님은 과연 십자가에서 내려올 수 없었습니다. 그는 남은 구원했으나 자기는 구할 수 없었습니다. 왜 그럴까요? 그것은 하나님께서 우리를 죄악과 죽음과 절망에서 찾으시는 간절한 소원이 그리스도에게 있었기 때문인 것입니다.

1. 예수님이 십자가를 지신 이유.

그리스도께서 십자가를 지시고 십자가에서 내려올 수 없었던 이유를 우리가 알려면은 왜 하나님께서 예수를 세상에 보낼 수밖에 없었는가를 우리가 알아야 되는 것입니다. 주님께서 하늘과 땅과 세계와 그 가운데 모든 것을 지으시고 우리 주님께서 우리 인류를 위해서 상함도 없고 해함도 없는 아름다운 에덴동산을 만드셨습니다. 그리고 하나님의 형상과 모양대로 지음 받은 아담과 하와를 에덴에 두어서 에덴을 관리하며 하나님을 섬기고 살도록 하셨습니다. 그리고 동산 중앙에는 하나님의 권위를 상징하는 선악과를 두셨습니다. "너희가 동산에 있는 모든 실과는 다 먹되 선악을 아는 실과는 먹지 말라 먹는 날에는 너희가 정녕 죽으리라고" 말한 것입니다.

우리가 모든 것을 다 누릴 수 있으매 하나님의 권위에 도전하면 하나님께선 이것을 용납하지 아니하시겠다는 것입니다. 그런데 아담과 하와는 마귀가 뱀을 통해서 다가와서 꾈 때 그 음성에 그만 넘어간 것입니다. 하와가 뱀의 음성을 들었습니다. 과연 하나님께서 모든 실과를 다 먹지 말라고 하더냐? 아니라 동산의 모든 실과는 다 먹되 선악을 아는 실과는 보지도 말고 만지지도 말라 죽을까 하노라 하시더라. 뱀이 말하기를 아니라 절대로 죽지 않는다. 네가 선악을 아는 실과를 먹는 날에는 너의 눈이 밝아져서 너희도 하나님처럼 될 것이라. 이 유혹에 그만 견디지 못해서 하와가 손을 내밀어 그 선악과를 따먹고 그와 함께 있는 남편에게 주어 먹게 한 것입니다. 그래서 아담이 하나님의 권위에 도전했었습니다.

하나님의 것을 도적질했었습니다. 그러자마자 즉시로 그 영이 죽고 말은 것입니다. 영의 영광스러움이 그를 떠나자마자 아담과 하와는 그곳에서 즉시로 벌거벗은 수치를 느끼게 된 것입니다. 그들은 어찌할 수 없어 도망쳐서 수풀 뒤에 숨었습니다. 무화과나무 잎으로 앞치마를 해 입었습니다. 그런데 저녁 서늘할 때 하나님께서 동산을 거니시면서 아담을 찾고 있었습니다. 아담아! 아담아! 네가 어디에 있느냐?

하나님께서 아담이 어디 있는 것을 몰라서 찾았을까요? 절대로 그렇지 않습니다. 전지전능하시고 무소부재하신 하나님께서 아담이 어디 있는 것을 몰라서 찾았을 리가 있겠습니까? 하나님께서는 하나님의 권위를 도전하고 반역한 아담이 어떻게 처절한 절망에 떨어진 것을 깨닫게 하고 하나님께서 그럼에도 불구하고 찾으시는 것을 깨닫게 하기 위해서 부르신 것입니다.

아담아! 네가 어디에 있느냐? 아담은 말했습니다. 내가 벌거벗어서 수치스럽기 때문에 두려워하여 하나님 앞에 숨었나이다. 그는 과연 하나님을 반역하자마자 영이 그 자리에서 죽고 하나님의 영광이 떠나자 그가 나무 뒤에 숨었으나 그가 어디에 와있는지를 당장 알게 되었었습니다. 그는 죄가운데 있는 것을 알게 되었었습니다. 아담아! 네가 어디 있느냐? 주여 나는 죄 가운데 있습니다. 아담아! 네가 어디 있느냐? 주님 나는 사망 가운데 있습니다. 갑자기 새들이 울다가 가지에서 떨어져 죽기 시작하는군요. 갑자기 꽃이 시들고 갑자기 짐승들이 서로 싸우고 있습니다. 나는 사망 가운데 있습니다. 아담아! 네가 어디 있느냐? 하나님 나는 저주 가운데 있습니다. 저는 잃은 것이 없었는데 에덴에서 갑자기 가시와 엉겅퀴가 돋아나기 시작하는군요. 아담아! 네가 어디 있느냐? 하나님이여 나는 버림받은 자리에 있습니다.

나는 쫓겨났습니다. 내 양심이 벌거벗었습니다. 내 육체가 벌거벗었습니다. 나는 피할 곳이 없어서 이와 같이 무화과나무 잎으로 앞치마를 해 입고 나는 나무 뒤의 수풀에 숨었습니다. 하나님께서 아담아 네가 어디 있느냐고 할 때 아담이 자기가 처한 그 타락의 비극적인 정황을 깊이 깨닫게 하기 위함입니다. 하나님께서 아담아 네가 어디 있느냐고 찾으신 것은 하나님께서 그럼에도 불구하고 구원하기를 원하시는 것을 말하는 것입니다. 우리가 이 장면에서 보게 될 때 아담이 하나님을 찾은 것이 아니라 하나님께서 아담아 네가 어디 있느냐고 찾으신 것입니다.

하나님이 사람을 찾지 사람이 하나님을 찾지 않았습니다. 옛날이나 오늘이나 다름없이 사람이 스스로 하나님을 찾지 않고 있습니다. 하나님께서 그 한없는 자비와 긍휼로써 손을 내밀고 아담아 네가 어디 있느냐 오늘날도 찾으시는 것입니다. 오늘날 우리를 향해서도 하나님은 똑같이 성령을 통해서 외치고 있습니다. 아담아! 네가 어디 있느냐? 오늘 당신이 어디 있는 것을 스스로 발견하게 되면 당신은 구원하는 하나님의 손길을 붙잡을 수 있는 것입니다. 과연 오늘날 사람들이 하나님 앞에서 하나님 나는 죄 가운데 있습니다. 사망 가운데 있습니다. 저주 가운데 있습니다. 버림받은 자리에 있습니다. 나는 실존의 절망에 처해 있습니다. 이 사실을 스스로 깨닫고 고백할 수만 있다면 이러한 사람에게는 하나님께서 손을 내밀어 건져줄 수 있습니다.

그러나 사람들은 오늘날 그렇게 생각하지 않습니다. 아담아! 네가 어디 있느냐? 이렇게 물으면 오늘날 사람들은 타락해서 네. 나는 내 마음대로 삽니다. 나는 부자라 부유하여 부족한 것이 없습니다. 그러므로 나는 하나님 같은 것 필요 없습니다. 이와 같이 말하고 있는 것입니다. 이렇기 때문에 하나님께서 저들에게 도움의 손길을 베풀 수가 없는 것입니다. 아담은 하나님의 음성을 듣고 난 다음에 자기의 벌거벗은 것을 느꼈었습니다. 그는 자기의 벌거벗은 수치를 고백했었습니다. 죄로 벌거벗고 사망으로 벌거벗고 저주로 벌거벗고 버림받은 벌거벗은 자리에 숨을 곳이 없는 것을 고백했습니다.

그럴 때 하나님께서 찾아오셔서 그 비참한 정황을 보시고 위대한 약속을 주셨습니다. 하나님께선 그 자리에서 뱀을 저주해서 말씀하기를 "네가 이렇게 하였은즉 종신토록 너는 배로 다니고 흙을 먹을 것이라 그리고 여인의 후손이 너의 머리를 깨뜨리고 너는 여인의 후손의 발뒤꿈치를 물것이라" 했었습니다.

뱀은 사탄을 상징하는데 바로 여인의 후손이 와서 이 사탄의 머리를 깨뜨려버렸습니다. 그 사탄은 그 여인의 후손의 발뒤꿈치를 물겠다고 주님께서 말씀하셨습니다. 여인의 후손인 예수 그리스도께서 동정녀로 탄생하셔서 아버지 없이 여자의 후손으로 태어나시어, 뱀의 머리 사탄의 머리를 깨뜨릴 것을 벌써 에덴 동산에서 주님께서 약속하신 것입니다. 그리고 난 다음 주님께서 그 자리에서 짐승 한 마리를 죽였습니다.

상함도 없고 해함도 없는 그 에덴에서 죄로 말미암아 이제는 죽음이 들어오게 된 것입니다. 짐승을 죽여서 피를 쏟고 그 가죽을 벗겨서 아담을 위해서 친히 하나님이 손수 옷을 지어 입혔습니다. 아담이 자기가 엮어서 만든 앞치마가 아닙니다. 하나님께서 친히 손수 가죽으로 옷을 지어서 아담에게 입히고 하와에게 입혀서 수치를 가리고 밖으로 나가게 한 것입니다. 오늘날도 그렇습니다. 사람들은 자기의 윤리의 옷을 지어서 입고 도덕의 앞치마를 해 입고 인간이 과학이나 지식이나 인간의 수단과 방법으로 인간의 절망적인 상황에서 앞치마를 둘러 입으려고 하지만 이런 것은 하나님께서 인정하지 않습니다. 하나님께서 오직 인정하는 것은 하나님께서 직접 만드신 옷을 우리에게 입히기를 원하시는 것입니다. 이러므로 아담의 무화과 앞치마는 하나님 앞에 소용이 없습니다.

2. 인류를 구원하기 위해서 십자가를 지셨다.

하나님이 직접 짐승을 잡아서 직접 피를 흘리시고, 직접 가죽을 벗기셔서 친히 손으로 옷을 해 입힌 것은 이렇게 설명할 수 있습니다. 하나님께서 훗날에 직접 하나님께서 그 아들 예수님을 세상에 보내십니다. 그 예수를 십자가에 못 박아 예수를 죽이십니다. 그 피를 흘려서 우리 죄를 다 청산케 하십니다. 예수 그리스도의 의로운 옷을 벗겨 가지고서, 하나님이 직접 우리에게 한 사람, 한사람, 입혀줄 것을 예시적으로 상징적으로 보여주신 것입니다.

하나님께서는 타락한 인류를 버리지 아니하시고 아담아! 네가 어디 있느냐. 간절히 찾으셔서 그 음성에 대답하는 사람에게는 여인의 후손을 보내어서 마귀의 머리를 깨뜨리십니다. 그리고 그 여인의 후손을 십자가에 죽여서 피를 흘리게 하십니다. 그리고 예수의 의로운 옷을 벗겨서 하나님이 직접 의의 옷을 만들어서 우리에게 입혀줄 것을 주님께서 예언한 것입니다.

아담과 하와가 에덴에서 쫓겨나고 난 다음 그때로부터 시작한 구약 사천년은 하나님께서 예수님을 보내실 준비를 하는 사천년이었습니다. 이 여인의 후손을 보낼 준비인 것입니다. 바로 하나님의 어린양 우리를 위해서 십자가에 죽으실 이 어린양을 보내기 위한 준비과정 이었습니다. 이래서 예수님께서 지금으로부터 이천 년 전에 이 땅에 하나님의 어린양으로 오신 것입니다. 에덴에서 하나님께서 약속한대로 예수 그리스도는 여인의 후손으로 오셨습니다. 예수님은 아버지가 없이 성령으로 말미암아 잉태했기 때문에 그는 아버지의 족보가 없는 여인의 후손이었습니다. 우리는 모두 다 남자의 후손입니다. 예수님 혼자만이 인류에서 여자의 후손입니다. 타락한 아담의 피를 받지 않았습니다. 성령으로 잉태되었습니다.

그럼으로 그의 속에는 죄도 흠도 없었습니다. 그래서 그는 와서 이 세상에서 하나님의 뜻을 피웠습니다. 예수를 통해서 하나님께서는 그 손길을 내밀었습니다. 주님은 가는 곳마다 하나님의 그 크신 사랑과 뜻으로 한사람도 멸망하지 않고 영생의 길을 원한다는 것을 보여주신 것입니다. 예수님의 원수들이 예수님을 십자가에 못박아놓고 난 다음 그들이 외친 것처럼, 보라 그가 남은 구원했으나 자기는 구원할 수 없도다. 이렇게 외친 것처럼, 예수님은 진실로 남을 구원했었습니다.

예수님이 남을 구원했다는 사실은 예수를 십자가에 못 박는 대제사장들이나 서기관들이나 장로들조차도 예수님께서 남을 구원했다는 사실을 인정한 것입니다. 예수님께서는 가는 곳마다 남의 죄를 용서하고 구출하여 주신 것입니다. 주님께서 간음하다가 현장에 잡힌 여자를 주께서 용서하시고 구출해 주셨던 것입니다. 남편을 다섯이나 갈은 사마리아 여인도 주님께서 용서하시고 구출하여 주셨습니다.

예수님께서는 자기의 사랑하는 나사로가 죽었을 때 나흘 만에 불러내 살려 주셨습니다. 예수님은 가는 곳마다 남을 구하는 일을 하셨습니다. 한번도 주님께서 사람을 죽인 적이 없습니다. 주님은 가는 곳마다 남을 구했었습니다. 주님은 상한 갈대를 꺾지 아니하시고 꺼져가는 심지도 끄지 아니하셨습니다.

사람들을 가는 곳마다 영혼이 잘되게 하시고 범사에 잘되게 하시고 강건하게 하셨습니다. 예수님이 친히 말씀하기를 내가 온 것은 양으로 생명을 얻게 하되 더 풍성히 얻게 하려 왔다고 말씀한 것입니다. 이러므로 친구들도 예수님이 남을 구원했다는 것을 인정했었습니다. 원수들도 예수님께서 남을 구원했다는 것을 인정하셨습니다. 저가 남을 구원했다고 말한 것입니다. 성경은 말씀하기를 예수 그리스도는 어제나 오늘이나 영원토록 동일하다고 말씀하셨습니다. 오늘도 남을 구원하신 예수님은 주님을 믿는 제자들이 보는 앞에서 주를 비난하는 원수들 보는 앞에서 오늘날도 우리를 구원하기를 원하시고 계신 것입니다. 우리의 영혼을 구원하기를 원하시는 것입니다.

3.인간들을 저주에서 구원하기 위해서 십자가를 지셨다.

우리의 질병을 치료하기를 원하시는 것입니다. 사탄에서 자유를 얻기를 원하시는 것입니다. 저주에서 해방시켜 주기를 원하는 것입니다. 사망과 영원한 멸망에서 건져서 영생주기를 원하시는 것입니다. 예수님은 좋은 하나님인 것입니다. 마귀는 악한 마귀인 것입니다. 그러나 예수님은 좋은 예수님으로 우리에게 좋은 일을 해주기 위해서 오늘 이 시간에 성령으로 와서 계신 것입니다. 누구든지 주의 이름을 부르는 자는 구원을 얻으리라고 성경은 말하고 있는 것입니다. 이러므로 오늘날도 예수 그리스도를 통해서 하나님은 부르십니다.

아담아! 네가 어디에 있느냐? 그곳에서 네 스스로 인간의 지혜와 총명과 수단과 방법으로 앞치마를 만들어서 너 운명을 가리려고 하느냐? 너 스스로 문제를 해결할 수 있다고 생각하느냐? 이 세상에 인간이 만든 모든 것은 잠시 있다 태양 빛이 비춰면 다 말라서 쭈글쭈글해서 사라져 버리는 앞치마와 같습니다. 인간의 정치 경제 교육 문화 군사 과학 어느 하나라도 영원히 인간을 보호해줄 것은 아무 것도 없습니다. 그렇기 때문에 하나님께서는 말합니다. 너의 그 어리석은 앞치마로 인간의 운명을 가리 우려고 하느냐? 다가오는 폭풍우에서 너 자신을 지키려고 하느냐? 아담아! 네가 어디 있느냐? 하나님이 만드신 그 가죽옷 이외에는 우리를 보호하거나 지켜줄 것이 없습니다.

지금은 하늘과 땅 아래서 어느 곳이나 우리가 피할 곳이 없습니다. 예수의 십자가 밑에 그리스도의 보혈의 공로와 그 의로운 옷 이외에는 우리를 지켜줄 곳이 없게 된 것입니다. 이러므로 하나님께서는 오늘날도 예수를 통해서 우리를 구원하기를 원하시는 것입니다. 구원받는 사람이 기다리고 구원하는 사람이 찾아와서 그 손을 내미는 것입니다.

그런데 원수들은 예수님을 쳐다보고 말했었습니다. 저가 남은 구원했으나 자기는 구할 수 없도다. 왜 예수님께서 자기를 구할 수 없었을까요? 성경 이사야서 53장 7절로 8절에 보면 여기 놀라운 예언의 말씀이 기록돼 있습니다. "그가 곤욕을 당하여 괴로울 때에도 그의 입을 열지 아니하였음이여 마치 도수장으로 끌려가는 어린 양과 털 깎는 자 앞에서 잠잠한 양 같이 그의 입을 열지 아니하였도다 그는 곤욕과 심문을 당하고 끌려 갔으나 그 세대 중에 누가 생각하기를 그가 살아 있는 자들의 땅에서 끊어짐은 마땅히 형벌 받을 내 백성의 허물 때문이라 하였으리요" 예수께서 산 자의 땅에서 끊어진 이유는 마땅히 형벌 받을 주의 백성들의 허물을 대신하고 십자가에서 생명을 끊었다는 것입니다.

4.예수는 하나님의 사랑의 손길이 되기 위해 십자가를 지셨다.

이러므로 예수님께서 십자가에 못 박힌 것은 바로 예수를 통해서 하나님께서 우리를 찾으시는 하나님의 사랑의 손길인 것입니다. 십자가에 매달려서 하나님께선 아담아! 네가 어디 있느냐? 여기에 여인의 후손이 와서 사탄의 머리를 깨뜨리기 위해서 와있다. 여기에 어린양 예수가 피를 흘리고 그 의로운 가죽을 벗겨서 너에게 입히려고 와있다. 아담아! 네가 어디 있느냐? 하나님이 우리를 찾으시는 간절한 사랑의 부르짖음이 그곳에 있었기 때문에 십자가에서 예수님이 내려 올 수가 없습니다. 왜? 그것은 우리를 대신하여 형벌을 받기 위한 것입니다. 아무리 유대인들이 고함을 치며 하하 네가 하나님의 아들이냐 그렇다면 한번 내려와 보아라. 저가 남은 구원하였으나 자기는 구할 수 없도다. 그렇게 외치는데 진실로 그는 자기를 구할 수 없었습니다.

무엇 때문에 그는 남을 구하러 왔었습니다. 우리를 대신해서 십자가 형틀을 걸머지고 피를 흘려 죽어야만 우리의 죄를 대속할 수 있기 때문에 주님께서는 아무리 내려오고 싶어도 내려올 수가 없었습니다. 내려올 수 없는 것이 아니라 예수님은 내려오지 않기로 결심을 하셨습니다. 왜? 그리스도의 사랑 때문인 것입니다. 그리고 주님께서 십자가에서 당신이 죽어야 당신의 의로운 옷을 가죽을 벗겨서 한 사람 한 사람에게 입혀줄 수 있기 때문입니다.

산짐승의 가죽을 어떻게 벗깁니까? 짐승을 죽여야 가죽을 벗기는 것처럼 예수님이 십자가에 죽으셔야 그 의로운 행동으로써 그 의로움을 벗겨서 우리에게 입혀줄 수 있는 것입니다. 죽기까지 하나님께 충성한 그 결과로 말미암아 우리의 과거의 죄 현재의 죄 미래의 죄를 다 청산하고 그 가죽옷을 벗겨서 우리에게 입혀줄 수 있기 때문에 예수님은 십자가에서 죽어야 합니다. 만약에 살아서 내려오면 우리를 구원할 수 없기 때문에 저는 남은 구원했으나 자기를 구원할 수 없는 것입니다.

5.뱀의 머리를 깨뜨리기 위해서 십자가를 지셨다.

또 주님께서 십자가에서 내려올 수 없는 것은 뱀의 머리를 깨뜨리기 위한 것입니다. 아담을 꿰어서 그래서 사망으로 완전히 휘어잡은 그 뱀의 권세를 깨뜨리기 위해서는 예수님이 직접 죽어서 음부에 내려가서 사망과 음부를 철폐하고 부활하심으로 말미암아 마귀의 권세를 산산조각으로 깨뜨려 버리고 우리를 마귀의 억압에서 자유케 해주시고, 그래서 영원한 영광을 상속으로 받게 하기 위해서는 주께서 진실로 죽었다가 부활하셔야만 했었습니다.

이렇기 때문에 예수님께서는 남은 구원했으나 자기는 구원할 수 없었습니다. 예수님은 십자가에 못 박혀 계시는데 이마에 피가 흐르고, 양손과 양발에 못 박힌 곳이 쓰리고 찢어지고, 피가 흐르고, 다리에도 못 박힌 곳이 쓰리고, 쇠 독이 온 몸에 들어가고, 해는 따갑게 비치고, 목은 마르고, 혀는 입천장에 붙고, 그래서 그는 몸부림을 쳤었습니다.

모든 친구들은 다 도망치고 원수들은 조소하고 하나님도 예수님을 버려버리고 갑자기 공중에 해조차 빛을 발하지 아니하고 산천초목이 다 진동하며 떨고 울고 바다소리 조차 흉용 하여 통곡 하는 소리로 변하고 예수님은 견디다 못하여 엘리 엘리 라마 사박다니 하나님이여! 하나님이여! 어찌하여 나를 버리시나이까! 주님은 극치의 고통 속에 빠졌었습니다. 그 고난 속에서 주님께서 열두 군단도 더되는 천사를 불러서 자기를 그 고통에서 내려올 수 있게 할 수 있습니다. 그러나 만일 예수께서 그 자리에서 그 고통을 감내하지 아니하시고 내려오셨더라면 오늘 우리는 소망이 없습니다. 우리는 우리 죄로 인하여 영원히 멸망 받고 죽어야 합니다. 우리는 인간의 앞치마를 무화과로 엮었다가 말라죽어 영원한 멸망으로 떨어질 수밖에 없습니다.

우리를 휘어잡은 원수마귀 뱀은 영원히 사망과 음부의 권세를 가지고 입을 딱 벌리고 한 사람 한 사람의 영혼을 영원히 삼켜버리고 말았을 것입니다. 이러므로 예수께서는 죄를 짓고 불의하고 추악하고 반역하고 버림을 받아야 마땅한 자들을 위해서 대신하여 십자가에 그 형벌과 그 고난을 주님께서 견디신 것입니다. 그래서 그 원수가 말한 것처럼 저가 남은 구원하였으나 자기는 구할 수 없도다. 이 말씀대로 주님은 자기를 구할 수가 없었고 자기를 구하려고 생각하지 않았었습니다. 그 막중한 대가를 지불하고 여러분과 나를 구하기 위해서 한 알의 밀알로 땅에 떨어져 죽었던 것입니다.

이렇기 때문에 오늘날에 와서는 이제 이 기쁜 소식을 온 세상에 전할 수가 있습니다. 성경 이사야서 55장 1절로 3절에 보면 "오호라 너희 모든 목마른 자들아 물로 나아오라 돈 없는 자도 오라 너희는 와서 사 먹되 돈 없이, 값없이 와서 포도주와 젖을 사라 너희가 어찌하여 양식이 아닌 것을 위하여 은을 달아 주며 배부르게 하지 못할 것을 위하여 수고하느냐 내게 듣고 들을지어다. 그리하면 너희가 좋은 것을 먹을 것이며 너희 자신들이 기름진 것으로 즐거움을 얻으리라. 너희는 귀를 기울이고 내게로 나아와 들으라 그리하면 너희의 영혼이 살리라 내가 너희를 위하여 영원한 언약을 맺으리니 곧 다윗에게 허락한 확실한 은혜이니라" 이제 예수께서는 우리를 위해서 자기를 구하지 않았었기 때문에 주님께서 이제 남을 구원할 수 있는 위대한 샘의 근원이 되신 것입니다. 이래서 이제는 말씀합니다.

너희 목마른 자들아 물로 나아오라 돈 없는 자도 오라 너희는 와서 사먹되 돈 없이 값없이 포도주와 젖을 사라고 말하고 있는 것입니다. 여기에 돈 없는 자가 값을 주고 사라고 말합니다. 돈 없는데 무슨 값을 주고 삽니까? 값은 믿음으로 말미암아 예수님이 우리를 위해서 지불해 주셨기 때문에 이제는 값없는 구원이 아닙니다. 예수님이 한없이 비싼 대가를 지불해 놓았으므로 값비싼 구원이지만 이제 돈 없이 값없이 이제는 주에게 와서 생수를 마시고 포도주와 젖을 살수가 있는 것입니다. 오늘날 세상 사람들은 이 세상에서 삶의 의미와 가치와 행복과 쾌락을 얻기 위해서 은을 달아주고 금을 달아주지만 그러나 그 결과로 얻는 것은 허무와 공허와 절망 밖에 없는 것입니다. 그러나 여기에 예수께서는 내게 와서 목마른 자는 마시라고 말합니다.

예수님께서 수가성 우물가에 여인보고 말씀한 것처럼, 이 물을 마시면 너희가 다시 목마르거니와 내가 주는 물을 마시면 영원토록 솟아나는 샘물이 되리라고 말씀한 것처럼, 오늘 예수 그리스도에게 와서 믿음으로 그리스도를 구주로 영접하고 마시면 우리의 영혼 속에 목마름이 없는 영원한 생수의 근원 강이 흐리기 시작하는 것입니다. 예수님께서는 우리의 생명수가 되시고 영생수가 되셔서 그리스도 안에서 우리는 비로소 사망에서 해방을 얻고 죄악에서 자유를 얻고 영원한 멸망에서 구원을 얻는 자리에 들어설 수 있는 것입니다.

예수님께서 내게 와서 포도주를 사먹으라고 말하신 것입니다.

성경에는 마음이 번뇌하는 사람에게 포도주를 주라고 말했는데 여기 포도주는 즐거움을 상징하는 것입니다. 이러므로 예수님께서 말씀하시는 것은 내게 오면 내가 참으로 즐거움을 주겠다. 세상 포도주는 마시면 돈 들어가고 나중에는 인격적으로 방탕하게 됩니다. 그리고 파탄에 이르지만 예수님께 나오면 주님께서 세상 포도주로써 상상할 수 없을 만한 마음의 즐거움이 생겨나는 것입니다.

마음에 슬픔이 있을 때 기도하면 슬픔이 사라지고 그 다음 찬송하면 기쁨이 넘쳐 나서 포도주 먹은 것보다 더 좋은 즐거움이 마음에 충만한 것입니다. 그리고 주님께서 와서 내게 젖을 사라고 했습니다. 이 세상의 영양분 중에 젖보다 더 좋은 영양분이 없습니다. 오늘날 과학자들이 말하기를 이 젖 속에는 인간이 살아갈 수 있는 모든 영양분이 다 들어있다는 것입니다. 그렇기 때문에 어린아이가 다른 아무 것 안 먹고 엄마 젖만 먹고도 그의 온 전신에 조금도 영양실조가 되지 않고 성장할 수 있는 것입니다. 그러므로 젖보다도 더 영양분이 풍성한 것이 없습니다. 예수님께서는 내게 와서 젖을 사라고 말한 것입니다.

그리스도의 말씀을 듣고 이제는 그리스도의 은혜를 받으면 우리의 삶에 참으로 예수님께서 젖이 되어서 우리 인생에 영양실조가 되지 아니하는 영혼이 잘됨같이 범사에 잘되며 강건하고 생명을 얻되 더 풍성하게 얻는 이런 기적이 일어나게 되는 것입니다. 그러므로 그리스도는 우리의 생수의 근원이 되시고 우리 즐거움의 포도주의 근원이 되시고 여러분과 나의 인생 전반에 걸쳐서 조금도 영양실조가 되지 아니하는 젖이 되어주는 것입니다.

그러므로 그리스도 안에서 우리가 들어오면 이 생수를 마음대로 마시고 이 포도주를 마시고 이 젖을 먹을 수가 있는 것입니다. 그래서 진실로 여러분과 나에게 모자람이 없는 영광스럽고 성령으로 충만하고 믿음과 소망과 사랑이 넘치는 일생을 살아갈 수 있는 것입니다.

이를 위해서 예수님께서는 남은 구원하시되 자기를 구원하지 않았었습니다. 주님께서 그 혹심한 고난을 통해서 대가를 지불하고 우리를 값주고 사셨기 때문에 이제 오늘 주님께서는 성령으로 말미암아 맹렬한 기세로 이 가운데 와서 우리를 구원하기를 원하시고 계신 것입니다. 예수님께서는 우리를 구원하시기 위해서 쓰디쓴 잔을 자원해서 마셨습니다. 그러므로 이제 전 세상의 척도로 볼 때는 헤아릴 수 없는 값을 지불하셨기 때문에 그는 그 결과로 우리를 오늘 이 시간에도 항상 결단으로 구원하기 위해서 다시 한 번 우리를 찾습니다.

아담아! 네가 어디 있느냐? 저가 남은 구원하였으되 자기는 구원할 수 없도다. 자기를 버리고 우리를 구원하기 위해서 맹렬한 능력으로 이 시간에 우리를 찾으시고 계신 것입니다.

5장 보혈은 지옥에서 천국 가는 능력

(고전5:7) "너희는 누룩 없는 자인데 새 덩어리가 되기 위하여 묵은 누룩을 내버리라 우리의 유월절 양 곧 그리스도께서 희생되셨느니라."

하나님은 예수님에게 세상의 죄악을 담당하게 하시고 십자가에서 죽게 하셨습니다. 예수님이 십자가에서 죽으심으로 우리가 오늘도 하나님에게 나와 영과 진리로 예배를 드리는 것입니다. 유월절 어린 양되신 예수님에게 영광과 찬송을 올립니다.

아브라함과 이삭과 야곱의 자손인 이스라엘백성들이 애굽에 내려가서 하루 이틀도 아닌 사백 년하고도 삼십 년 동안 종살이를 하게 된 것입니다. 그 당시의 종살이는 오늘날과 같이 쉬운 종살이가 아닙니다. 종은 짐승과 같이 취급을 했고 주인의 소유물로 취급했기 때문에 완전히 애굽 바로 왕의 소유물로써 이스라엘백성들은 겨우 생명을 유지할만한 양식과 옷을 얻고는 그 다음에 혹독한 사역에 내몰리며 하루하루를 연명하며 살아갔습니다. 이와 같은 비극적인 삶을 사백 삼십 년 동안 살고 있으면서도 그들은 회개도 하지 않고 하나님께 부르짖지도 아니하고 숙명처럼 살아 왔습니다.

하나님께서는 비록 하나님이 친히 택한 백성들이라도 기도하지 않을 때는 귀를 기울이지 않습니다. 이것은 영적인 세계의 하나의 법칙입니다. 기도해야 하나님께서 역사 하시지 기도하지 않는데 하나님께서 스스로 나오셔서 구원하지 아니하시는 것입니다. 그러나 사백 삼십 년의 세월이 지나고 난 다음에 그 노역에 견딜 수가 없으니까, 이스라엘 백성들이 하늘을 향하여 부르짖기 시작한 것입니다. 그들의 죄를 회개하고 아브라함과 이삭과 야곱에게 약속하신 구원을 달라고 부르짖어 기도하자 하나님께서 그 기도를 들으시고 중심이 뜨거워져서 하나님께서는 모세를 보내셔서 이스라엘을 애굽에서 구출하기로 작정하신 것입니다.

오늘 하나님께서 아무리 이 성경말씀 가운데 우리에게 놀라운 약속의 말씀을 주셨다고 할지라도 우리가 하나님께 엎드려서 간절히 회개하고 간구하는 기도를 드리지 아니하면 하나님은 그 약속의 말씀대로 실천하지 않습니다. 그러나 약속을 기억하고 우리가 회개하고 자복하고 주님께 엎드려서 간절히 하나님께 부르짖기 시작하면 하나님은 중심이 뜨거워지시고, 하나님의 약속을 기억하시고, 약속대로 하나님께서는 이루어 주시는 것입니다. 모세는 애굽에 내려와서 그 권능의 지팡이를 가지고 아론과 함께 바로에게 들어가서 이스라엘을 놓아 달라고 바로에게 수없이 말을 했지만 바로는 그 수많은 기적을 보고도 눈 하나 깜짝하지 않았었습니다.

이는 마치 오늘날 원수마귀가 세상의 여러가지 인간적인 수단과 방법을 다 동원하고, 혹은 기사와 이적을 보고도 눈도 깜짝하지 않는 것과 같은 것입니다. 최후에 하나님께서는 이스라엘을 바로의 손에서 구원하기 위해서 마지막 위대한 계획을 발표하셨습니다. 그것이 바로 유월절 제사인 것입니다. 하나님께서는 모세에게 명령하셨습니다. 이스라엘 각자의 식구대로 양이나 염소를 그 무리에서 일 년 된 것을 취해라.

숫양이나 숫염소 일 년 된 것을 취해서 집에서 보름동안 두었다가 하나님이 명하시는 날에 이 양이나 염소를 잡아서, 그 피를 양푼에 담아 우슬초로 적셔서 문의 인방과 설주에 바르고, 그 밤에 신발 끈을 묶고, 허리끈을 조이고, 짐을 다 싸서 출발할 준비를 하여라. 그리고 그 양이나 염소는 물에 삶거나 날걸로 먹지도 말고, 불에 구워서 머리로부터 그 내장까지 그대로 다 먹으라. 이것을 바르게 지켜라. 여호와 하나님의 유월절인 이날에 하나님께서 주의 사자와 함께 애굽 전국을 심판으로 임하실 것이다. 문의 인방과 설주에 피가 없는 집마다 들어가서 바로의 왕궁으로부터, 저 지하 감옥에 있는 죄수의 아들까지 장남은 다 쳐서 죽일 것이요.

모든 짐승의 처음 난 것조차 다 쳐서 죽일 것이다. 그리고 애굽의 신들에게 심판하여 벌을 내릴 것이라고 말했었습니다. 모세가 이 말을 백성에게 하니 백성이 이 말을 듣고, 모두다 하나님께 경배를 하고, 그들이 명령받은 대로 양이나 염소의 무리 중에 일 년 된 수컷을 취해 다가 집에다 예비해 놓았었습니다. 그리고 정한 날 해가 질 무렵에 그들은 다 와서 양이나 염소를 잡았었습니다. 양이나 염소의 우는 소리가 온 이스라엘 동네에 꽉 들어찼었습니다.

그리고 그들은 그 피를 양푼에 받아서 우슬초로 찍어서 문의 인방과 설주에 다 발랐었습니다. 이것을 구경하는 애굽 사람들은 손가락질을 하고 웃었습니다. 그러나 이스라엘 백성들은 죽느냐 사느냐의 문제이기 때문에 이와 같이 피를 다 발랐었습니다.

그리고 그 밤에 그들은 신발을 다 묶고 허리띠를 조이고, 지금 당장 떠나갈 준비로 짐을 다 꾸렸었습니다. 그리고 그들은 밤에 모여서 양을 구워서 다 먹었었습니다. 그러는 동안에 하나님께서는 사자와 함께 애굽을 방문 하셨는데 문에 피가 묻어 있지 않는 집은 다 방문해서 바로의 장자부터 옥에 갇힌 자의 장자까지 다 쳐서 죽였습니다. 모든 백성의 장자들을 다 쳐서 죽였었습니다. 저 지하 감옥에 있는 죄수의 장자까지 죽이고 짐승의 처음 난 것조차 다 죽였었습니다. 온 애굽에 밤중에 통곡 소리가 천지를 진동했었습니다. 온 백성이 밤중에 일어나서 땅을 치고 통곡을 하고 그리고 바로 왕에게 원망을 했습니다.

당신 때문에 우리 애굽 사람이 다 죽게 되었다. 그러자 심판을 받은 바로는 놀래 가지고서 모세와 아론을 신속히 불러서 빨리 이 밤에 백성들을 데리고 나가라. 너희들만 나갈 것이 아니라. 양과 염소도 다 데리고 나가라. 신속히 나가라. 하나님이 심판을 하시매 애굽의 모든 신들이 다 심판을 받아서 목이 떨어지고 팔이 날라 가곤 했었습니다. 이스라엘 백성들은 하나님의 강한 손과 편 팔로 그 날에 애굽에서 나왔었습니다. 사백 삼십 년 동안 종살이하던 애굽에서 그들은 모두 다 나왔었습니다. 남녀노유, 빈부귀천 할 것 없이 말 한 마리 염소새끼 한 마리도 남기지 않고 다 데리고 나왔었습니다. 그들은 애굽 땅에서 나올 때 하나님의 큰 능력으로 당당하게 나오게 된 것입니다.

이것은 우리에게 굉장히 중요한 교훈을 줍니다. 왜냐하면 오늘 읽은 성경말씀 가운데 보면 우리 주 예수 그리스도께서 유월절 양으로서 이미 죽임을 받았다는 것입니다. 이천 년 전에 예수께서 이 땅에 오신 것은 평범한 종교가로 철학가로 온 것이 아니라, 유월절 어린 양으로 하나님이 보내셔서 이미 죽임을 받았다는 것입니다. 예수께서 왜 유월절 양으로 와야 될까요? 그렇다면 우리가 모두 다 이스라엘 백성처럼 종이 되어있었나요? 그렇습니다. 아담과 하와이후로 하나님을 반역한 백성들은 이 세상의 임금인 마귀와 그 군사들인 귀신들 손에 잡히어서 기나긴 세월동안 종살이했습니다. 인간들은 그 종살이에서 벗어나려고 인간의 모든 수단과 방법을 다 써 봤었습니다. 과학도 발전시켜 봤었습니다.

문화도 개발 시켜 봤었습니다. 인간의 모든 노력을 다 해보았지만 인간들은 마귀와 그 종자들의 종살이를 벗어나지 못했었습니다. 기나긴 세월동안 인간들은 마귀의 종살이를 하고 비참한 삶 가운데 살아 왔습니다. 그들은 죄의 종살이를 해서 죄가 시키는 대로 할 수밖에 없었습니다. 미움의 종살이었습니다. 사탄과 그 질병의 종살이었습니다. 저주와 가난의 종살이를 했습니다. 마지막 죽음과 영원한 지옥의 종으로 전락해 버리고 마는 것입니다. 아무도 인류를 여기에서 구출해 줄 수가 없었습니다. 그래서 지금으로부터 이천 년 전 하나님이 세상을 이처럼 사랑하사 그 독생자를 보내셨습니다.

그 어린양 예수께서 우리의 유월절 양이 되어서 십자가에 못 박힌 것입니다. 성경에 보면 유월절 어린양을 잡는 시간에 예수님께서 잡히시어 십자가에 못 박혀 그 피를 흘리고 그 몸을 찢으신 것입니다. 하나님께선 우리 인류를 마귀의 속박에서 벗어나게 하기 위해서, 그 아들 예수를 유월절 어린양으로 주셨습니다. 예수께서 십자가에 못 박혀 피를 흘리셨기 때문에 그 보혈로 말미암아 이제 하나님께서는 이 세상에 임하셔서 사탄을 심판하셨습니다. 우리 하나님께서는 예수 그리스도의 십자가를 통하여 마귀를 심판해서 마귀의 모든 통치자와 권세를 무장 해제해 버리시고, 밝히 드러내시고, 십자가로 승리해 버리고 말은 것입니다.

하나님께서는 마귀를 심판하시고, 그리고 예수그리스도의 그 피를 받아서 마음의 문설주에 바른 우리들은 모두 다 심판에서 건져내어 주셔서, 우리로 하여금 수 천 년 동안 마귀의 종살이하는 자리에서 벗어나서 자유를 얻도록 만들어 놓고 마신 것입니다.

이러므로 예수 그리스도는 인류에 대한 하나님의 최후의 구원의 방법인 것입니다. 예수께서 십자가에서 못 박혀 피를 흘려 죽임을 받으므로 말미암아 오늘 누구든지 그 예수의 피를 받아서 마음의 인방과 문설주에 바르고 예수 그리스도의 깨어진 그 몸을 믿음으로 먹으면 종살이에서 벗어나게 되는 것입니다.

예수 그리스도의 피는 마귀에 대한 심판을 말합니다. 하나님께서는 예수 그리스도의 피가 없는 사람들은 심판하십니다. 그러므로 하나님께서는 이 예수 그리스도의 피를 통해서 원수 마귀, 애굽의 바로 같은 원수마귀를 심판하십니다. 마귀는 예수를 십자가에 못 박으므로 말미암아 자멸하고 마는 것입니다. 그래서 자기의 통치자와 권세를 다 빼앗겨 버리고 왕의 위치에서 쫓겨나고 마는 것입니다.

이제 오늘날 예수 그리스도의 피가 우리 마음속에 증거가 돼 있는 사람마다 하나님께서는 그 사람을 사망에서 생명으로 옮기는 것입니다. 그러나 그리스도의 보혈의 증거가 없는 사람은 모두 다 마귀와 함께 영원한 심판에 놓여 있게 되는 것입니다. 우리는 어떠한 것에서 이제 놓여남을 받을 까요?

이스라엘 백성이 유월절 어린양의 피를 바르고, 그 고기를 먹고 난 다음 그 다음에는 하나님의 그 편 팔과 강한 손으로 사백삼십 년 종살이하던 땅에서 해방되어 나온 것처럼, 오늘 우리 인류들도 수 천 년 마귀의 종살이하던 땅에서 예수 그리스도의 보혈을 우리가 믿고, 예수님의 깨어진 몸을 믿음으로 받아들일 때, 하나님의 편 팔과 강한 손으로 종살이에서 벗어나게 되는 것입니다. 오늘 벗어 나와야만 되는 것입니다. 종살이해서는 안 됩니다. 어린양 예수께서 이미 죽임을 받았기 때문인 것입니다. 우리가 무엇에서 벗어 나와야 합니까?

1. 우리는 죄악의 종살이에서 벗어나야 되는 것이다.

더 이상 이 죄악의 쇠사슬에 묶여있을 필요가 없습니다. 아무도 우리를 죄악의 쇠사슬에서 벗어 날수 있게 해 줄 수는 없었지만, 이제 예수의 피가 우리 마음속에 믿어지면 그리스도의 피는 죄악의 쇠사슬을 모두 다 꺾어 버리고 마는 것입니다. 하나의 사슬도 예수의 피 앞에 견뎌내지 못합니다. 마치 검불이 불길 앞에서 타 버리는 것처럼, 예수의 보혈 앞에서 모든 죄악은 다 불타버리고 마는 것입니다. 이렇기 때문에 어떠한 죄악의 흉악한 습관도 예수 그리스도의 보혈 앞에서는 다 꺾어져 버리고 마는 것입니다.

이러므로 오늘 우리 문제의 해결은 예수의 보혈에 있습니다. 죄가 용서함 받을 뿐 아니라 죄악의 악한 습관에서 우리가 벗어 날수 있는 것은 예수 그리스도의 보배로운 피의 능력밖에 없습니다. 나의 죄를 씻기는 예수의 피 밖에 없네. 다시 정케 하기도 예수의 피 밖에 없네. 예수 그리스도의 피는 우리에게 음란하고, 방탕하고, 살인하고, 이 세상에서 거짓하고 온갖 습관에 묶여있는 그 습관을 완전히 다 꺾어 버리고 마는 것입니다. 보혈에는 그 힘이 있습니다. 그 보혈의 힘으로 우리는 죄악에서 벗어날 수 있습니다. 우리 보혈의 능력으로 죄악에서 해방을 받으시기를 바랍니다.

2. 우리는 보혈로써 원수 된 곳에서 벗어나올 수 있다.

우리는 하나님과 사람사이에 원수가 되었고, 사람과 사람사이에 미움과 원수가 되어서, 그 미움의 쇠사슬에 묶여 있었는데, 예수 그리스도의 보혈을 우리가 받아들이면 이 보혈은 원수 된 마귀의 사슬에서 벗어나게 합니다. 하나님과 우리가 보혈로 말미암아 화목하게 되어서 아버지가 되고, 아들이 될 수 있게 되었습니다. 이웃과 원수 된 것이 예수의 보혈로 말미암아, 그 원수가 사라지고 서로 친밀해 지고 형제가 될 수 있는 것입니다. 예수님의 피는 우리 모두와 화평함을 이루게 하시는 보배로운 피입니다.

3. 예수님의 피는 고통에서 벗어나게 해주는 것이다.

예수의 보혈의 능력은 우리가 오랫동안 질병의 노예생활을 한 것을 다 청산하고 질병의 종살이에서 우리는 하나님의 능력으로 벗어나서 자유를 얻어 나오게 되는 것입니다. 예수의 피는 오늘날도 우리를 질병의 감옥에서 벗어나게 하는 위대한 힘이 되는 것입니다.

4. 예수 그리스도의 피는 가난과 저주에서 벗어나게 한다.

아담과 하와 이후로 이 땅은 가시와 엉겅퀴가 나고 사람들은 이마에 땀을 흘려야 먹고살게 되며, 가난과 저주 속에서 수 천 년의 세월을 몸부림치고 살았습니다.

이 가난과 저주의 사슬로 마귀는 우리를 묶어놓고 종살이 시켰었습니다. 이스라엘 백성이 애굽에서 얼마나 가난하고 얼마나 헐벗고 굶주렸습니까? 그러나 예수 그리스도의 보혈의 역사는 우리를 가난과 저주에서 해방시켜버리고 마는 것입니다. 그 사슬에서 풀려나서 젖과 꿀이 흐르는 땅으로 향하게 만들어 주는 것입니다.

5. 우리를 죽음과 영원한 지옥 형벌에서 해방시켜 준다.

예수 그리스도의 피는 우리를 죽음과 영원한 지옥의 종살이에서 해방시켜 줍니다. 사람들은 죽어서 지옥으로 떨어지고 영원한 세월동안 사망의 종살이를 합니다. 이미 예수 믿지 않고 이 세상을 떠난 사람은 음부에 들어가서 불 가운데서 영원히 고생하는 것입니다. 그러나 예수의 피가 오면, 이 사망과 음부에서 우리를 자유케 해서 우리로 하여금 눈물과, 근심과, 탄식과, 이별하는 것이나, 곡하는 것이나, 앓는 것이나, 죽는 것이 없는 천국의 영생을 누리게 만들어 주시는 것입니다.

이러므로 오랫동안 이 세상의 마귀의 애굽 세상에서 마귀인 바로에게 종살이하는 우리들은 예수 그리스도 우리 주님께서 유월절 어린양이 되어서 십자가에서 피를 흘렸으므로 그 피를 마시고, 그 살을 먹으므로 말미암아, 우리는 오늘 이 시간에 단호하게 일어나서 마귀로부터 해방을 주장하고, 그 바로 왕의 포로에서 나와야만 하는 것입니다. 성경에는 진리를 알지니 진리가 너희를 자유케 하리라고 말씀한 것입니다. 오늘날 기독교는 그저 교회에 왔다 갔다 하는 것이 아닙니다. 종교적인 형식이나 의식만 가지는 것이 아닙니다. 우리의 실제적인 생활 속에서 자유를 선포하고 이어서 자유를 얻고 나와야 되는 것입니다.

우리는 종살이에서 벗어나서 우리의 영혼이 잘됨같이 범사에 잘되며 강건하고 생명을 얻되 넘치게 얻는 실제적인 하나님의 역사가 우리 생활 속에 나타나야만 하는 것입니다. 이것 없이 교회를 그냥 왔다 갔다 하면은 이스라엘 백성들이 유월절 피를 문설주에 바르고, 고기를 먹고도 애굽에서 안 나오는 것과 같습니다. 이스라엘 백성이 애굽에서 안 나오는 것은 자기들이 나오기 싫어서 안 나오는 것이지 하나님께서 못 나오게 한 것은 아닙니다. 이미 하나님은 바로를 심판하시고 바로의 군대를 심판하시고 이스라엘을 나오게 만들어 주신 것입니다. 그러므로 그렇게 하고도 안 나온다면 이것은 하나님의 책임이 아니라, 이스라엘 백성들의 책임이 될 것입니다.

오늘날 하나님께서는 이천 년 전에 이미 예수 그리스도를 십자가에 못 박아서 그 몸을 찢고, 그 피를 다 흘리게 해서 우리의 유월절 어린양으로서 죽임을 받았는데, 그 피로 말미암아 이미 사탄은 심판을 받아 버렸고, 우리에게는 자유가 선포되었는데, 죄악에서 나와야 됩니다. 원수 된 자리에서 나와야 됩니다. 질병에서 나와야 됩니다. 가난과 저주에서 나와야 됩니다. 죽음과 지옥에서 나와야 됩니다. 이것은 우리가 믿음으로 말미암아 타협하지 말고 나와야 됩니다. 눈에는 아무 증거 안보이고 귀에는 아무 소리 안 들리고 손에는 잡히는 것 없어도 믿습니다, 로 억척같이 나와야 됩니다. 한시라도 더 이상 잡혀있을 필요가 없어요. 순간이라도 더 이상 잡혀있을 필요가 없어요. 나사렛 예수 이름으로 그 보혈을 의지하고 일어나 이 모든 마귀의 쇠사슬을 풀어 버리고 나오게 되시기를 주의 이름으로 소원합니다.

우리는 이미 자유를 얻었습니다. 우리의 감옥 문은 이미 열려있습니다. 우리를 묶어놓은 쇠사슬은 이미 다 끊어 졌습니다. 이것을 아십시오. 그리고 믿으십시오. 그리고 믿음으로 일어나서 나오십시오. 더 이상 사탄에게 짓밟혀서 서럽고 고달픈 삶을 살 필요가 어디 있습니까? 우리 주 예수께서 이미 희생이 되셨습니다. 하나님은 그 아들 예수를 보내시사, 우리의 유월절 어린양으로서 이미 희생을 시키셨습니다.

이미 마귀의 속박에서 우리는 자유함을 선포 받았었습니다. 이렇기 때문에 예수께서 말씀하기를 하나님께서 나를 보내신 것은 포로 된 자에게 자유를, 눈 먼 자에게는 다시 보게 함을 전파하며, 눌린 자는 자유케 하고 하나님의 은혜의 해를 전파하게 하려 함이라고 주님께서 말씀하셨습니다.

그러므로 이것은 하나의 종교가 아니요. 의식이 아닙니다. 우리로 하여금 실제적으로 이 세상에서 사탄의 권세에서 하나님의 아들의 나라로 옮겨지면서 모든 묶음에서 놓여남을 받고 자유를 얻게 되는 것입니다. 이것은 오늘 우리가 실제로 예수 그리스도의 흘린 피를 마시고 깨어진 몸을 먹음으로 말미암아 유월절을 선포하기 때문인 것입니다. 예수 그리스도의 피는 마귀에게 심판을 의미하고, 우리에게 구원을 의미하고, 그 깨어진 몸은 우리에게 치료를 의미하며, 우리에게 축복을 의미하며 우리에게 영생을 얻어 부활을 하는 부활의 씨앗이 되는 것입니다.

내 살을 먹고 내 피를 마시는 자는 내 안에 거하고, 나도 저 안에 거하나니, 내가 나를 보내신 이로 말미암아 사는 것처럼 나를 먹는 자는 나로 말미암아 살리라고 했습니다. 우리는 예수로 말미암아 자유를 얻어 살지 예수로 말미암아 죽지 않습니다. 도적이 오는 것은 도적질하고 죽이고 멸망시키는 것뿐이요. 인자가 온 것은 양으로 생명을 얻게 하되 더욱 풍성히 얻게 하려 왔노라 하셨습니다. 예수를 먹고 마시고 예수로 말미암아 자유를 얻게 되시기를 주의 이름으로 소원합니다.

이스라엘 백성들이 하나님의 강한 손과 편 팔로 의기양양하게 사백 삼십 년 동안 종살이하던 세계에서 벗어 나오자마자, 하나님은 즉시로 그들 앞에 구름기둥을 보내고 불기둥을 보냈었습니다. 밤에는 휘황찬란한 불기둥이 그들 앞을 비춰면서 인도해가셨습니다. 낮에는 그 불기둥이 변해서 구름기둥이 되어서 그들을 이끌어가셨습니다. 광야의 길을 어디로 가야할지 모르는 그들에게 하나님께서는 구름기둥과 불기둥을 보내셔서, 그들을 보호하고 인도하셨던 것입니다. 오늘 예수 그리스도를 믿고서 우리가 그리스도의 보혈로 마귀에게서 놓여남을 받고 하나님의 심판에서 벗어남을 받아, 이제 큰 생명의 능력으로 신앙생활에 들어오면 하나님은 즉시로 우리에게 구름기둥과 불기둥인 성령을 보내 주시는 것입니다.

그러면 우리 속에 있는 성령께서 자신을 인도하고 계시는 것입니다. 하나님의 성령이 구름기둥과 불기둥처럼 인도하고 계시는 것입니다. 우리가 성령의 구름기둥과 불기둥을 따라서 가려면 기도생활을 해야 하는 것입니다. 왜냐하면 성령은 기도생활 속에서만 우리와 교제하기 때문인 것입니다. 기도하지 않을 때는 성령이 우리와 교제 할 수 없습니다. 성령은 영적인 세계에서 인도하기 때문에 우리가 기도하면 영적인 세계로 들어가는 것입니다. 성경에는 하나님의 성령으로 인도함을 받는 그들은 곧 하나님의 아들이라고 말씀했는데 우리가 하나님의 자녀가 되었으면 성령의 인도를 받아야 됩니다.

성령은 지혜의 구름기둥으로, 지식의 구름기둥으로, 판단력의 구름기둥으로, 혹은 우리에게 영감의 불기둥으로 인도하여 주시는 것입니다. 우리가 기도할 때 하나님의 성령은 우리의 일

상생활에서 친히 같이 하여 주셔서 우리에게 지혜를 주시고, 지식을 주시고, 판단력을 주시고, 능력을 주셔서, 이 어려운 광야의 생활에서 올바른 판단을 하고서 승리하며 살아갈 수 있도록 이끌어 주시는 것입니다. 이렇기 때문에 하나님의 성령 없이 여러분 성공적인 인생을 살아갈 수 없습니다. 예수 믿는 사람은 반드시 우리가 고아와 같이 버림받지 아니합니다.

아버지께서 나에게 보혜사를 주신 것을 알고, 믿고, 성령님을 인정하고, 환영하고 주인으로 모셔 들이시기를 바랍니다. 내 안에 오신 성령께 의지하고, 기도하므로 성령의 인도를 받아서 진실로 영혼이 잘됨같이 범사에 잘되며 강건하고, 생명을 얻되 넘치게 얻어서 남에게 꾸어주고 사는 삶을 살게 되시기를 주의 이름으로 소원합니다. 성령 없는 신앙생활은 예수 그리스도를 믿었다고 볼 수 없습니다. 애굽에서 나온 사람마다 성령께서 붙잡아 이끌어 주시는 것입니다. 그리고 우리 생활에 필요한 것은 기적입니다. 오늘날 많은 사람들이 기적은 일어나지 않는다.

기적은 지나갔다고 말하는데 이것은 모두다 사탄에게 속아서 하나님의 뜻을 분명하게 알지 못 하기 때문인 것입니다. 이스라엘 백성이 애굽에서 나와서 광야를 지나가는데 기적 없이 어떻게 지나갑니까? 그들이 홍해수가에 모였을 때 어떻게 홍해수를 건넙니까? 배도 없고 다리도 없는데. 모든 사람들이 원망하고 불평하고 탄식해도 모세만은 하나님께서 기적을 허락하신 걸 알고 엎드려 기도하니까, 기도를 통해서 하나님께서 역사 하셔서 홍해수가 갈라지고 그 홍해수를 마른땅처럼 지나갔었습니다. 기적이 일어납니다.

그들이 광야로 들어가 사흘 길을 걸어가나 물이 없어 수로광야에서 목말라 죽겠다고 다 불평할 때 연못물을 발견했으나, 그 물이 써서 못 먹어 사람들이 통곡할 때 모세는 기적이 일어날 것을 믿고 기도한즉 하나님이 나뭇가지를 지시한지라, 그 나뭇가지를 꺾어서 던져 넣으니 물이 달아져서 다 먹고 마셨습니다. 혹은 바위를 치니 바위에서 물이 솟아 나와요. 혹은 하늘에서 만나가 내려와서 만나를 먹을 수 있게 하시고, 혹은 기도하니 메추라기가 와서 메추라기가 떨어져서 고기를 먹게 하시고, 요단강도 갈라지고, 여리고 성도 무너졌었습니다.

오늘날도 우리가 광야와 같은 인생을 살아가는데 우리는 기적이 필요합니다. 그래서 하나님께서는 오늘 예수를 믿고, 성령의 능력으로 하나님 따라 세상에서 하나님에게 나온 사람에게는 우리의 기도를 응답해서 인간으로 상상할 수 없는 기적들을 행하여 주시는 것입니다.

옛날에만 기적이 있다고 생각하지 마십시오. 성경에는 예수 그리스도는 어제나 오늘이나 영원토록 동일 하시다고 말씀하셨습니다. 하나님은 변하지 아니하신다고 말씀하신 것입니다.

너희 두 세 사람이 내 이름으로 모인 곳에는 나도 너희 가운데 있겠노라고 말씀하셨습니다. 볼지어다 내가 세상 끝날 까지 항상 너와 함께 하리라고 말씀하셨습니다. 무엇이든지 내 이름으로 내게 구하면 내가 시행한다고 하셨습니다. 이렇게 하는 것은 아버지로 하여금 아들로 인하여 영광을 얻으시게 하려함이라고 말씀하셨습니다. 나를 믿는 자는 내가 한 일을 저도 행할 것이니 이는 내가 아버지께로 감이라고 말씀하신 것입니다.

너희는 내게 부르짖으라 내가 네게 응답하겠고 크고 은밀한 일을 네게 보여주리라고 말씀하셨습니다. 너희가 없는 것은 구하지 아니함이라고 말씀하셨으므로 우리가 목숨을 바쳐서 주님께 나아가서 부르짖어 기도하면 하나님께서 오늘날도 기적을 행하시는 것입니다. 우리의 생각에는 어리석은 것 같이 보이고 잘못된 것 같이 보이더라도 원망과 불평하지 마십시오. 원망과 불평은 마귀가 우리의 마음속에 심어주어서 우리의 믿음을 파괴하려는 방법인 것입니다. 원망하거나 불평하고 탄식하면 마음속에 믿음이 사라집니다. 소망이 없어집니다. 사랑이 미움으로 변화되어버리고 맙니다.

하나님과의 관계는 끊어져 버리고 마는 것입니다. 그렇기 때문에 우리가 어떻게 우리 인생이 어려운 고비에 처하고 슬픔을 당하고 가시밭길을 지나갈지라도 우리가 원망과 불평, 탄식하지 마십시오. 이것은 사탄이 우리를 더 파괴하는 방법인 것입니다. 하나님께서는 우리와 같이 계시므로 어떠한 기구한 운명과 슬픈 환경도 결국은 하나님께서 연합하여 유익이 되게 만들어 주시는 것입니다. "하나님을 사랑하는 자 곧 그 뜻대로 부르심을 입은 자들에게는 모든 일이 합력하여 선을 이루느니라."고 성경은 말씀하고 계신 것입니다. 그러므로 하나님을 의지하고 우리가 믿음으로 나가면 하나님께서 종국적으로 모든 것이 합력하여 선이 되고 하나님의 기적으로 말미암아 우리를 구출하여 주시는 것입니다.

이러므로 오늘 예수 믿는 사람들은 하나님 앞에 기적이 일어날 것을 기대하고 어떠한 절망에도 절망을 바라보지 말고 절망보다 크신 하나님, 인간의 절망이 하나님의 소망이 된다는 것을 알고 믿음으로 기도하시기 바랍니다. 그리고 하나님이 기적을 베풀어주실 것을 시시각각으로 기대하면서 살아가야 될 것입니다. 그럴 때 우리 주님은 오늘날도 우리 생활에 관여해 주셔서 크고 작은 일에 하나님께서 위대한 기적을 베풀어주시는 것입니다. 예수 믿는 것은 신앙의 체험입니다.

우리가 성경을 읽고 설교를 듣고 머릿속에 지식을 갖지만 지식만 가지고 믿는다고 예수 믿는 것이 아닙니다. 예수 믿는 생활은 실제적인 생활인 것입니다. 그러므로 우리가 지식을 얻어서 그 다음 기도하면 하나님이 살아 계셔서 우리 가운데 기적을 행하시고 우리가 하나님을 체험하므로 우리는 산 증인이 됩니다.

성경은 말하기를 성령이 너희에게 임하시면 너희는 온 천하에 다니며 만민에게 증인이 되겠다고 말한 것입니다. 증인이란 것은 자기 눈으로 보고, 귀로 듣고, 냄새 맡고, 손으로 만져보고 체험한 것을 증거 해야 증인이지, 자기가 체험하지 못한 것을 지어서 말하면 그것은 거짓증언자가 되는 것입니다. 재판소에 가서 어떻게 증인이 됩니까? 자기가 귀로 듣거나, 눈으로 보거나, 실제로 체험하지 못한 사실을 어떻게 판사 앞에, 검사 앞에 증인을 설 수 있는 것입니까! 증인이란 것은 거짓 없이 체험한 바를 말하는 것이 증인인 것입니다.

그렇다면 예수 믿지 않는 이 세상에 나가서 하나님 아버지는 살아 계시고 그 아들 예수께서 오셔서 우리의 구주가 되셨다는 사실을 어떻게 증거 합니까? 그냥 성경을 읽어서 읽은 데로 말하면 증인이 됩니까? 우리가 교회 가서 설교 들었다고 해서 들은 것만 말한다고 해서 그것으로 증인이 됩니까? 증인은 글로 읽었거나 듣기만 해서 증인이 될 수 있습니까? 자기가 체험해 봐야 증인이 되지! 그러므로 오늘날도 하나님은 예수 그리스도 안에서 우리의 생활 속에 들어와서 체험하게 해주시는 것입니다.

용서를 받고, 의를 얻고, 평강을 얻고, 믿음을 얻도록 체험시켜 주시는 것입니다. 혹은 병을 고치고, 혹은 가정에서 기적을 일으키고, 사업상에 하나님께서 기적을 일으켜서 우리로 하여금 이 광야를 지나가면서 살아 계신 하나님에 대한 위대한 증인들로 삼아 주시는 것입니다. 우리가 이 말씀을 읽을 때 이 말씀을 통해서 마귀는 심판을 받았으며, 마귀는 정사와 권세가 다 박탈당해 버렸고, 우리는 마귀의 권세에서 풀려났고 하나님의 사랑의 아들의 나라로, 이 보혈의 능력으로 옮겼다는 것을 알게 되시기를 바랍니다. 이 보혈로 말미암아 자유를 얻었다는 것을 알고 이제부터 성령과 더불어 사는 우리가 되었다는 사실을 깨닫게 되시기를 주의 이름으로 소원합니다.

6장 보혈의 효력을 극대화 하는 법

(히9:11-22)"이러므로 첫 언약도 피 없이 세운 것이 아니니 모세가 율법대로 모든 계명을 온 백성에게 말한 후에 송아지와 염소의 피 및 물과 붉은 양털과 우슬초를 취하여 그 두루마리와 온 백성에게 뿌리며 이르되 이는 하나님이 너희에게 명하신 언약의 피라 하고 또한 이와 같이 피를 장막과 섬기는 일에 쓰는 모든 그릇에 뿌렸느니라. 율법을 따라 거의 모든 물건이 피로써 정결하게 되나니 피흘림이 없은즉 사함이 없느니라"

하나님은 죄악의 구덩이에서 허우적거리는 우리를 예수 그리스도를 십자가에 죽게 하심으로 마귀의 저주에서 해방하여 주셨습니다. 우리 민족은 해방이라는 단어에 많이 익숙해져 있습니다. 이는 우리 민족이 1945년 8월 15일 일본의 식민 통치에서 35년 간 신음하다가 해방을 얻었습니다. 또한 1950년 6월 25일에 공산주의자로부터 남침을 당해 강토 전부가 초토화되었었습니다. 그러나 하나님의 도움으로 다시 국토를 회복하고 국권을 회복하게 되었을 때, 해방의 기쁨을 뼈저리게 느껴 본 경험이 있기 때문입니다.

정치적, 사회적 억압과 부자유와 공포에서 자유를 얻는 것이 얼마나 좋은 것인가 하는 것은 경험해 보지 않고서는 절대 이해할 수 없습니다. 그러나 이와 같은 해방만으로 우리는 참 자유인이 될 수 없습니다. 우리 개개인은 어머니 뱃속에 잉태될 때부터 이미 죄인이요, 태어남으로부터 죄악의 포로가 되어 살게 되었습니다.

마귀의 종이 되고 사망의 그늘 진 곳에서 살게 된 것입니다. 그러므로 우리는 전 인간적인 해방을 얻어야 합니다. 그래야만 진정한 자유를 얻게 되고 억압과 절망과 공포에서 놓여나게 되는 것입니다. 예수님은 바로 이 자유와 해방을 주시기 위해서 십자가에 매달려 피를 흘리신 것입니다. 그러므로 예수님이 십자가에 매달려 흘리신 그 피가 우리가 해방을 얻었다는 확실한 증거가 되는 것입니다.

우리가 어떤 사실을 증명하고자 할 때, 그 사실에 대한 확실한 증거물이나 증인이 있어야 이 증명은 힘이 있게 됩니다. 증거물이나 증인이 없는 것은 유언비어에 불과한 것입니다. 우리가 예수님의 십자가의 대속으로 말미암아 모든 흑암의 세력에서 해방을 얻었다는 이 확실한 증거는 바로 예수님의 보배로운 피 입니다.

1.보혈이 증거하는 해방이 무엇인가.

보혈이 증거하는 해방이 무엇인가 알아 보아야 합니다. 우리는 죄책감에서 해방되었다는 것을 보혈의 증거로 마음속에 확신

하고 있어야 합니다. 사람이 그 마음속의 죄악으로 말미암아 깊은 죄책감을 느낄 때, 이 죄책감은 마치 날카로운 칼로써 우리의 심장을 꿰뚫는 것 같습니다. 이 죄책감으로 말미암아 마치 흑암의 구름이 우리의 마음을 덮어서 다시는 태양 빛을 바라볼 수 없는 것 같이 어둡게 느껴집니다. 죄책감이 우리를 짓누를 때 우리는 숨조차 쉴 수 없습니다. 자신을 미워하고 원망하고 짓밟아 버리고 싶습니다.

하나님을 쳐다볼 수 없습니다. 하나님 앞에 나설 수 있는 용기를 모두 상실하게 됩니다. 이러한 사람은 영원히 버림을 받고 마는 것입니다. 누가 죄악의 결과로 다가오는 무서운 죄의 책임인 죄책감에서 우리를 해방시킬 수 있겠습니까? 우리는 태어나서부터 지금까지 죄 중에 살았고 지금도 죄를 짓고 삽니다. 미래에도 죄를 짓지 않고 살 것이라는 확신이 없습니다.

그러면 누가 우리를 이 죄책감에서 구원해 주실까요? 어떠한 종교도, 선한 행위도 우리를 죄책감에서 완전히 구원해 줄 수 없습니다. 그러므로 하나님께서는 예수님을 보내셔서 우리의 과거와 현재와 미래의 일생의 죄악을 그분께 다 담당시키셔서 십자가에 못 박아 형벌을 가하신 것입니다.

즉, 예수님이 우리의 죄책감을 용서하시기 위해서 그 피를 흘리신 것입니다.

성경에는 "피 흘림이 없은 즉, 죄 사함이 없다" 하였는데 예수님께서 피를 흘리심으로 우리의 과거, 현재, 미래의 죄악은 전부 청산되었습니다. 그 흘리신 피가 오늘날 여러분과 저를 죄책감에서 해방시키셨다는 증거가 되는 것입니다. 그러므로 죄를 짓고 못나고 버림을 받아야 마땅함에도 불구하고, 예수님 앞에 나와 죄를 회개하면 그 흘리신 보배로운 피가 우리에게 용서의 증거가 되는 것이며 의로움의 증거가 되어주는 것입니다.

이러므로 어떠한 사람이라도 예수님 앞에 나와 예수님의 이 보배로운 피를 의지하고 이 보혈을 주장하면 피로 우리의 모든 죄에서 용서함 받고 죄책감에서 해방을 얻습니다. 그 공로를 믿음으로 하나님 앞에 당당히 나갈 수 있다는 위대한 증거가 되어 주는 것입니다. 그러므로 예수 그리스도의 보혈을 의지하지 아니하고는 어떤 사람도 하나님 앞에 담대히 설 수 없습니다. 보혈은 죄책감에서 해방 시켜 주는 증거가 되는 것입니다. 또한 보혈은 하나님과 우리 사이에 원수 되었던 담을 허물었다는 증거가 됩니다. 우리가 하나님께 나아가 기도하려고 할 때 우린 마음속에 억압을 느끼게 됩니다. '나 같은 사람이 하나님께 나가 기도한다고 하나님께서 기도를 들어 주실까? 나 같은 사람은 무자격자가 아닌가? 하나님 앞에 내가 설 수 있을까?' 라는 생각이 듭니다.

또 마귀는 와서 우리를 참소 합니다. '너같이 더럽고 죄악으로 가득한 사람이 어떻게 하나님께 나아가 기도한단 말인가?' 그러나 보혈은 이에 대해 우리에게 긍정적인 증거를 해 줍니다. 왜냐하면 아담과 하와가 하나님께 반역하는 죄를 지어 그 죄가 하나님과 우리 사이의 막힌 담이 되는 진노를 받았습니다. 그러나 마지막 아담 예수께서 하나님과 인간 사이의 담을 헐기 위하여 인간의 몸을 입고 세상에 오셨습니다. 성령으로 잉태된 하늘의 사람 예수님이 인간의 죄의 책임을 지시기 위하여 세상에 나타나셨습니다. 인간의 죄악을 해결하기 위하여 예수님이 채찍에 맞아 몸 찢기고 피를 흘리시고 십자가에서 죽으심으로 말미암아, 하나님과 우리 사이의 원수 된 담은 무너지고 말았습니다.

그러므로 보혈은 하나님과 우리 사이의 원수된 담이 없다는 것을 증명합니다. 우리가 예수님의 보혈을 의지하고, 그 보혈을 주장하고, 하나님 앞에 나가면 하나님과 우리 사이의 막힌 담은 다 무너져버리고 마는 것입니다. 우리와 하나님 사이를 막아놓을 아무런 힘도 존재하지 않습니다. 누구든지 예수 그리스도의 보혈을 의지하여 하나님 앞에 나가면 하나님은 영접해 주시는 것입니다. 예수 그리스도의 보혈의 은혜로 하나님은 우리에게 가까이 오십니다. 또한 우리도 하나님에게 가까이 나갈 수 있습니다. 우리의 기도는 보혈을 통하여 하나님 앞에 상달될 수 있는 것입니다. 보혈은 하나님과 원수 됨에서 해방시켜줄 수 있는 확실한 증거가 됩니다.

보혈은 또한 질병의 공포에서 우리를 해방시켜주는 증거가 됩니다. 하나님의 뜻은 여러분이 질병에서 놓여나는 것입니다. "나는 너희의 병을 치료하는 하나님이라" 고 하나님께서 말씀하셨습니다. 예수님 사역의 삼분의 일을 하나님께서는 병을 치료하는데 보내게 하셨습니다. 주님께서 승천하시기 전에 (막 16:17-18)"믿는 자들에게는 이런 표적이 따르리니 곧 너희가 내 이름으로 귀신을 쫓아내며 새 방언을 말하며 뱀을 집어올리며 무슨 독을 마실지라도 해를 받지 아니하며 병든 사람에게 손을 얹은즉 나으리라 하시더라" 고 말씀하셨습니다.

하나님은 교회를 통해 병 고치시기를 원하십니다. 야고보는 (약5:14-15) 에서 "너희 중에 병든 자가 있느냐 그는 교회의 장로들을 청할 것이요 그들은 주의 이름으로 기름을 바르며 그를 위하여 기도할지니라. 믿음의 기도는 병든 자를 구원하리니 주께서 그를 일으키시리라 혹시 죄를 범하였을지라도 사하심을 받으리라" 고 말한 것입니다.

그러므로 예수님의 보혈은 오늘날도 교회의 병 고치는 능력으로 와있습니다. 예수 그리스도의 보혈의 은혜로 우리의 병이 고침을 받았다고 증거하는 것입니다. 예수께서는 십자가에 못 박히시기 전에 빌라도의 뜰에서 로마 군인들에게 등이 갈기갈기 찢어지도록 채찍에 맞으시고 많은 피를 흘리셨습니다. 그 피는 오늘날 하나님과 우리 앞에서 증거물이 됩니다. 그 피는 말합니다.

"예수께서 우리의 연약한 것을 친히 담당하시고 병을 짊어지고 가셨다. 예수님이 채찍에 맞으심으로 우리는 나음을 입었다." 고 그 피가 증거하고 있는 것입니다. 우리가 예수님의 보혈을 의지하고 병 앞으로 나아가면 우리는 병으로 부터 나음을 입었다는 담대한 믿음을 가질 수 있는 것입니다. 보혈은 우리를 질병의 공포, 저주의 절망에서 해방시켜주는 것입니다. 우리는 저주의 절망 가운데서 무엇을 해도 낭패와 실망을 당하고 어떠한 일을 해도 수렁에 빠질 때가 있습니다. 누가 그러한 것들로부터 우리를 해방 시켜줄 수 있습니까?

예수님의 보혈은 우리를 그러한 절망으로부터 우리를 해방시켜줍니다. 예수님께서 하늘과 땅 사이에 하늘 높이 달리시고 하나님께 버림받고 매 맞으며 사람들에게 버림받아 가장 처절한 절망에 있을 때, 온 세계도 저주 가운데 있었습니다.

그러나 하나님 앞에서 예수님은 이 저주를 다 갚아버리셨습니다. 성경(갈3:13-14)에는 "그리스도께서 우리를 위하여 저주를 받은바 되사 율법의 저주에서 우리를 속량하셨으니 기록된바 나무에 달린 자마다 저주 아래에 있는 자라 하였음이라. 이는 그리스도 예수 안에서 아브라함의 복이 이방인에게 미치게 하고 또 우리로 하여금 믿음으로 말미암아 성령의 약속을 받게 하려 함이라" 고 기록되어있습니다.

그러므로 예수께서 십자가에서 그 저주를 갚을 때 흘리신 그 보배로운 피는 우리를 가시와 엉겅퀴에서 해방시켰습니다. 예수님의 보혈은 저주와 낭패와 실망과 절망에서 해방되었다는 확실한 증거가 되어주는 것입니다. 그러므로 보혈을 의지하고 기도할 때, 보혈은 우리의 마음에 무한한 힘을 줍니다. 그리고 "너는 이제 저주에서 해방을 받았으니 아브라함의 축복 속에 살아갈 자격이 있다"고 증거 해 줍니다.

예수님의 보혈은 죽음의 절망에서 우리를 해방시켜주는 증거가 됩니다. 그 피를 볼 때마다 예수님이 우리를 대신해서 죽으시고 장사되신바 되고, 사흘 만에 죽음과 무덤을 격파하고 일어나셨다는 증거가 됩니다. 그러므로 예수 그리스도 안에 사는 우리들은 이제는 사망을 이기고 무덤을 이기고 영원한 영광에 들어간다는 증거로서 보혈을 가지고 있습니다. 죽음이 우리에게 다가올 때도 우리는 어떤 다른 것도 의지할 필요가 없습니다.

예수의 보혈만 부르짖고 의지하면 예수님의 보혈은 우리의 마음 가운데 사망을 이기고 영원한 영광을 얻었다는 확실한 증거가 되어주는 것입니다. 예수님이 흘리신 보혈은 이와 같은 일들에서 우리 개개인이 해방되었다는 확실한 증거가 되어주시는 것입니다.

2. 보혈은 긍정적인 삶의 태도와 신념을 갖게 한다.

보혈은 우리에게 긍정적인 삶의 태도와 신념을 가질 수 있도록 만들어줍니다. 우리의 삶의 환경은 너무나도 부정적인 것으로 둘러싸여 있습니다. 보는 것, 듣는 것, 마음에 느끼고 생활 가운데 체험하는 것이 부정적이고 우리들이 말하는 것이 부정적입니다. 부정적인 것은 우리에게 불안과 공포를 가져다줍니다.

왜냐하면 부정적인 일이 우리 가정이나 생활에 다가와서 도적질 당하고 죽임을 당하고 멸망을 당하지 않을까 두려워 지기 때문입니다.

우리의 마음속에 넘치는 확신과 자신을 가지고 살 수는 없을까요? 보혈은 신념을 가지고 살아갈 이유가 되는 것입니다. 보혈은 피의 언약이기 때문입니다. 옛날에 미개한 종족들은 한 종족이나, 다른 종족이 서로 피나는 싸움을 하더라도 피의 언약을 맺고 나면 완전한 형제 국이 되었습니다. 그래서 서로 돕고 통상하며 서로가 공격받을 때 함께 뭉쳐 적을 막아주었습니다.

피의 언약이란 무엇일까요? 두 부족이 서로 원수가 되었으나, 그 부족의 장들이 나와 그릇에 술을 담고 각자 자신의 팔목을 베어 피를 잔에 섞어 그것을 나누어 마심으로써 언약을 맺는 것입니다. 옛 역사를 보면 다른 언약들은 깨어져도 피의 언약만은 절대 깨어지지 않았습니다. 바로 예수님께서 우리와 함께 피의 언약을 맺으셨다는 것을 알아야 합니다. 주님께서 최후의 만찬 때 떡을 떼어주시며 제자들에게 이렇게 말씀하셨습니다.

"이는 내가 너희를 위하여 주는 내 살이라" 그리고 식후에 잔을 가지시고 가라사대 "이 잔은 내 피로 세우는 새 언약이니 이를 받아 마시라"고 하셨습니다. 예수님께서는 '피의 언약'이라 하셨습니다. 예수님은 완전한 하나님이요 완전한 사람이셨습니다. 예수님은 그 자리에 하나님을 대표하여 오시고, 또 육으로는 사람을 대표하여 나오셨습니다. 예수님은 한 몸에 하나님을 대표하시고, 사람을 대표하셔서 그 피를 흘리시고 우리에게 피를 마시라고 하셨습니다.

이 피의 언약을 통해서 우리는 하나님과 깨어지지 않는 피의 언약을 맺은 사람이 된 것입니다. 이 언약을 통해 하나님은 우리의 영원한 친구가 되시고, 영원한 아버지가 되시고, 우리는 하나님의 사랑하는 친구, 하나님의 사랑을 받는 자녀가 된 것입니다. 피의 언약을 통해 하나님께서는 절대로 우리를 떠나지 않고 버리지 않게 되는 것입니다. 우리는 어떠한 일이 있어도 이제는 피의 언약을 맺은 백성으로서 하나님 앞에 담대히 나갈 수 있게 되었습니다.

이렇기 때문에 이 언약보다 중요한 것은 없습니다. 예수님의 변치 않는 친구 됨을 그 피는 언제나 부르짖고 있습니다. 그러므로 그 피를 의지하고 나아갈 때 우리는 마음 문을 활짝 열어놓고 자신을 가지고 당당하게 살아갈 수가 있는 것입니다.

예수님의 보혈은 희망의 보증이 되는 것입니다. 인간은 누구나 내면에 희망을 죽이는 병을 앓고 있습니다. 그 병이 바로 열등의식이요, 좌절감이요 죄책감입니다. 사람들마다 자신이 못났다고 비하하는 열등의식으로 몸부림칩니다. 그래서 마음에 자신이 없습니다. 그러나 예수 그리스도의 피를 마음속에 받아들이면 그 피가 열등의식을 다 녹여버리는 것입니다.

예수님의 피는 우리를 품에 품고 "너는 하나님의 사랑 받는 자녀이다"라는 확신을 넣어줍니다. 예수님의 피는 우리를 열등의식에서 건져내시고, 하나님의 사랑 받는 자녀로서의 확신과 자신을 갖게 하는 것입니다. 예수님의 피는 우리를 좌절감으로부터 건져줍니다. 예수님께서 십자가에서 "엘리 엘리 라마 사박다니, 하나님이여 하나님이여 어찌하여 나를 버리셨나이까"라고 외치실 때 처절한 좌절감을 느끼셨습니다.

그러나 예수님의 피는 그리스도에게 부활을 가져옴으로 그 좌절감을 이기고 위대한 승리를 얻게 한 것입니다. 오늘날도 우리가 예수님의 피를 마음속에 받아들이면 예수님은 마음속의 낙심하고 좌절된 마음을 없애시고 그 속을 향기가 나는 부활의 생명으로 채워주시는 것입니다.

그뿐 아니라 죄책감은 마치 더러웠던 옷을 세탁기에 넣고 빨면 깨끗하게 되어 나오는 것처럼, 보혈로 말미암아 흔적도 없이 사라집니다. 예수님의 피는 철저하게 우리들의 죄를 없애버리기 때문에 하나님께서는 우리들의 죄를 기억도 하지 않으신다고 말씀하셨습니다. 그러므로 우리의 죄악을 하나님은 용서해 주시고 깨끗이 씻어 기억도 하지 않으시는 것입니다.

예수님의 피는 하나님께 용납된 자신을 확정해 주기 때문에 예수 그리스도의 보혈 안에서 우리는 이제 열등의식 대신 자신감을, 좌절감 대신에 용기를, 죄책감 대신에 마음의 평안과 기쁨을 갖고 희망차게 살아갈 수 있게 되는 것입니다.

예수님의 보혈은 하나님의 사랑을 확정해 줍니다. 많은 사람들이 제게 와서 '목사님, 하나님께서 과연 저를 사랑하실까요?

제가 과연 하나님께 사랑을 받고 있을까요? 저는 기도할 때면 하나님께서는 나 같은 사람은 사랑 안 하신다는 불안을 느낍니다.'라고 말합니다. 십자가를 바라보고 그 십자가에서 쏟은 예수 그리스도의 짙은 피 냄새를 맡아보십시오. 이 향기를 맡아본 사람치고 하나님이 우리를 사랑한다는 사실을 의심하는 사람은 없습니다.

왜냐하면 하나님이 우리를 사랑하시지 않았다면 그 아들을 십자가에 못 박아 몸을 찢어 피를 흘리게 하시지 않으셨을 것이기 때문입니다. 그 피의 뜨거운 향기를 맡아보십시오. 그러면 우리의 마음속에 하나님이 우리를 사랑하시는지 혹은 그렇지 않은지에 대한 의심이 산산조각이 나버릴 것입니다.

마음속의 의심은 눈 녹듯 사라져 버릴 것이고, 하나님의 사랑이 마음속에 활활 불타오르는 것을 느끼게 될 것입니다. 이는 예수 그리스도의 십자가에서 흘리신 피는 하나님의 우리를 향한 사랑에 대한 의심을 다 없애 버렸기 때문입니다. 그 피가 마음에 큰 증거가 되는 것입니다.

3. 보혈은 하나님께 나아가는 천성로가 되는 것이다.

한 나라의 문화는 그 나라의 도로망으로 가늠 될 수 있습니다. 문명화된 나라일수록 사방팔방으로 도로가 정비되어 있고 고속도로가 잘 닦여 있습니다. 미개한 나라일수록 도로가 닦여있지 않습니다. 우리 한국이 오늘날 사방으로 고속도로가 개통되어 있고 길이 잘 정비되어 있다는 것은 우리가 문명인이요, 문화인 것을 나타내는 것입니다. 보혈은 하나님께 나아가는 천국의 고속도로이자 천성로인 것입니다. 십자가는 하나님과 인간 사이의 고속도로가 됩니다. 피의 고속도로 인 것입니다.

이 보혈의 길은 용서의 길인 것입니다. 이 세상 어느 곳에 가나 심판은 존재합니다. 형제도 우리를 심판하고 형제도 우리를 판단합니다. 남편도 아내도 언제나 비평의 눈으로 상대를 바라봅니다. 그러나 우리가 비평받지 아니하고 용서받고 흠 없이 갈 수 있는 길은 예수 그리스도의 보혈의 길뿐입니다.

예수님의 그 보혈의 길은 이 세상으로부터 하나님의 나라까지 뻗어있습니다. 보혈의 길에 들어서는 사람마다 심판에서 벗어납니다. 그리고 우리의 마음에서 심판 받을 두려움을 제하고, 마음에 용서와 평안을 가지고, 천국을 향해 걸어갈 수 있습니다. 예수님의 보혈의 길은 긍휼의 길입니다. 보혈의 길에 들어서면 하나님께서는 우리를 긍휼히 보시고 죄를 묻지 않고 우리를 받아주시는 것입니다.

유월절에 이스라엘 백성들은 문설주에 모두 양의 피를 발랐으나, 애굽 사람들은 문설주에 피를 바르지 않았습니다. 그 밤에 하나님께서 죽음의 사자를 보내셔서 짐승의 피가 발라있는 집은 그냥 지나가게 하셨습니다. 그러나 피를 바르지 않은 집은 애굽의 장자로부터 맷돌 가는 여종의 집의 장자에 이르기까지 다 죽게 하셨습니다. 그때 주님께선 "내가 피를 보면 지나가리라"고 말씀하셨습니다. 오늘날도 예수 그리스도의 보혈을 믿고 보혈의 신작로에 들어선 사람은 하나님께서 오셔서 지나쳐 버리십니다. 그들의 죄를 논쟁하지 않으십니다. 과거와 현재를 책잡지 않으십니다. 그 사람들은 지나쳐 가시는 것입니다. 그러나 보혈의 길에 들어서지 않은 사람은 하나님께서 애굽을 심판하신 것처럼 심판하시는 것입니다.

또 보혈의 길은 사랑의 길입니다. 보좌로부터 시작해서 지상까지 뻗어있는 그리스도의 보혈의 고속도로는 사랑의 고속도로입니다. 보혈을 통해서 하나님의 사랑이 부은바 됩니다. 그리고 하나님의 사랑을 따라 하나님의 성령이 강물같이 넘쳐 나서 우리들의 영혼을 가득 채워주시는 것입니다. 예수 그리스도의 보혈의 길은 활짝 열린 길입니다.

예수께서 오시기전까지는 유대인의 성전인 지성소와 성전 사이에 두꺼운 휘장이 쳐있었습니다. 이 휘장이 얼마나 두껍던지 황소 두 마리를 그 끝에 묶어 잡아당기게 하여도 찢어지지 않았습니다. 그 휘장 뒤로는 일 년에 한 번씩 이스라엘의 대제사장이 이스라엘의 죄를 사하기 위해서 짐승을 잡아 피를 들고 들어가 하나님 앞에서 죄를 회개했습니다.

평소에는 어떠한 사람도 그 곳에 들어갈 수 없었습니다. 들어가면 죽습니다. 그러므로 일반 백성들은 지성소와 성소 사이에 휘장이 가려져 있기 때문에 휘장 뒤에 계신 하나님의 영광을 바라볼 수 없었습니다. 그러나 예수님께서 갈보리 십자가에 못 박혀 우리의 죄를 대신하여 많은 고난을 당하시고 몸을 다 찢고 피를 쏟으신 후에 "내가 다 이루었다" 외치시고 "아버지여, 내 영혼을 아버지의 손에 의탁하나이다"하고 운명하셨을 때, 하늘이 진동하고 땅이 뒤흔들렸습니다.

그러자 예루살렘에 있는 성전의 휘장이 위에서부터 아래까지 찢어져 활짝 열렸습니다. 사람들과 제사장들은 놀라서 혼비백산했습니다. 그러나 벌써 성전 뜰에서부터 성소와 지성소의 하나님의 보좌까지 환하게 들여다보이도록 그 문은 열려진 것입니다. 예수님은 그 십자가의 피를 통해서 하나님과 사람 사이의 막힌 담을 다 없애버리고, 남녀노유 빈부귀천 할 것 없이 이 피의 길에 들어서기만 하면 하나님의 보좌까지 직통으로 들어설 수 있게 만들어 놓으신 것입니다.

이러므로 천국의 문은 보혈의 대로를 통해 활짝 열린 문이 되었습니다. 예수님의 보혈을 통하지 않을 때는 첩첩이 막힌 곳이었지만, 예수님의 보혈을 통할 때는 활짝 열려진 길이 되고 말았습니다. 그러므로 예수 그리스도의 보혈의 길로 들어서는 사람들마다, 아버지 하나님의 하늘나라로 직통으로 들어갈 수 있는 것입니다. 보혈의 길은 또한 영생복락의 길입니다. 이 세상에서 우리는 많은 죄와 질병, 저주, 슬픔, 괴로움을 겪어왔습니다. 그러나 보혈의 길에 들어서면 우리 앞엔 찬란한 희망이 있습니다. 그곳에는 눈물과 근심과 탄식과 이별하는 것이나 곡하는 것이나 앓는 것이나 죽는 것이 없습니다. 그곳은 하나님께서 친히 하나님이 되시고, 모든 사람들의 눈의 눈물을 닦아주시는 영원한 생명과 의와 평강과 희락이 강물처럼 넘쳐나는 처소인 것입니다.

바로 보혈의 길을 통해서 우리는 영생복락의 길로 들어가는 것입니다. 그러므로 주님께서 친히 말씀하시기를 "너희는 마음에 근심하지 말라 하나님을 믿으니 또 나를 믿으라 내 아버지의 집에 있을 곳이 많도다 그렇지 않으면 내가 네게 일렀으리라 내가 너희를 위하여 처소를 예비하러 가노니 가서 처소를 예비하면 다시 와서 나 있는 곳에 너희도 있게 하리라" 고 하셨습니다.

그 곳으로 가는 길이 바로 예수 그리스도의 보혈의 신작로 인 것입니다. 예수 그리스도의 보혈의 길에 들어서면, 그 누구를 막론하고 예수님께서 예비하신 영원한 천성에 들어갈 수 있게 되는 것입니다. 예수님의 피는 마귀와 그 사자들의 파멸을 선언하는 피 입니다. 마귀와 그 사자들은 예수님의 피를 보면 견디지 못합니다. 자신들의 나라와 주권이 다 파괴된 것을 예수님의 보혈이 선언하고, 마귀의 무장이 해제되었다는 것을 주님의 피는 선언하기 때문입니다. 예수님의 피는 세상 나라 속에 하늘나라가 와 있다는 사실을 우리에게 증명해 주는 것입니다. 예수님의 피는 죄인들에게는 용서와 소망과 승리를 보장하는 피요, 하나님께서는 피의 언약을 맺어 그 것을 통해서 우리를 사랑하실 수 밖에 없다는 것을 증명해 주고 있는 것입니다.

예수님의 피의 의미를 모르는 신앙은 무능하고 무력한 신앙이요, 참된 해방과 자유를 누리지 못하는 신앙이요, 세속을 이기지 못하는 신앙입니다. 그러므로 우리에게 절실히 필요한 것은 예수님의 보혈에 대한 이해를 마음속에 뜨겁게 하는 것입니다. 마귀는 이 마지막 때에 어찌 해서든지 예수님을 믿는 성도들이 피에 대해 모르게 하려고 애씁니다.

마귀의 하수인들은 보혈에 대한 찬송을 못 부르게 하고, 보혈에 대한 지식을 갖지 못하게 하고, 보혈을 가지고 기도하지 못하게 합니다. 보혈이야말로 천성의 열린 하나님의 문에 대한 위대한 증거요, 마귀 권세의 파멸에 대한 증명이며, 우리에게 믿음과 용기를 주는 하나님의 은혜의 증거이기 때문입니다. 이러므로 오늘 이 시간에 보혈을 의지하시기 바랍니다.

기도할 때 보혈을 증거로 내놓으십시오. 찬송할 때 보혈의 증거를 가지고 찬송하십시오. 마귀와 싸울 때 예수님의 이름과 보혈을 내세우십시오. 마음의 문설주는 이미 예수님을 믿음으로 보혈이 발라져 있습니다. 그 보혈을 증거로 내세우고 강하고 담대한 믿음을 가지십시오. 보혈을 증거로 기도하고 찬송하며 마귀의 진을 훼파 하십시오.

그러면 마귀는 그 보혈 앞에서 한길로 왔다가 일곱 길로 도망치게 되는 것입니다. 보혈은 여러분에게 증거가 되어 그리스도의 위력을 나타내게 해주십니다. 보혈의 샘이 솟는 그 곳에서 영혼이 잘됨같이 범사가 잘 되고 강건하고 생명을 얻되 넘치게 얻는 기적이 나타나게 되는 것입니다.

7장 새사람으로 태어나게 하는 보혈

(고후 5:16-17)"그러므로 우리가 이제부터는 어떤 사람도 육신을 따라 알지 아니하노라 비록 우리가 그리스도도 육신을 따라 알았으나 이제부터는 그같이 알지 아니하노라. 그런즉 누구든지 그리스도 안에 있으면 새로운 피조물이라 이전 것은 지나갔으니 보라 새 것이 되었도다."

우리를 구원하기 위하여 2000년 전에 하나님의 아들 예수님이 오셔서 십자가에 못 박혀 피를 흘리셨습니다. 우리들은 예수님의 살이 찢기고 십자가에서 피를 흘려 우리를 구원하신 사실을 결코 잊어서는 안 됩니다. 성경 고린도후서 5장 17절에는 "그런즉 누구든지 그리스도 안에 있으면 새로운 피조물이라 이전 것은 지나갔으니 보라 새 것이 되었도다."라고 말씀하고 있습니다. 그러므로 우리는 우리 자신이 그리스도 안에서 어떠한 사람이 되었는지를 알아보고 자기가 그리는 자기 모습의 새로운 자기 얼굴을 완전히 정립시켜야만 합니다.

인간은 모두 다 자기가 자신을 보고, 느끼는 모습을 가슴에 품고, 그 모습을 쫓아 말하고, 생각하고 행동하며 삽니다. 자기 얼굴이 열등하면 열등의식에 잡히고, 자기 얼굴이 미운 모습이면 증오와 반항자가 됩니다. 자기 얼굴의 모습이 성공적이면 당당한 사람으로 행동하게 되는 것입니다. 우리는 예수님의 보혈로 새로운 자기 얼굴을 가지게 된 것입니다. 그러면 이제 예수님의 보혈로 그리는 새 얼굴, 새 모습은 어떤 것일까요? 우리는 예수 그리스도 십자가 앞에 서서 예수님의 십자가를 쳐다보고 그리스도를 통해서 우리가 어떻게 새로운 사람이 되었는지를 알아봐야 될 것입니다.

성경에는 분명히 말씀하기를 우리가 예수 믿는 것은 종교를 믿는 것이 아니요, 의식을 받아들이는 것도 아니고, 형식도 아닙니다. 생명의 근본에서 변화를 받아들이는 것이라고 말하고 있습니다. 누구든지 그리스도 안에 있으면 새로운 피조물이라 이전 것은 지나갔으니 보라 새것이 되었다고 말하고 있습니다. 우리가 새것이 되었으면, 어떻게 새것이 되었는지, 자기의 얼굴을 분명히 정리해야 하는 것입니다. 그러므로 그리스도의 피로써 그린 나의 새로운 모습을 오늘 함께 알아봐야 할 것입니다.

1. 새로운 모습으로 자신을 보라.

십자가 밑에서 바라볼 때 그려지는 내 새로운 모습은 용서와 의의 옷을 입은 모습인 것입니다. 죄인은 하나님 앞에서 벌거벗고 있습니다. 성경에는 죄인은 하나님 앞에서 벌거벗은 모습으로 서 있다고 말하고 있습니다. 오늘 이 시간에 우리가 옷을 입지 않고 실오라기 하나 걸치지 않고, 오늘 이 교회당에 와서 앉아서 예배드리라고 한다면 여기에 나올 사람 없습니다. 하물며 벌거벗고 우리가 대통령을 만나러 간다든지 높은 분을 만나라고 하면 이것은 목숨을 걸고서라도 하지 않겠다고 할 것입니다.

사람이 벌거벗는다는 것은 무서운 것입니다. 그런데 죄인들은 하나님 앞에서 벌거벗은 상태라고 말합니다. 영적으로 벌거벗습니다. 그러나 우리가 예수님을 믿을 때 십자가의 보혈로 죄가 용서받고 주님은 십자가에서 의의 두루마기를 우리에게 입혀 주시는 것입니다. 그래서 우리는 영적으로 벌거벗지 않고 우리는 의로운 세마포 두루마기를 입게 됩니다. 그렇기 때문에 옷을 입었으니 우리는 하나님 앞에 나갈 때 부끄러움 없이 나아갑니다. 천사들 앞에 나가고 우리는 예수님 앞에 설 수 있는 것입니다. 입은 자와 입지 않는 자는 천지 차이가 있는 것입니다.

요한계시록 3장 18절에 "내가 너를 권하노니 내게서 불로 연단한 금을 사서 부요하게 하고 흰 옷을 사서 입어 벌거벗은 수치를 보이지 않게 하고 안약을 사서 눈에 발라 보게 하라"고 말씀하고 있는 것입니다. 그러므로 우리는 그리스도의 십자가에서 피로 씻은 흰두루마기를 선물로 받아서 우리는 입고 있는 것입니다.

우리는 영적으로 벌거벗고 있지 않습니다. 그렇기 때문에 우리가 언제라도 하나님을 만나러 가게 되더라도 우리는 부끄러움 없이 당당하게 천국을 들어갈 수 있는 것입니다. 그러나 죄인들은 그렇지 못합니다. 그들은 벌거벗고 있습니다.

그가 아무리 이 세상에서 지위 명예가 높다고 할지라도, 하나님 앞에서는 벌거벗은 존재로서, 그 사람은 실오라기 하나 걸치지 않은 벌거벗은 존재로서, 하나님 앞에 나갈 수 있다는 것은 상상조차 할 수 없는 것입니다. 그러나 우리는 의의 두루마기를 받아 입었으나 이 두루마기가 더러워지게 됩니다.

우리가 세상에 살면서 죄를 짓지 않는 의인은 없기 때문에 거짓말로 더러워지고 혹은 사기로 더러워지고 혹은 범죄로 더러워집니다. 그러므로 우리는 항상 입은 두루마기를 빨아야 합니다. 예수 이름으로 보혈로 회개하므로 두루마기를 빨아서 정결하게 해야 합니다. 요한계시록 22장 14절에 "자기 두루마기를 빠는 자들은 복이 있으니 이는 그들이 생명나무에 나아가며 문들을 통하여 성에 들어갈 권세를 받으려 함이로다" 라고 말하고 있는 것입니다. 그러므로 우리의 새로운 모습이란 예수님의 피로써 자기 마음속에 그린 자기 모습은 이제는 벌거벗은 자화상이 아니라 의의 두루마기를 입은 자화상이요. 항상 의의 두루마기를 보혈로 빨아서, 희고 빛난 세마포가 되었습니다. 그러므로 우리는 하나님 앞에 언제 서더라도, 부끄러움 없이 설 수 있는 사랑 받는 존재로 자기의 모습을 마음속에 깊이 그려 놓아야만 될 것입니다. 그래서 우리는 마음의 상처를 치유 받아야합니다. 상처를 가지고는 새사람이 될 수가 없습니다. 마음속에 도사리고 있는 무의식의 상처를 말씀과 성령으로 치유해야합니다. 그래야 진정으로 하나님이 원하시는 새로운 자기 모습을 가질 수 있습니다. 말씀과 성령 그리고 예수님의 보혈로 마음의 상처를 치유하여 새로운 자기 모습으로 거듭나시기를 소원합니다.

2. 보혈로 태어난 성령과 함께한 모습이다.

우리가 십자가 앞에서 보혈로 태어난 새로운 모습은 보혜사 성령과 함께한 모습인 것입니다. 죄인은 하나님께로부터 떨어져 있고 마귀의 종이 되어 있습니다. 아담과 하와가 범죄하자 하나님 앞에서 쫓겨났습니다.

그래서 인간은 하나님을 멀리 떠나 외로운 존재가 되고 마귀의 종살이를 했습니다. 그러나 우리가 예수 그리스도를 바라보고 회개하고 구주로 믿으면 주님께서 우리를 보혈로 씻고 난 다음에 우리들에게 보혜사 성령을 보내주셔서 항상 성령의 도우심을 받으며 살게 만들어 주시는 것입니다.

성령은 보혜사입니다. 보혜사는 헬라어로 '파라클레토스'란 말인데 우리가 그 말을 번역하면 하나님께로부터 보내심을 받아 우리를 돕기 위하여, 항상 곁에 계시는 분입니다. 성령은 우리의 선생님이 되시고, 변호사가 되시고, 인도자가 되시고, 위로자가 되십니다. 성령은 능력을 주시는 자가 되고, 거룩하게 하시는 자가 되며, 하나님을 깨닫게 하는 자, 하나님을 경외하게 하는 자인 것입니다. 이 성령께서 우리와 같이 계십니다.

이렇기 때문에 예수께서 말씀하기를 내가 너희를 고아와 같이 내버려두지 아니하고, 아버지께 구하겠으니 그가 또 다른 보혜사를 너희에게 주사 영원토록 너희와 함께 있게 하시리라고 말씀한 것입니다. 그리스도를 믿지 않고 죄악 가운데 살 때는 인간은 외롭게 혼자 살았었습니다. 그러나 이제 예수 믿은 사람은 외롭지 않습니다. 눈에 보이지 않지만 바람같이 성령께서 우리와 함께 거하시고 우리 속에 계셔서 우리를 돕기 위해서 항상 기다리고 계시는 것입니다. 그러므로 항상 성령님을 의지하고 그분과 의논하시기를 바랍니다.

이러므로 우리의 생애 속에 이 성령님을 인정하고 환영하고 모셔들이고 의지하십시오. 성령은 우리를 도와주십니다. 이렇기 때문에 이 경쟁사회에서 주님 말씀하시기를 나를 믿는 백성이 머리가 되고, 꼬리 되지 않고, 위에 있고, 아래 있지 않고, 남에게 꾸어주고 꾸지 않겠다는 것은 우리에게 돕는 자가 있기 때문인 것입니다. 아버지 하나님은 보좌에 계시고 아들 예수님은 우편에 앉아 계시지만 성령 보혜사 하나님은 오늘 우리와 함께 계시고 우리 속에 와서 계시는 것입니다.

이렇기 때문에 우리들은 고아가 아닌 성령 하나님과 함께 있는 자아의 모습을 분명히 그려 놓아야 하는 것입니다. 이제는 외롭지 않습니다. 이제는 나 홀로 인생을 걸어가지 않습니다. 열등의식이나 좌절감에 짓눌려 살지 않습니다.

수많은 사람들이 자기 마음속에 나는 못한다. 나는 안 된다. 나는 할 수 없다. 나는 패배자다. 나는 성공하지 못한다. 나는 낙오자다. 이러한 부정적인 사고를 가지고 있습니다. 자기 마음 속에 열등의식을 깊이깊이 가지고 있습니다. 열등의식을 가지고 패배적인 자아의식을 가지고 있는 사람은 그가 무엇을 하든지 언제나 열등한 일을 하고 실패합니다.

이스라엘 백성들이 가나안 땅에 들어가려고 가데스 바네아에 왔을 때 모두가 40일 동안 12명의 정탐꾼을 택해서 가나안 땅을 정탐하고 오라고 했습니다. 그래서 12명의 정탐꾼이 40일 동안 가나안을 정탐하고 돌아왔습니다. 그 중에 열 명은 무엇이라고 말했습니까? 가나안땅에 들어가면 성은 높고 골짜기는 깊고 그 곳에 사는 사람은 네피림 아낙 자손 대장부라 우리가 그들에게 비교해보니 우리 스스로 보기에도 우리는 메뚜기와 같다. 자기의 자기 모습이 메뚜기 새끼이니 메뚜기 새끼들이 무얼 하겠어요? 자기가 자기를 보고 나는 메뚜기 새끼다. 적군들은 대장부다.

그러면 달아나는 길밖엔 없지요. 그러니 그 말을 들은 이스라엘 백성들이 모두 다 메뚜기 새끼들이 되고 말았습니다. 모두 다 비겁한 자가 되어서 대장을 세워서 애굽으로 돌아가자. 그러나 똑같이 정탐꾼으로 간 여호수아와 갈렙의 자화상은 달랐습니다. 아니다. 하나님이 우리와 같이 계시면 우리가 능히 들어가서 점령할 수 있다. 저들은 우리의 밥이다. 이미 밥상으로 차려 놓은 먹이다. 열 사람의 정탐꾼은 하나님 없이 인생을 바라보았기 때문에 그 마음속이 열등의식으로 꽉 들어찬 메뚜기 같은 자화상을 가졌습니다. 다만 여호수아와 갈렙은 성령으로 충만하여 하나님을 알고 하나님과 함께 하나님의 눈으로 인생을 살아가는 사람들입니다. 그러니 그 무서운 적군들도 밥상으로 보였습니다. 능히 들어가 취할 수 있다는 신념을 가진 것입니다. 오늘 우리는 우리의 모습이 메뚜기입니까? 그렇지 않으면 능히 들어가서 모든 것을 정복할 수 있는 승리자의 모습을 가지고 있습니까? 자신이 "나는 메뚜기도 못되고 귀뚜라미지요" 그렇게 된다면 우리의 인생은 그때부터 절망인 것입니다. 그러나 우리는 메뚜기나 귀뚜라미가 아닙니다. 우리 속에 보혜사 성령이 함께 계시는 것입니다. 우리는 하나님의 아들 하나님의 사람들인 것입니다. 하나님이 함께 계시는 것입니다. 하나님이 함께 계시면 내가 비록 사망의 음침한 골짜기로 다닐지라도 해를 두려워하지 않는 것은 주께서 나와 함께 계심이니라. 주의 지팡이와 막대기가 나를 안위하시나이다.

주께서 원수의 목전에서 내게 상을 베푸시고, 기름으로 내 머리에 바르셨으니 내 잔이 넘치나이다. 하나님을 사랑하는 자 곧 그 뜻대로 부르심을 입은 자들에게는 모든 일이 합력하여 선을 이루느니라. 이러므로 보혜사가 함께 계시는 내 자아의 모습을 가지고 있는 사람은 동남풍이 불어도 서북풍이 불어도 겁나지 않습니다.

눈에는 아무 증거 안 보이고 귀에는 아무 소리 안 들리고 손에는 잡히는 것 없어도 겁나지 않습니다. 하나님이 함께 계시므로 나는 궁극적으로 승리하고 만다는 확신을 가지게 되는 것입니다. 그러므로 당신의 모습을 바꾸시기를 바랍니다.

외로운 버림받은 인생의 열등한 자기 모습을 벗어버리고, 오늘 그리스도 앞에서 성령이 함께 계시는 자기 모습을 그리스도의 보혈로 다시 그려서 당신의 가슴에 그려놓으시기를 주의 이름으로 소원합니다.

3. 보혈로 치유 받은 새로운 모습이다.

예수 그리스도의 십자가 앞에서 우리가 얻는 새로운 모습은 치료받은 자기의 모습인 것입니다. 죄인으로 살 때는 영은 죽었고 마음은 상처투성이고 몸은 병들었습니다. 하나님을 거역하고 사는 것이 쉽지가 않습니다. 이사야 1장 2절에서 6절에 "하늘이여 들으라 땅이여 귀를 기울이라 여호와께서 말씀하시기를 내가 자식을 양육하였거늘 그들이 나를 거역하였도다. 소는 그 임자를 알고 나귀는 그 주인의 구유를 알건마는 이스라엘은 알지 못하고 나의 백성은 깨닫지 못하는도다 하셨도다. 슬프다 범죄한 나라요 허물 진 백성이요 행악의 종자요 행위가 부패한 자식이로다. 그들이 여호와를 버리며 이스라엘의 거룩하신 이를 만홀히 여겨 멀리하고 물러갔도다. 너희가 어찌하여 매를 더 맞으려고 패역을 거듭하느냐 온 머리는 병들었고 온 마음은 피곤하였으며 발바닥에서 머리까지 성한 곳이 없이 상한 것과 터진 것과 새로 맞은 흔적뿐이거늘 그것을 짜며 싸매며 기름으로 부드럽게 함을 받지 못하였도다."

이것이 바로 죄인의 형상인 것입니다. 어느 한 곳에 상처가 없는 곳이 없습니다. 누가 우리를 치료할 수 있습니까? 인간의 힘으로 치료가 되지 않습니다. 그러나 우리 주님께서 십자가에 못 박힌 것은 이렇게 하나님을 반역하고 상처투성이인 인류를 치료하기 위해서 십자가에 매달리신 것입니다.

마태복음 8장 16절에서 17절에 예수 그리스도의 사역을 보면 "저물매 사람들이 귀신 들린 자를 많이 데리고 예수께 오거늘 예수께서 말씀으로 귀신들을 쫓아내시고 병든 자들을 다 고치시니 이는 선지자 이사야를 통하여 하신 말씀에 우리의 연약한 것을 친히 담당하시고 병을 짊어지셨도다 함을 이루려 하심이더라"

이 예수님이 십자가에 못 박힌 모습을 바라보십시오. 그 십자가에 못 박혀 십자가에 매달려 있는 그리스도께서는 우리 연약한 것을 친히 담당하시고 우리의 병을 짊어지고 가셨다고 말하고 있는 것입니다. 예수 그리스도를 쳐다보면 순식간에 내 연약함이 다 예수님께 옮겨지고 내 병을 예수님이 다 담당해 버렸습니다. 이제는 난 예수 앞에서 담당할 연약이 없고 짊어질 병이 없는 것을 알게 되는 것입니다. 예수께서 나의 연약과 나의 병을 담당하고 짊어졌는데 내가 왜 또 병을 짊어져야 됩니까?

우리는 예수 그리스도 십자가 앞에서 나의 병든 모습을 다 훨 훨 벗어 던져버리고 그리스도 안에서 건강을 얻고 치료함 받은 새로운 모습으로 자기 모습을 받아들이게 되시기를 주의 이름으로 소원합니다.

이제는 병든 내가 아닙니다. 영도 고침을 받고 마음도 고침을 받고 육체도 고침을 받고 가정도 생활도 치료받은 나의 존재인 것입니다. 그러므로 치료로 충만한 나의 모습을 십자가 앞에서 새로 그려야 합니다.

이러므로 나는 그리스도로 말미암아 생명과 건강으로 넘쳐서 할렐루야 찬미하며 살아가는 새로운 자기의 모습을 가지고 세상을 살아가야 합니다. 하나님은 우리의 변화된 새로운 자기 모습을 보시고, 그리스도 예수를 통해서 건강과 생명이 우리에게 넘치도록 치유해 주시는 것입니다. 하나님은 우리를 창조하셨습니다. 창조하신 하나님은 끊임없이 우리 인간을 감찰하시면서 우리 인간의 병든 모양을 굽어 살펴 치료하시기를 원하십니다.

하나님은 인간을 창조하셨기에, 인간의 문제에 깊은 관심을 가지시고 고통당하는 인간의 문제를 해결하시고자 하시는 것입니다. 그래서 예수님께서 이 땅에 계셨을 때 병든자를 치유하시는 사역은 예수님의 사역에 중요한 부분을 차지하였습니다. 그러나 이와 같은 예수님의 치유의 능력을 모르고 지금 교회에 다니는 성도들이 있습니다. 지금 교회에는 예수를 잘 믿는 성도들도 영육의 질병에서 해방 받지 못하고 고통을 당하며 살아가고 있는 것이 사실입니다.

주변에 영육의 질병으로 고통당하는 사람들에게 주님의 능력을 전하시기를 바랍니다. 그리하여 질고에서 해방 받게 하시기를 바랍니다. 이것이 주님의 원하는 뜻이요, 예수님을 믿는 성도가 누려야할 축복입니다. 모두 예수님의 권세를 전하는 모두가 되시기를 축원합니다.

4. 보혈로 태어난 새로운 나의 모습.

우린 예수 그리스도 십자가 앞에서 피로 그린 새로운 나의 모습이 어떤 것인가를 다시 보아야 되겠습니다. 죄인은 죄인으로 살 때는 저주하면서 살았습니다. 아담과 하와가 하나님을 반역하고 에덴에서 쫓겨났을 때 성경은 말하기를 저주를 받아 가시와 엉겅퀴를 내고 너희는 이마에 땀을 내야 먹고 살 것이라고 말했습니다.

인류는 그때부터 시작해서 계속해서 저주의 가시 채를 헤치며 살아왔었습니다.

공산주의 민주주의 자본주의 국제주의 인간의 모든 주의는 이 저주의 가시를 제하고 어떻게 하면 인간에게 충분히 먹을 것과 입을 것과 있을 수 있는 곳을 줄 수 있는가 그것을 찾는 정책이었습니다. 그런데 인간은 인간주의로써 몸부림쳐봤자 완전히 가시 채를 없앨 수가 없었습니다.

여기에 저주를 제한 분이 나타났습니다. 예수 그리스도 하나님 아들이 아담 이후의 모든 저주를 당신이 그 가시채로 온 몸을 감쌌습니다. 머리에 가시채를 쓰고 다시 쇠가시에 찔리고 쇠창에 찔리고 십자가에 못 박혀 가시의 모든 세력을 주님께서 제하셨습니다.

갈라디아서 3장 13절에서 14절에 "그리스도께서 우리를 위하여 저주를 받은 바 되사 율법의 저주에서 우리를 속량하셨으니 기록된 바 나무에 달린 자마다 저주 아래에 있는 자라 하였음이라. 이는 그리스도 예수 안에서 아브라함의 복이 이방인에게 미치게 하고 또 우리로 하여금 믿음으로 말미암아 성령의 약속을 받게 하려 함이라"고 기록하고 있는 것입니다.

우리가 십자가에 못 박힌 예수 그리스도를 바라볼 때 우리의 온 몸을 칭칭 감고 있는 가시가 철렁철렁 떨어져 나갑니다. 예수를 믿는 우리는 예수 그리스도로 말미암아 가시채에서 벗어나고 아브라함의 축복이 우리 위에 찬란한 태양처럼 비쳐오게 되는 것입니다. 이러므로 우리는 예수 그리스도 안에서 이제 다시 저주받은 자기의 모습을 그대로 걸머지고 다녀서는 안 됩니다. 저주받은 것은 옛날인 것입니다.

우리는 그 모습을 벗어버리고 예수 안에서 아브라함의 복을 받은 새로운 모습으로 마음속에 자기 모습을 그려야만 되는 것입니다. 그리고 매일같이 새로운 모습을 바라보고 나는 복 받은 사람이다. 나는 복의 근원이다. 그렇게 외치고 살아갈 수 있어야만 되는 것입니다. 자기 모습을 따라서 자기 운명이 결정되는 것입니다.

　동일한 것은 동일한 것을 끌어당깁니다. 우리 마음의 자기 모습이 아브라함의 축복으로 가득하면 아브라함의 축복을 끌어당깁니다. 당신의 자기 모습에 저주가 가득 들어차면 일어서나 앉으나 낭패와 실패, 곤고와 절망을 끌어당깁니다. 그곳으로 자신이 끌려가게 되는 것입니다. 인간의 마음속에 자기가 자기를 보고 있는 모습이 어떠한 것인가는 운명을 좌우하는 놀라운 힘이 그 속에 있는 것입니다. 이러므로 오늘 이 시간에 아브라함의 축복의 자화상을 가지게 되시기를 주의 이름으로 소원합니다.

　우리가 알아야 할 것은 우리가 예수님의 보혈의 은혜로 권능의 사람이 되었습니다. 예수 그리스도를 구주로 영접하면 하나님의 자녀가 되는 권세를 하나님이 주시겠다고 성경에 약속했습니다. 영접하는 자 곧 그 이름을 믿는 자들에게는 하나님의 자녀가 되는 권세를 주었다고 했으니 저 하늘이 무너지고 이 땅이 꺼져도 하나님 말씀은 일점일획도 변하지 않습니다.

　이제 우리는 단호하게 하나님 말씀에 서서 마귀를 대적하면 마귀는 물러가게 되는 것입니다. 예수님의 이름과 보혈의 능력에 의지하여 대적해야 됩니다. 나 혼자 힘으로 해봤자 소용이 없지요. 우리 인간은 육이기 때문에 마귀의 영적인 세력을 대결할 수 없습니다. 우리는 예수 그리스도의 이름과 보혈과 성령의 능력으로 대결해야 되는 것입니다.

　요한계시록 12장 11절에"또 우리 형제들이 어린 양의 피와 자기들이 증언하는 말씀으로써 그를 이겼으니 그들은 죽기까지 자기들의 생명을 아끼지 아니하였도다"라고 했는데 마귀가 가장 두려워하는 것이 예수님의 보혈입니다. 왜 십자가에서 흘리신 그 보혈이 우리의 모든 율법적인 정죄를 없애 버리고 죄를 없애 버리기 때문에 죄를 따라서 들어오는 마귀는 자기가 들어올 길을 잃어 버렸습니다.

그래서 마귀는 무장 해제되어 버리고 사망의 세력은 다 제쳐졌으므로 오늘 우리는 예수 그리스도 안에서 생명 안에서 왕노릇하는 사람들인 것입니다. 예수 그리스도의 보혈과 그 말씀에 서면 마귀는 한길로 왔다가 일곱길로 도망치는 것입니다. 마가복음 16장 17절에 "믿는 자들에게는 이런 표적이 따르리니 곧 그들이 내 이름으로 귀신을 쫓아내며 새 방언을 말하며"라고 했습니다.

베드로전서 5장 8절로 9절에 "근신하라 깨어라 너희 대적 마귀가 우는 사자 같이 두루 다니며 삼킬 자를 찾나니 너희는 믿음을 굳건하게 하여 그를 대적하라 이는 세상에 있는 너희 형제들도 동일한 고난을 당하는 줄을 앎이라"고 했습니다.

그러므로 우리는 마귀가 공격하는 것을 보고 그냥 무시하거나 무서워 떨면서 보고만 있어서는 안 됩니다. 두려워서 뒤로 물러가도 안 됩니다. 우리는 우리 위치를 알면 그리스도 이름과 보혈과 성령의 능력에 의지해서 물리쳐야 되는 것입니다. 나사렛 예수 이름으로 명하노니 원수 귀신아 물러가라. 예수님의 보혈을 의지하고 명하노니 물러가라. 성경에 기록하였으되 너희가 내 이름으로 귀신을 쫓아낸다고 말했다. 예수 이름으로 명하노니 물러가라. 우리가 단호하게 대적하면 마귀는 물러가는 것입니다. 예수님의 보혈을 믿음으로 얻은 권세를 사용하여 마귀의 궤계를 물리치고 날마다 평안을 유지하시기를 바랍니다.

5. 보혈로 변화된 미래의 보습을 보라.

우리는 십자가 앞에 서서 주를 바라볼 때 부활의 주님과 함께 변화되는 미래의 모습을 바라볼 수 있습니다. 죄인으로 살 때 모든 것이 죽음으로 종말 짓습니다. 세상의 부귀영화 공명이 아무리 좋을지라도 죽어서 관속에 들어가서 흙 속에 파묻히고 나면 구더기가 몸을 먹어버리고 그것을 절망이라고 생각합니다. 그렇기 때문에 죄인으로 사는 사람은 죽음을 생각하지 않습니다.

죽음의 자기 모습은 너무나 비참하기 때문에 그것을 생각하지 않고서 살려고 합니다. 그러나 생각 안 한다고 해서 죽음이 안 다가오나요? 죽음이 다가옵니다. 가는 세월 사람의 힘으로 막지 못하고 오는 백발 힘으로 막으려고 해서 됩니까? 안됩니다. 그러나 우리가 예수를 믿고 난 다음에는 우리의 모습이 달라집니다. 왜냐하면 예수께서 죽었다가 부활하셨기 때문인 것입니다. 우리는 그리스도와 함께 부활합니다.

나는 부활이요 생명이니 나를 믿는 자는 죽어도 살겠고 살아서 나를 믿는 자는 다시 죽음을 보지 않으리라고 주께서 말씀하신 것입니다. 이러므로 부활하신 예수님을 바라보고 나도 예수님의 모습으로 변화되어서 부활의 새 생명을 얻는 자기 모습을 가질 수 있는 것입니다.

고린도전서 15장 42절에서 44절에 "죽은 자의 부활도 그와 같으니 썩을 것으로 심고 썩지 아니할 것으로 다시 살아나며 욕된 것으로 심고 영광스러운 것으로 다시 살아나며 약한 것으로 심고 강한 것으로 다시 살아나며 육의 몸으로 심고 신령한 몸으로 다시 살아나나니 육의 몸이 있은즉 또 영의 몸도 있느니라"고 말씀하고 있는 것입니다.

우리는 영원히 사는 영적인 존재입니다. 육체의 장막 집을 벗어 버렸을 때 부활한 몸으로 그리스도와 함께 영원한 낙원으로 갈 것이냐. 그렇지 않으면 영원한 지옥의 불타는 곳으로 떨어질 것이냐. 이것은 우리의 선택에 달려 있습니다.

성경 요한계시록 21장 8절에는 그러므로 "그러나 두려워하는 자들과 믿지 아니하는 자들과 흉악한 자들과 살인자들과 음행하는 자들과 점술가들과 우상 숭배자들과 거짓말하는 모든 자들은 불과 유황으로 타는 못에 던져지리니 이것이 둘째 사망이라"고 말했습니다.

저 하늘이 무너지고 이 땅이 꺼져도 일점일획도 변치 않는 하나님의 말씀이 예수 안에 있는 사람은 부활의 영광을 누리고 그리스도의 밖에 있는 사람은 불과 유황으로 타는 곳에 참여할 것이라고 말하고 있습니다. 그러므로 우리가 살아 있을 동안에 운명을 십자가 밑에서 결정해야 되는 것입니다.

보혈은 천국 백성들의 기쁨의 노래가 됩니다. 이 땅에서만 보혈을 찬양할 것이 아니라 나중에 우리가 부활 승천하여 천국에 올라가서도 내내 찬양할 것은 보혈밖에 없습니다. 다른 찬송은 다 사라질지라도 보혈에 대한 찬미는 그치지 않습니다.

왜냐하면 우리와 같은 죄악 투성이의 인생이 구원을 받아 천국 백성이 되어 하늘의 영광을 누릴 수 있게 된 것은 예수 그리스도의 십자가보혈로 인한 것이기 때문입니다. 이러므로 천국에 가면 이 땅에서 보다 더 놀랍게 예수 그리스도에 대한 찬미와 감사가 넘쳐나게 될 것입니다.

천국백성들의 노래가 바로 예수 그리스도의 십자가 보혈임을 잊어서는 안 됩니다. 그리스도의 보혈은 영세의 영광이 될 것입니다. 인간의 어떠한 종교, 윤리, 도덕, 율법도 인간을 절망적인 죄악의 정죄로부터 자유케 할 힘이 없습니다. 오직 하나님의 아들 예수님의 십자가 보혈만이 우리를 정죄로 부터 영원히 자유케 하고 인간의 자존심과 존엄성을 회복시켜 주며 하나님의 백성이 되어 영원히 살 수 있게 해 주는 것입니다.

그러므로 '나의 죄를 씻기는 예수의 피밖에 없네 다시 성케 하기도 예수의 피밖에 없네' 예수 그리스도의 보혈을 매일 같이 찬양하고 그리스도의 보혈을 힘차게 의지하는 우리가 되시기를 주님의 이름으로 소원합니다.

우리는 새사람입니다. 지금 죽어도 천국에 가서 하나님을 만나는 영광스러운 존재들입니다. 우리 모두 긍지와 자부심을 가지시기를 축원합니다.

예수님의 피는 마귀와 그 사자들의 파멸을 선언하는 피입니다. 마귀와 그 사자들은 예수님의 피를 보면 견디지 못합니다. 이러므로 오늘 이 시간에 우리 모두 보혈을 의지하시기 바랍니다. 기도할 때 보혈을 증거로 내놓으십시오. 찬송할 때 보혈의 증거를 가지고 찬송하십시오. 마귀와 싸울 때 예수님의 이름과 보혈을 내세우십시오. 당신의 마음의 문설주는 이미 예수님을 믿음으로 보혈이 발라져 있습니다.

그 보혈을 증거로 내세우고 강하고 담대한 믿음을 가지십시오. 보혈을 증거로 기도하고 찬송하며 마귀와 귀신의 진을 훼파하십시오. 그러면 마귀는 그 보혈 앞에서 한길로 왔다가 일곱 길로 도망치게 되는 것입니다. 보혈은 당신에게 증거가 되어 그리스도의 위력을 나타내게 해주십니다. 보혈의 샘이 솟는 그 곳에서 영혼이 잘됨같이 범사가 잘 되고 강건하고 생명을 얻되 넘치게 얻는 기적이 나타나게 되는 것입니다. 예수님의 보혈의 은혜로 새로운 자기 모습을 가지고 세상에서 마귀의 진을 파하면서 삶을 승리하시기를 소원합니다.

8장 보혈의 초자연적인 권세와 능력

(히 9:12-15) "염소와 송아지의 피로 하지 아니하고 오직 자기의 피로 영원한 속죄를 이루사 단번에 성소에 들어가셨느니라. 염소와 황소의 피와 및 암송아지의 재를 부정한 자에게 뿌려 그 육체를 정결하게 하여 거룩하게 하거든 하물며 영원하신 성령으로 말미암아 흠 없는 자기를 하나님께 드린 그리스도의 피가 어찌 너희 양심을 죽은 행실에서 깨끗하게 하고 살아 계신 하나님을 섬기게 하지 못하겠느냐? 이로 말미암아 그는 새 언약의 중보자시니 이는 첫 언약 때에 범한 죄에서 속량하려고 죽으사 부르심을 입은 자로 하여금 영원한 기업의 약속을 얻게 하려 하심이라"

우리 예수님께서 십자가에서 보혈을 흘리셨습니다. 예수 믿는 우리에게는 예수의 피가 흐릅니다. 조상의 피가 아닌 하나님의 피가 흐릅니다. 예수의 피가 흘러야 만이 우리가 영생 복락을 누리게 됩니다.

우리에게는 육신의 피, 세상의 피, 죄악의 피가 흐르는 것이 아니고 예수의 피가 흐릅니다. 예수의 피가 흐르는 사람은 예수의 성품을 닮아가고 예수의 피가 흐르는 사람은 예수의 말을 하고 예수의 피가 흐르는 사람은 예수님처럼 생활을 하고 예수의 피가 흐르는 사람은 예수님처럼 살아갑니다.

이 세상의 무엇으로도 나를 귀하게 할 수 없습니다. 거름덩이에 누인자를 귀족같이 높인다고 높아지나요? 귀족같이 나를 높이는 것은 무엇인가요? 회장이 아닙니다. 사장이 아닙니다. 회장이, 사장이 어떻게 나를 높일 수 있는가요? 사직서 쓰고 나오면 회장과 사장과 나는 별개입니다. 그만 끝입니다. 우리를 영원히 귀하게 여기고 선하게 여기고 능력 있게 여기고 우리를 값지게 여기는 것이 예수님의 보혈의 권능입니다.

이제 우리에게는 저주가 흐르는 것이 아닙니다. 조상으로부터 저주가 흐르는 것이 아니고 보혈의 피가 흐릅니다. 보혈의 능력이 죄의 끈을 끊었습니다. 보혈의 능력이 쾌락의 끈을 끊었습니다. 보혈의 능력이 세상의 끈을 잘랐습니다. 예수의 피가 하나님이 원치 않는 우리의 모든 밧줄을 다 끊었습니다.

그래서 돈 붙잡지 말고, 사람 붙잡지 말고, 친구 붙잡지 말고, 예수님만 붙잡아야 합니다. 보혈의 밧줄을 붙잡으면 이 세상에서도 잘 되고 죽어서도 잘 됩니다. 예수님의 보혈은 권능이 있습니다. 성경은 '피는 생명이다'라 하였습니다. 피가 모자란 사람에게 피를 공급하면 생명이 되는 것 뿐 아니라 생명이 피에 있어 피를 뿌림으로 죄를 속하여 생명을 줍니다.

(레17:11)"인체의 생명은 피에 있음이라 내가 이 피를 너희에게 주어 단에 뿌려 너희의 생명을 위하여 속하게 하였나니

생명이 피에 있으므로 피가 죄를 속하느니라"

그리하여 구약에서는 제사를 드릴 때 피의 제사를 드렸습니다. 곡식을 태워서드리는 소제를 제외하고는 모든 제사에는 피가 사용되었습니다. 특히 속죄제 제사에서 제사장은 제물의 피를 받아 성소의 휘장 앞에 일곱 번 뿌리고, 피를 분향단 뿔에 바르고, 송아지의 피 전부를 번제단 밑에 쏟도록 지시하였습니다.

창세기 4장에 기록된 가인과 아벨의 제사에서, 하나님이 아벨의 제사는 받으시고 가인의 제사를 받지 않으셨는가에 대한 해석에서 아벨의 제사는 피의 제사이고, 가인의 제사에는 피가 없기 때문이라고 해석하기도 합니다.

그러나 지금은 피의 제사를 드리지 않습니다. 그 이유는 예수 그리스도가 영원한 제물이 되셔서 피를 흘리셨고, 그 피가 우리의 제단에 뿌려졌고, 성도들의 심령에 쏟아 부어졌기 때문입니다. 그 보혈이 우리의 모든 죄를 사하고, 우리에게 새 생명을 주고, 우리를 새롭게 하고, 강건하게 합니다.

'회복'이라는 영화를 보았습니까? 이 영화는 이스라엘에서 일어나고 있는 부흥의 불길을 전하는 다큐입니다. 이 영화에서 전통 유대인은 "2000년 전에 죽은 예수가 우리를 어떻게 살릴 수 있는가"라며 힐문합니다. 이에 대해 오늘 본문은 이렇게 대답합니다. "염소와 황소의 피와 및 암송아지의 재를 부정한 자에게 뿌려 그 육체를 정결하게 하여 거룩하게 하거든 하물며 영원하신 성령으로 말미암아 흠 없는 자기를 하나님께 드린 그리스도의 피가 어찌 너희 양심을 죽은 행실에서 깨끗하게 하고 살아계신 하나님을 섬기게 하지 못하겠느냐"

동물의 피로 드려지는 제사도 부정한자를 정결하게 하는 생명을 줍니다. 하물며 하나님의 아들이신 그리스도의 피가 우리를 깨끗하게 하며 다시 살아나게 하며, 거룩하게 하며, 온전하게 하실 수 있음을 믿으시길 바랍니다. 이 보혈의 권능을 받으시길 바랍니다. 우리는 지금 다른 피로 제사 드리는 것이 아닙니다. 오직 예수 그리스도의 보혈로 제사를 드리고 있습니다. 이 제사로 그리스도의 보혈의 권능을 받으시길 축원합니다.

1. 양심을 깨끗하게 하는 권세와 능력

하나님은 사람에게 '양심'이라는 것을 주셨습니다. 이 양심은 사람이 하나님을 알고, 하나님의 뜻을 깨닫고, 하나님을 섬길 수 있도록 하기 위하여 주신 것입니다. 벧전3:21 "오직 선한 양심이 하나님을 향하여 찾아가는 것이라" 라 하였습니다. 예수님 이전의 시대에도 하나님을 찾고 섬길 수 있는 길을 주셨던 것입니다. 그러나 죄로 인하여 이 양심이 더러워졌습니다.

(딛1:15)"깨끗한 자들에게는 모든 것이 깨끗하나 더럽고 믿지 아니하는 자들에게는 아무것도 깨끗한 것이 없고 오직 저희

마음과 양심이 더러운지라"

　더러워진 양심은 하나님을 찾지 않고, 하나님의 뜻을 구하지도 않고, 하나님을 섬기지도 않습니다. 그리하여 그가 하는 모든 것이 더욱 죄가 되게 합니다.
　폐혈증처럼 더러워진 피가 우리 몸의 장기를 더럽게 하는 것처럼 죄는 우리 양심을 더럽게 합니다. 이때 깨끗한 피가 우리의 더러운 피를 대속할 때 우리 몸의 깨끗하고 건강한 장기들처럼 양심은 되살아나게 됩니다. 예수님의 보혈이 깨끗케 하는 피입니다. 이것이 보혈의 권능입니다. 예수님의 보혈은 이 더러워진 양심을 깨끗하게 하시는 권능이 있습니다. 그리하여 양심을 선한양심이 되게 하며, 착한 양심이 되게 하며, 깨끗한 양심이 되게 합니다.
　선한양심은 우리가 하나님을 간절히 찾도록 이끌어 줍니다. 주일에 교회에 나오고 싶지 않더라도 양심이 우리를 이끌어 교회에 가도록 합니다. 기도하기 싫을 때 선한 양심이 일어나 기도하게 만듭니다. 성령 충만에 대해 갈급하게 합니다.
　착한양심은 사람을 믿음에 충실하게 만들어 열매를 맺게 합니다. 하나님을 마음과 뜻과 정성을 다해 사랑하며 이웃을 내 몸처럼 사랑하도록 합니다.
　깨끗한 양심은 불의와 죄를 떠나서 의롭고 거룩하게 살도록 만들어 줍니다. 죄가 싫어지고, 죄짓는 것을 두려워하게 만듭니다. 의롭고 거룩한 것에 대한 열심을 갖도록 합니다.

이를 위하여 예수님은 겟세마네 동산에서 기도하시면서 피를 흘리셨습니다. 하나님께서 아담 이후 종말 때까지의 온갖 추악하고 더러운 죄악으로 가득 찬 잔을 내놓으셨을 때 예수님께서는 견딜 수 없었습니다. 점도 없고 흠도 없으신 예수님의 몸과 영혼 속에 더러운 죄가 들어올 것을 생각하면 몸서리치지 않을 수 없었습니다. 할 수 만 있다면 그 잔을 마시지 않기를 원하셨습니다. 그래서 기도하셨습니다.

세 번째 기도하실 때 예수님의 얼굴에서 피가 흘러내리기 시작했습니다. 그때 예수님께서는 "나의 원대로 마옵시고 아버지의 원대로 하옵소서"라고 기도하셨습니다. 이와 같이 예수님께서 겟세마네 동산에서 흘리신 피는 당신의 의지를 깨뜨리고 하나님께 순종하기 위한 피로서 우리의 더러운 양심을 대속하는 피입니다. 예수 그리스도의 보혈 속에는 우리가 내 마음대로 살려는 양심을 바로잡아 하나님의 뜻대로 살 수 있게 하는 힘을 주는 권세가 있습니다.

예수님의 보혈의 권능이 우리 모두에게 임하길 축원합니다. 행23:1절에 바울사도가 고백했던 것처럼 '범사에 양심을 따라 하나님을 섬겼노라'는 고백할 수 있기를 바랍니다. 보혈의 권능으로 우리의 더러운 양심이 대속함을 받아 우리 양심이 깨끗해져서, 죄악 속에서 방황하는 그리스도인이 아니라 하나님의 뜻대로 사는 건강한 그리스도인이 되시길 축원합니다.

이것이 양심을 깨끗케 하여 죽은 행실에서 떠나 하나님을 섬기게 하는 보혈의 권능입니다.

2. 병든 육신을 고쳐주시는 권세와 능력

예수님은 빌라도에게 사형 선고를 받으신 후 로마 군인들에게 끌려가 채찍을 맞으셨습니다. 가죽채찍을 내리칠 때마다 채찍 끝에 달린 쇠고리가 예수님의 살을 파고 들어갔습니다. 예수님의 가슴과 등은 살점이 떨어지고 골이 패여 피가 솟구쳤습니다.

예수님이 빌라도의 뜰에서 채찍에 맞아 흘리신 피는 우리의 육신의 대속을 위한 피입니다. 성경은 "그가 채찍에 맞음으로 우리가 나음을 입었도다"(사53;5)라고 말씀하고 있습니다. 빌라도의 뜰에서 흘린 예수님의 보혈은 정욕과 질병으로 말미암아 병든 육신을 고쳐주시는 권능이 있습니다. 예수님은 우리의 연약한 것을 친히 담당하시고 병을 짊어지셨습니다(마8:17).

예수님께서는 인간의 질고를 지고 인간의 슬픔을 당하심으로 우리를 질병에서 해방시켜 주셨습니다. 예수님께서는 이사야의 예언대로 실제로 빌라도의 뜰에서 로마 군인들로부터 처참하게 채찍질을 당하셨습니다. 이는 하나님께서 우리 연약한 인간의 질병을 치료해 주시기 위해 친히 예수 그리스도로 하여금 상함을 받게 하셨던 것입니다. 폐혈증에서 깨끗한 피로 인하여 장기가 고쳐지면서 몸도 치료되게 됩니다. 열은 떨어지고, 통증도 사라지고, 혈압과 호흡이 정상으로 돌아오고, 식사도 잘하게 되어 병원에서 퇴원하게 됩니다. 이와 같이 예수님의 보혈을 받게 되면 우리의 육신이 치료되는 은혜를 받게 됩니다.

마귀는 우리가 죄짓게 합니다. 죄는 우리 몸과 영혼과 피를 더럽힙니다. 더러워진 우리 몸과 영혼이 병이 듭니다. 이것이 죄의 저주입니다. 하지만 하나님의 뜻은 우리가 병들어 고통 받는 것이 아니라 병에서 치료되어 건강하게 되는 것입니다. 그리하여 예수 그리스도에게 우리의 연약함과 병을 담당하게 하셨고 보혈의 권능으로 우리를 치료하게 하십니다. 이 권능을 우리는 믿음으로 받아 치료함 받아 건강이 회복되고 더욱 강건해져야 합니다.

예수님의 제자들이 전도를 할 때에 복음을 전하는 것과 각색 질병을 고쳐주는 권능으로 하였다고 기록하고 있습니다. 보혈의 권능은 나의 병을 치료하실 뿐 아니라 믿음으로 선포할 때 병든 자를 고치는 역사가 일어나게 합니다. '예수의 이름으로 일어나 걸으라' '다비다야 일어나라' '네 발로 바로 일어서라'

보혈의 권능은 신유로 역사하십니다. 저는 환자를 안수할 때 보혈을 사용하며 기도를 합니다. 축귀를 할 때도 보혈을 사용합니다. 보혈에 대하여 저는 강한 믿음을 가진자입니다. 병원에 능력전도 하면서도 보혈을 담대하게 선포합니다. 하나님은 치유의 은혜를 간절히 사모하는 자에게 하나님이 치료하시는 권능으로 역사하십니다. 좌골 신경통으로 걷지 못하는 분이 안수기도 후 일어나 걸어가는 것을 보았습니다. 성도는 보혈의 권능을 담대하게 사용할 줄을 알아야 합니다.

하나님의 은사가 다시 활발히 나타나고 하늘나라가 우리 가운데 뚜렷해지기 위해서는 귀신을 쫓아내며 병을 고치는 역사가 있어야 합니다. 예수님께서 "내가 하나님의 성령을 힘입어 귀신을 쫓아내는 것이면 하나님의 나라가 이미 너희에게 임하였느니라"(마12:28)고 말씀하셨습니다. 그래서 저는 "하나님 저의 생애 속에 병 고치는 보혈의 권능이 크게 일어날 수 있도록 성령께서 역사하여 주옵소서"라고 간구하려 합니다. 우리의 아픈 것을 치료하시는 보혈의 권능이 임하도록 간구하시길 바랍니다.

병원에 갈 때 치료받기를 간절히 원하는 것처럼, 교회에 오실 때 병낫는 것을 간절히 사모하시길 바랍니다. 예수님의 옷깃이라도 잡으면 나을 수 있다는 심정으로 보혈의 치료의 권능을 사모하시길 바랍니다. '보혈의 권능으로 마귀는 떠나가고 우리의 질병은 치료될지어다'

3. 하나님의 영원한 기업의 약속을 받게 하는 권세와 능력

예수님께서는 십자가에 못 박혀 온몸에 물과 피를 다 쏟으셨습니다. 예수님께서 십자가 위에서 흘리신 피는 우리를 구원하는 권능이 있습니다. 영원히 멸망 받아 지옥 불에 던지울 수밖에 없는 우리의 영혼을 예수님께서 십자가에서 피를 흘리심으로 대속하셨습니다.

　십자가 위에서 예수님은 '다 이루셨다'고 하셨습니다. 이는 '다 지불했다'는 뜻입니다. 우리의 원죄와 자범죄 모두를 다 속량하셨다는 뜻입니다.

　예수님의 보혈로 우리의 모든 죄를 속량하신 것은 우리에게 하나님의 새 언약의 약속을 주시고자 하심입니다. 본문 15절에 '첫 언약 때에 범한 죄에서 속량하려고 죽으사 부르심을 입은 자로 하여금 영원한 기업의 약속을 얻게 하려 하심이라'라고 하였습니다.

　그러하기에 우리는 예수님의 보혈로 죄에서 구원받은 것 만으로 만족해야하는 것이 아닙니다. 보혈의 구속으로 하나님이 주시고자 하는 '영원한 기업의 약속'을 받아야 합니다.

　보혈의 권능으로 모든 죄에서 구원받은 거룩한 분들이여! 이제 하나님이 주시고자 하시는 영원한 기업의 약속을 사모하시고, 이 약속이 이루어지는 은혜가 우리 모두에게 임하길 축원합니다.

　영원한 기업의 약속은 하나님이 약속하신 놀라운 복을 말합니다. 그것은 우리가 하나님께 담대하게 나아갈 수 있게 되었고, 하나님과 화목할 수 있게 되었고, 하나님의 자녀로 살 수 있게 된 것입니다.

　예수님의 보혈로 우리는 하나님의 자녀로 하나님과 화목하게 지낼 수 있게 되었습니다. 하나님과 화목하게 지낼 수 있도록 자녀에게 주시는 온갖 귀한 것은 은혜로 베풀어 주십니다. 그것은 영혼의 구원뿐 아니라, 우리를 거듭나게 하며, 성령충만케 하며, 거룩하게 하며, 범사가 잘되게 하며, 영육간에 강건하게 하며, 부활의 은혜를 누리게 하며, 죄와 담대히 싸워 승리하게 하며, 주의 평안을 누리게 하십니다.

이 보혈의 권능으로 우리에게 주시겠다 약속하신 놀라운 복을 누리실 수 있기를 축원합니다. 종교 개혁자 마틴 루터는 "성경을 짜 보아라 피가 나올 것이다"고 말했습니다. 성경은 우리를 위하여 대신 십자가에 못 박히신 예수님에 관한 책입니다.

그리고 우리도 이 세상에서 승리하는 이유는 바로 예수님께서 우리를 위하여 대신 피 흘려 죽으신 것 때문에 우리는 오늘도 승리 할 수가 있습니다.

레위기 17장 11절 말씀에 "육체의 생명은 피에 있음이라. 내가 이 피를 너희에게 주어 단위에 뿌려 너희 생명을 위하여 대속하였나니, 생명이 피에 있음이라. 피가 죄를 대속하느니라."고 말씀하셨습니다. 예수님의 보혈의 피는 이런 권능이 있습니다.

첫째, "예수님의 보혈의 피는 죄 사함에 권능이 있습니다. 성경 요한복음 15장 11-12절에 보면 내가 이것을 너희에게 이름은 내 기쁨이 너희 안에 있어 너희 기쁨을 충만하게 하려 함이라. 내 계명은 곧 내가 너희를 사랑한 것 같이 너희도 서로 사랑하라 하는 이것이니라" 고 말씀하십니다. 예수님의 보혈로 죄 사함을 받아 하나님의 사랑을 받게 되었습니다.

둘째, 예수님의 보혈의 피는 보호하는 능력이 있습니다. 성경 여호수아 2장 18-20절에 보면 "우리가 이 땅에 들어올 때에 우리를 달아 내린 창문에 이 붉은 줄을 매고 네 부모와 형제와 네 아버지의 가족을 다 네 집에 모으라. 누구든지 네 집 문을 나가서 거리로 가면 그의 피가 그의 머리로 돌아갈 것이요 우리는 허물이 없으리라 그러나 누구든지 너와 함께 집에 있는 자에게 손을 대면 그의 피는 우리의 머리로 돌아오려니와 네가 우리의 이 일을 누설하면 네가 우리에게 서약하게 한 맹세에 대하여 우리에게 허물이 없으리라" 하십니다.

셋째, 예수님의 보혈의 피는 우리를 변호해주는 능력이 있습니다. 성경 출애굽기 24장 8절에 보면 "모세가 그 피를 가지고 백성에게 뿌리며 이르되 이는 여호와께서 이 모든 말씀에 대하여 너희와 세우신 언약의 피니라"고 말씀하십니다.

넷째, 예수님의 보혈의 피는 사단을 이길 수 있는 능력이 있습니다. 성경 요한계시록 12장 11절에 보면 "또 우리 형제들이 어린 양의 피와 자기들이 증언하는 말씀으로써 그를 이겼으니 그들은 죽기까지 자기들의 생명을 아끼지 아니하였도다"라고 하십니다. 그렇습니다. 성경전체가 예수님의 피에 대하여 말씀하셨고 이 피가 오늘도 우리의 모든 삶을 보호하고 있습니다. 예수님의 보혈은 권능이 있습니다. 권능 있는 성도답게 세상을 살아가시기를 바랍니다.

9장 보혈의 신비한 능력을 사용하는 법

(히9:11-14) "그리스도께서는 장래 좋은 일의 대제사장으로 오사 손으로 짓지 아니한 것 곧 이 창조에 속하지 아니한 더 크고 온전한 장막으로 말미암아 염소와 송아지의 피로 하지 아니하고 오직 자기의 피로 영원한 속죄를 이루사 단번에 성소에 들어가셨느니라. 염소와 황소의 피와 및 암송아지의 재를 부정한 자에게 뿌려 그 육체를 정결하게 하여 거룩하게 하거든 하물며 영원하신 성령으로 말미암아 흠 없는 자기를 하나님께 드린 그리스도의 피가 어찌 너희 양심을 죽은 행실에서 깨끗하게 하고 살아 계신 하나님을 섬기게 하지 못하겠느냐"

'피 흘림과 죄'는 불가분의 관계를 가지고 있습니다. 아담이 에덴에서 죄를 범하기 전에는 에덴동산에 죽음이라는 것이 전혀 없었습니다. 그러나 그가 죄를 범하여 벌거벗게 되고 그 영혼이 죽었을 때 하나님께서 그 죄의 수치를 덮어주기 위하여 짐승을 잡아 피를 흘리고, 그 가죽으로 옷을 지어 입혀서 에덴에서 내보내었습니다. 이것은 장차 우리 죄를 씻고 의의 옷을 입혀 주기 위하여 하나님 어린 양 예수님께서 피를 흘리시고 죽임을 당하실 것을 상징적으로 보여 주신 것입니다. 성경에는 '피 흘림이 없이는 죄 사함이 없다' 고 분명하게 기록하고 있습니다.

1. 용서와 의와 영광을 가져다주기 위해서 피 흘렸다.

　용서와 의와 영광을 가져다주기 위해서 예수님께서 십자가에 못 박혀 몸을 찢고 피를 흘려야만 되셨습니다. 구약시대의 죄 사함을 위해서는 여러 가지 제사가 있었습니다. 속죄제라는 것이 있었습니다. 하나님 앞에 지은 죄는 속죄제물을 드려서 짐승의 피로써 그 모든 죄를 속하신 것입니다. 하나님의 율법이나 하나님의 뜻을 어길 때는 반드시 속죄 제사를 지내야지 그렇지 아니하면 하나님께 버림을 당하고 심판을 받게 되는 것입니다.

　다음 속건제가 있었습니다. 속건제는 성물을 범하거나 이웃에게 피해를 주었을 때 주로 인간관계에서 지은 죄를 청산하기 위해서는 속건제라는 피 흘리는 제사를 드려야 되었습니다. 그리고 번제가 있습니다. 번제는 전부 불사르는 제사로써 매일 조석으로 드리는 것을 번제라고 합니다. 또 특별한 절기 때 드리는 것으로써 하나님과의 매일의 교통을 위해서 항상 피를 흘려서 그 피를 통해서 하나님과 매일 교통하는 그러한 제사를 지냈었습니다.

　그 다음 화목제가 있어서 하나님과 화평 특별한 친교, 감사, 서원 그러한 것을 드릴 때 짐승을 잡아 피를 흘려 하나님과 감사제 혹은 화목 제사를 드리게 된 것입니다. 이와 같이 구약시대 전체를 통해서 보면 피가 강물같이 흐르고 있습니다. 피 흘림이 없은즉 하나님과 가까이 할 수가 없었습니다. 아담과 하와가 지은 죄악 이후로부터 시작해서 하나님과 인간관계는 반드시 짐승을 잡아 피를 흘린 그 제단 위에서 이루어졌던 것입니다. 바로 예수님은 우리의 속죄제와 속건제와 번제물이 되시고 화목제물이 되셨습니다. 우리의 원죄와 자범죄를 다 용서하시고 항상 하나님과 우리와 교통하기 위해서 예수님께서 단번에 당신의 몸을 드려서 우리를 위한 영원한 속죄제물이 되어 주셨습니다.

(히9:12)"염소와 송아지의 피로 하지 아니하고 오직 자기의 피로 영원한 속죄를 이루사 단번에 성소에 들어가셨느니라."

그리고 성경은 우리에게 이렇게 말씀하고 있습니다.

(히9:13-14) "염소와 황소의 피와 및 암송아지의 재를 부정한 자에게 뿌려 그 육체를 정결하게 하여 거룩하게 하거든 하물며 영원하신 성령으로 말미암아 흠 없는 자기를 하나님께 드린 그리스도의 피가 어찌 너희 양심을 죽은 행실에서 깨끗하게 하고 살아 계신 하나님을 섬기게 하지 못하겠느냐"

강하게 말씀하고 있는 것입니다. 그러므로 우리는 예수 그리스도의 십자가 보배로운 피를 의지해서 믿음으로 의롭다함을 얻습니다. 믿음으로 말미암아 속죄제사를 주님께서 드려 주신 것을 힘입고 하나님에게 나갈 수가 있습니다. 그리고 속건제, 번제, 그리고 화목제를 드리는 모든 것을 의존할 수 있습니다. 그러므로 그리스도의 보배로운 피로 말미암아 용서와 의와 영광을 우리는 얻을 수가 있습니다.

그리고 그리스도의 피를 의지할 때 하나님과의 관계를 회복시켜 주시는 것입니다. 하나님과 우리 사이가 죄로 말미암아 담이 막혔을지라도 다 헐어 버리고 화목케 해 주시는 것입니다. 우리는 예수 그리스도의 보혈을 의지해서 나가면 진실로 하나님을 예비하고 하나님의 은혜를 힘입을 수 있게 되는 것입니다. 그렇기 때문에 그리스도의 보배로운 피가 없이 결코 하나님을 예배드릴 수 없고 하나님께 나갈 수도 없는 것입니다.

2.보혈만이 하나님께 나아가는 길이다.

우리가 알아야 될 것은 유일하게 보혈만이 하나님께 나아가는 길이 된다는 것입니다. 예수님께서 내가 곧 길이요, 진리요, 생명이니 나로 말미암지 않고는 아버지께로 올자가 없다고 했는데, 그 예수 그리스도의 십자가 보혈의 피를 의지하지 않고는 하나님께로 나갈 수가 없습니다.

로마서 3장 23절에 보면 "모든 사람이 죄를 범하였으매 하나님의 영광에 이르지 못하더니"라고 말했습니다. 에덴동산에서 아담과 하와가 쫓겨난 이후로 아무리 하나님 영광 앞에 나가려고 해도 죄가 막혀서 하나님 영광 앞에 나갈 수가 없습니다. 죄인이 하나님을 볼 때는 그 자리에서 죽었습니다. 그러므로 결코 하나님 영광 앞에 나갈 수가 없습니다. 그러나 예수 그리스도의 십자가의 보혈로 말미암아 하나님께 나가는 아름다운 길이 열린 것입니다.

(롬3:10-18)"기록된바 의인은 없나니 하나도 없으며 깨닫는 자도 없고 하나님을 찾는 자도 없고 다 치우쳐 함께 무익하게 되고 선을 행하는 자는 없나니 하나도 없도다. 그들의 목구멍은 열린 무덤이요 그 혀로는 속임을 일삼으며 그 입술에는 독사의 독이 있고 그 입에는 저주와 악독이 가득하고 그 발은 피 흘리는 데 빠른지라 파멸과 고생이 그 길에 있어 평강의 길을 알지 못하였고 그들의 눈앞에 하나님을 두려워함이 없느니라. 함과 같으니라."

이것이 죄인의 현실적인 상황인 것입니다. 이와 같은 죄인이 하나님 앞에 어찌 감히 나설 수가 있겠습니까? 그러므로 인간의 행위적 선이나 선행으로는 주님 앞에 나갈 도리가 없습니다. 아무리 선을 행한다고 해도 그 선이 자기의 죄를 덮을 수가 없습니다. 인간은 여러 가지 종교적인 의식으로 죄를 사함 받기를 원합니다. 사람들은 생활은 형편없이 하면서도 종교적 의식을 집행하므로 하나님께로부터 용납함을 받고 주 앞에 나갈 수 있다는 양심의 호소를 하려고 애를 씁니다. 그러나 그러한 형식과 의식이 인간을 하나님 앞에 나갈 수 있도록 길을 열어 주지 못합니다.

(히10:1)"율법은 장차 올 좋은 일의 그림자일 뿐이요 참 형상이 아니므로 해마다 늘 드리는 같은 제사로는 나아오는 자들을 언제나 온전하게 할 수 없느니라. 그렇지 아니하면 섬기는 자들이 단번에 정결하게 되어 다시 죄를 깨닫는 일이 없으리니 어찌 제사 드리는 일을 그치지 아니하였으리요."

단호하게 말하고 있습니다.

(히10:2-10)"그렇지 아니하면 섬기는 자들이 단번에 정결하게 되어 다시 죄를 깨닫는 일이 없으리니 어찌 제사 드리는 일을 그치지 아니하였으리요. 그러나 이 제사들에는 해마다 죄를 기억하게 하는 것이 있나니 이는 황소와 염소의 피가 능히 죄를 없이 하지 못함이라. 그러므로 주께서 세상에 임하실 때에 이르시되 하나님이 제사와 예물을 원하지 아니하시고 오직 나를 위하여 한 몸을 예비하셨도다. 번제와 속죄제는 기뻐하지 아니하시나니 이에 내가 말하기를 하나님이여 보시옵소서. 두루마리 책에 나를 가리켜 기록된 것과 같이 하나님의 뜻을 행하러 왔나이다. 하셨느니라. 위에 말씀하시기를 주께서는 제사와 예물과 번제와 속죄제는 원하지도 아니하고 기뻐하지도 아니하신다 하셨고 (이는 다 율법을 따라 드리는 것이라) 그 후

에 말씀하시기를 보시옵소서. 내가 하나님의 뜻을 행하러 왔나이다. 하셨으니 그 첫째 것을 폐하심은 둘째 것을 세우려 하심이라. 이 뜻을 따라 예수 그리스도의 몸을 단번에 드리심으로 말미암아 우리가 거룩함을 얻었노라"

이는 구약에서 예수님이 선지자를 통해서 예언한 것입니다. 하나님이 속죄제, 속건제 짐승을 드려서 하는 번제나 이런 것을 기뻐하지 아니하신다고 하시므로 주님께서 내가 여기 있나이다. 나를 보내소서. 나를 위해서 몸을 예비해 주시고 나를 보내소서. 주님께서 하나님께 간청하는 예언이 성경에 기록되어 있는 것입니다. "위에 말씀하시기를 주께서는 제사와 예물과 번제와 속죄제는 원하지도 아니하고 기뻐하지도 아니하신다 하셨고 (이는 다 율법을 따라 드리는 것이라) 그 후에 말씀하시기를 보시옵소서 내가 하나님의 뜻을 행하러 왔나이다 하셨으니 그 첫째 것을 폐하심은 둘째 것을 세우려 하심이라. 이 뜻을 따라 예수 그리스도의 몸을 단번에 드리심으로 말미암아 우리가 거룩함을 얻었노라"

예수님께서 자원하셔서 "하나님! 내가 가겠습니다. 나를 위해서 몸을 예비해 주십시오." 그래서 동정녀 마리아를 통해서 예수님이 인간의 몸을 입고 오시고 죄 없이 잉태하셔서 죄 없이 33년을 사시고 우리를 위하여 속죄제물이 되셔서 십자가에 못 박혀 몸을 찢고 피 흘리심으로 속죄하시고 속건제물이 되시고, 번제물이 되시고, 화목제물이 되셔서 우리로 하여금 하나님 앞에 마음대로 그리스도의 피를 통해서 나갈 수 있도록 해주신 것입니다.

예수님의 제물은 일시적인 제물이 아니라, 영원한 하나님이 인간으로 오셨기 때문에 그 몸을 드린 제물은 영원한 제물인 것입니다. 한번 드리므로 처음부터 끝까지 영원히 죄악을 다 청산해 버린 것입니다. 그렇기 때문에 그리스도를 의지해서 우리는 용서와 의와 영광을 가슴에 가득히 담고 당당하게 하나님 앞에 나갈 수가 있게 된 것입니다. 그러므로 보혈만이 하나님 앞으로 인도하는 길입니다. 보혈 이외에 다른 길이 없습니다. 어떠한 인간의 의로운 행위나 선행과 인간의 형식이나 의식과 제사를 통해서는 하나님 앞에 나갈 수가 없는 것입니다.

(히10:19-20)"그러므로 형제들아 우리가 예수의 피를 힘입어 성소에 들어갈 담력을 얻었나니 그 길은 우리를 위하여 휘장 가운데로 열어 놓으신 새로운 살 길이요 휘장은 곧 그의 육체니라"

예수님이 십자가에 못 박혀서 "내가 다 이루었다"할 때 예루살렘 성전의 지성소와 성소 사이에 휘장이 쫙 찢어졌습니다. 이 휘장은 얼마나 튼튼하게 만들어졌는지 황소 두 마리를 걸어서 당겨도 찢어지지 않을 만한 강한 휘장입니다. 그 휘장이 위에서부터 아래로 쫙 찢어져 버렸습니다. 하나님이 천사를 보내어서 칼로써 휘장을 찢어 버린 것입니다. 그것은 이제 하나님과 사람사이에 막힌 담을 없애버리고 말았다는 것입니다. 예수 그리스도의 몸이 찢어지므로 그를 통해서 보혈을 의지하고 하나님 앞에 마음대로 나갈 수가 있게 된 것입니다. 예수님의 갈보리 십자가 이전에는 하나님 앞에 나갈 수가 없습니다. 휘장이 가려 있습니다.

그러나 예수님이 십자가에 죽으신 그 순간부터 휘장은 찢어져 버렸습니다. 이제는 누구든지 예수 그리스도를 믿고 그 보혈을 의지하면 하나님 앞에 담대하게 나갈 수가 있는 것입니다. 하나님을 두려워 할 필요가 없습니다. 보혈이 우리를 보장해 주시기 때문인 것입니다.

(롬3:24)"그리스도 예수 안에 있는 속량으로 말미암아 하나님의 은혜로 값없이 의롭다 하심을 얻은 자 되었느니라."

우리는 이제 예수 그리스도의 피로 말미암아 행위로 말미암지 않고 의식으로 말미암지 않고 은혜로 의롭다 함을 얻었습니다. 의롭다는 말은 무슨 말입니까? 하나님이 우리를 보실 때 일평생에 한 번도 죄를 안 지은 사람처럼 인정을 해준다는 것입니다. 의롭다 하는 것은 내가 하나님 앞에 부끄러움 없이 설 수 있는 자격을 하나님께서 부여해 주신다는 것입니다. 의롭다는 것은 마귀가 우리에게 참소 할 수 없게 된다는 것입니다. 이 얼마나 놀라운 일입니까? 우리의 인간의 행위로써 이런 의로움은 절대로 도달할 수 없습니다. 그러나 예수 그리스도의 보혈을 의지하면 하나님께서 이런 의로움을 우리에게 주시는 것입니다.

성경 로마서 3장 25절로 28절은 "이 예수를 하나님이 그의 피로써 믿음으로 말미암는 화목제물로 세우셨으니 이는 하나님께서 길이 참으시는 중에 전에 지은 죄를 간과하심으로 자기의 의로우심을 나타내려 하심이니 곧 이 때에 자기의 의로우심을 나타내사 자기도 의로우시며 또한 예수 믿는 자를 의롭다 하려 하심이라. 그런즉 자랑할 데가 어디냐 있을 수가 없느니라. 무슨 법으로냐 행위로냐. 아니라 오직 믿음의 법으로니라. 그러므로 사람이 의롭다 하심을 얻는 것은 율법의 행위에 있지 않고 믿음으로 되는 줄 우리가 인정하노라" 할렐루야!

하나님께서는 우리의 죄를 그냥 용서할 수 없습니다. 그것은 부도덕을 조장하는 것입니다. 아! 죄 많은 사람 죄를 그냥 용서한다. 이것은 부도덕을 조장하는 것입니다. 하나님은 우리를 의롭게 하기 위해서 그 아들 예수님을 이 땅에 보내셨습니다. 그리고 그 아들에게 죄를 다 담당시키기 위하여 그 아들을 심판하셨습니다. 이 일로 인하여 하나님도 이제는 우리를 용서할 수 있는 자격을 얻게 되고 우리도 예수 그리스도의 피로 말미암아 용서를 받고 의롭다 함을 얻게 되었습니다.

그래서 하나님도 당당하고 우리도 당당하게 의로움을 얻을 수가 있는 것입니다. 그러므로 하나님이 그 아들을 보내신 것은 하나님 자신을 위해서요. 또 우리를 위해서 보내셔서 십자가에 못박은 것입니다. 그렇기 때문에 예수의 보혈 없이 하나님은 값없이 용서를 줄 수가 없어요. 죄인을 그대로 용서할 수 있는 것은 없습니다.

그렇게 된다면 하나님은 불의의 하나님이 되고 마는 것입니다. 그렇기 때문에 죄는 당당히 그 아들을 통해서 심판하신 것입니다. 그리고 난 다음에 그 대가로 우리를 용서해 주기 때문에 하나님도 의롭고 우리도 하나님 앞에 당당하고 의롭게 설 수 있게 된 것입니다. 이제는 죄를 지었음에도 불구하고 못났음에도 불구하고 버림을 받아야 마땅함에도 불구하고, 죄지은 그대로, 못난 그대로 회개하고, 예수를 믿고 그 보혈을 의지하면 하나님의 은혜로 값없이 의롭다 함을 얻게 되는 것입니다.

이 얼마나 놀라운 것입니까? 그러므로 온 천하만국에 어떠한 사람이라도 주의 이름을 부르는 자는 구원을 얻을 수 있는 것입니다. 그런데 이 구원의 길을 저버리는 자는 자기의 생명과 운명을 거스리는 사람인 것입니다. 사람이 한번 나서 죽는 것은 정한 이치요 죽고 난 다음에 심판이 있습니다. 그 심판에서 구원을 받기 위해서는 예수 그리스도의 보혈을 의지하는 도리 밖에는 다른 도리가 없는 것입니다.

저명한 영국의 고전 문학가인 작시자 윌리암 카우퍼는 찬송가 190장 "샘물과 같은 보혈은 임마누엘 피로다"이 찬송을 지으신 분이신 것입니다. 여섯 살 때 어머니가 세상을 떠나자 충격을 받아서 평생을 우울증에 시달리며 여러 번 자살을 시도한 사람입니다. 한번은 아편을 사들고 템스 강에 투신자살하려고 마차를

탔는데 안개가 너무 짙어 마차를 타고 실컷 돌다가 길을 찾지 못했습니다.

그래서 마차에서 내려서 걸어서 템스 강에 가려고 내려 보니 자기 집 대문 앞이었습니다. 다음날 아침에 칼을 찾았지만 칼날이 부러져 있어서 못 죽었습니다. 그 다음에는 목을 맸는데 의식 불명이 된 순간에 목멘 끈이 철컥 끊어져 가지고서 떨어져서 또 살아났습니다. 33살 때 18개월 동안 정신병원에 요양하고 있는데 어느 날 성경을 읽다가 로마서 3장 25절에 예수님이 화목제물 되사 보혈을 믿음으로 구원을 받는다는 말씀을 읽자 성령의 깊은 감동을 받게 되었습니다.

그래서 하나님이 그를 사랑하시고 모든 죄를 용서해 주신다는 것을 믿고 확신을 갖게 되었습니다. 그 자리에서 그는 거듭났습니다. 그는 말할 수 없는 기쁨을 얻고 건강도 회복했습니다. 그러나 평소 하나님이 자신을 버릴지도 모른다는 불안감이 들 때마다 주님의 보혈 찬송의 시를 썼습니다. 왜냐하면 보혈만이 하나님과 나 사이를 보장해 주신다. 아무리 하나님이 나를 버리실지라도 내가 보혈을 붙잡고 있으면 나를 버리시지 못하신다. 그래서 그는 힘차게 보혈을 의지하고 늘 보혈 찬송시를 썼습니다. 그 찬송시를 많은 사람들이 읽고 노래를 부르고 구원의 확신을 얻게 된 것입니다.

258장 1절에는 "샘물과 같은 보혈은 주님의 피로다" 2절에는 "저 도적 회개하고서 이 샘에 씻었다"고 그는 노래했습니다. 그는 임종 때 스데반처럼 얼굴이 밝게 빛나면서 "나는 결국 천국에서 쫓겨나지 않았다. 할렐루야!"하고 그는 세상을 떴습니다. 어떻게 천국에서 쫓겨나지 않은 확신을 가졌습니까? 보혈 때문에 그런 것입니다. 평생에 그는 보혈에 대한 시를 쓰고 보혈을 의지했기 때문에 천국에서 쫓겨나지 않았다는 확신을 가지고 얼굴에 광채가 빛나면서 하늘나라에 들어갈 수 있었던 것입니다. 이처럼 그리스도의 보혈 이외에 우리는 절대로 의지할 길이 없습니다. 어떠한 선행이나 행위로써 안 됩니다. 어떠한 의식을 통해서도 안 됩니다. 예수 그리스도의 보혈만 의지하면 용서와 의와 영광을 얻고 천국에 들어갈 수가 있는 것입니다.

3. 보혈은 마귀를 이긴 증거가 된다.

마귀는 죄의 사슬로 사람을 종으로 삼았는데 보혈이 죄를 사하자 사슬이 끊어지고 마귀에게서 해방된 것입니다. 마귀의 포승줄이 바로 죄인데 그 죄를 예수의 보혈로 없애 버리니까 마귀의 포승줄이 끊어졌습니다. 그러므로 더 이상 마귀가 우리를 끌고 다닐 수가 없게 된 것입니다.

(계12:10-11)"내가 또 들으니 하늘에 큰 음성이 있어 이르되 이제 우리 하나님의 구원과 능력과 나라와 또 그의 그리스도의 권세가 나타났으니 우리 형제들을 참소하던 자 곧 우리

하나님 앞에서 밤낮 참소하던 자가 쫓겨났고 또 우리 형제들이 어린 양의 피와 자기들이 증언하는 말씀으로써 그를 이겼으니 그들은 죽기까지 자기들의 생명을 아끼지 아니하였도다."

예수님의 보혈이 마귀를 이깁니다. 죄를 지으면 마귀가 너 또 죄지었다. 그러므로 이 죄의 포승줄에 묶이라고 할지 모르겠지만, 그러나 요한일서 1장 9절에 "만일 우리가 우리 죄를 자백하면 그는 미쁘시고 의로우사 우리 죄를 사하시며 우리를 모든 불의에서 깨끗하게 하실 것이요" 순간순간마다 내가 죄를 자백하면 그리스도의 보혈은 언제나 나를 정결케 하므로 보혈이 있는 곳에 마귀의 포승줄은 아무 효과가 없습니다. 보혈의 능력 앞에 마귀는 한길로 왔다가 일곱 길로 도망을 치고 마는 것입니다. 보혈은 마귀의 권세를 무너뜨린 하나님의 위대한 증거가 되는 것입니다. 십자가를 통해서 흘리신 그 보혈이 마귀의 통치자와 권세를 다 빼앗아 버리고 만 것입니다.

(골2:13-15)"또 범죄와 육체의 무할례로 죽었던 너희를 하나님이 그와 함께 살리시고 우리의 모든 죄를 사하시고 우리를 거스르고 불리하게 하는 법조문으로 쓴 증서를 지우시고 제하여 버리사 십자가에 못 박으시고 통치자들과 권세들을 무력화하여 드러내어 구경거리로 삼으시고 십자가로 그들을 이기셨느니라."

우리를 거스르고 우리를 대적하는 의문에 쓴 증서라는 것은 율법입니다. 보혈이 율법도 제켜 버리신 것입니다. 통치자와 권세는 마귀의 통치자와 권세입니다. 마귀의 정부와 마귀의 군대의 세력을 보혈로써 다 멸하시고 주님이 승리하신 것입니다. 그러므로 십자가 보혈의 승리는 너무나 위대합니다. 우리는 보혈을 통하여 죄에서 승리하고 용서와 의를 옷 입게 되었습니다.

보혈을 통하여 세속과 무능력에서 승리하고 성결과 지혜로 옷 입게 되었습니다. 보혈을 통하여 질병과 약함에서 승리하고 치료와 건강을 옷 입게 되었습니다. 보혈을 통하여 저주와 가난에서 승리하고 축복과 형통을 옷 입게 되었습니다. 보혈을 통하여 죽음과 지옥에서 승리하고 영생과 부활을 옷 입게 된 것입니다. 바로 영혼이 잘됨같이 범사에 잘되며 강건하고 생명을 얻되 넘치게 얻는 것은 보혈을 통해서 이루어진 것입니다. 보혈이 우리에게 위대한 승리를 갖다 주시는 것입니다. 모든 하나님의 은혜는 보혈을 통하여 우리에게 강물같이 흘러 들어오는 것입니다.

4. 보혈은 하나님과의 언약의 증거가 되는 것이다.

구약의 이스라엘과 시내 산에서 선민 언약을 맺었을 때도 짐승의 피로 이를 확증하셨습니다.

(출24:5-8)"이스라엘 자손의 청년들을 보내어 여호와께 소

로 번제와 화목제를 드리게 하고 모세가 피를 가지고 반은 여러 양푼에 담고 반은 제단에 뿌리고 언약서를 가져다가 백성에게 낭독하여 듣게 하니 그들이 이르되 여호와의 모든 말씀을 우리가 준행하리이다. 모세가 그 피를 가지고 백성에게 뿌리며 이르되 이는 여호와께서 이 모든 말씀에 대하여 너희와 세우신 언약의 피니라"

시내산에서 주님이 주신 십계명과 하나님의 계명을 이스라엘 백성과 선민 계약 맺을 때 짐승을 잡아 피를 뿌려서 언약의 피로 삼으신 것입니다. 그런데 짐승의 피로 세운 언약은 이스라엘 백성들이 하나님을 거역하므로 취소되고 말은 것입니다. 오늘날 우리는 예수님이 세운 새 언약 속에 들어와 있습니다.

(마26:27-28)"또 잔을 가지사 감사기도 하시고 그들에게 주시며 이르시되 너희가 다 이것을 마시라 이것은 죄 사함을 얻게 하려고 많은 사람을 위하여 흘리는바 나의 피 곧 언약의 피니라"

주님께서 말씀하셨습니다. 누가복음에도 보면 "이 잔은 내 피로 세우는 새 언약이니 곧 너희를 위하여 붓는 것이라"고 말했습니다. 오늘 우리가 받는 이 성찬 예배에 그리스도의 찢어진 몸을 먹고 흘리신 피를 마실 때 언약의 피가 되는 것입니다. 예수 그리스도를 믿음으로 말미암아 죄 사함을 받고 영원한 천국에 들어가게 하겠다는 하나님의 언약의 피가 되는 것입니다. 이 보혈의 은혜가 죄의 사슬에서 우리를 놓여나게 하고 구원받는 확실한 은혜를 우리에게 주시는 힘이 있습니다.

웨슬레 목사님이 어느 날 밤, 일을 마치고 하늘의 별을 올려다보며 찬송을 부르고 집에 돌아오는데 느닷없이 강도가 "손들어!" 그랬습니다. 웨슬레 목사가 손을 들었습니다. 강도가 웨슬레 목사님 주머니를 다 뒤져 보는데 뭐 부흥사 목사가 돈이 있나요? 돈이 없으니까 도둑놈이 "야! 이 자식아 돈이나 좀 가지고 돌아 다녀라" 그러면서 그의 엉덩이를 발로 탁 차고서 돌아섰습니다. 그래서 강도에게 웨슬레 목사가 "여보시오. 여보시오. 내게 있는데 이것 가져가세요." 혹시 수표가 아닌가 싶어서 눈을 반짝하고 돌아서서 오기에 웨슬레 목사가

"여보시오! 당신 우리 주 예수 그리스도의 십자가 보혈을 압니까? 당신이 비록 도둑질을 하고 다녀도 예수의 보혈을 믿으면 구원을 받을 수가 있습니다. 바로 예수님은 당신 같은 사람을 위해서 십자가에 못 박혀 피를 흘렸습니다." 그러니까 강도가 "칫. 뭐 줄줄 알았더니만 보혈? 웃기는 소리하지 말아라."

그런데 삼 년 후 웨슬레가 저녁예배를 마치고 성도들과 악수를 하고 있는데 한 신사가 곁에 와서 "목사님 저를 모르시겠습니까?" "내가 어떻게 당신을 알아요?" "내가 길거리에서 당신 불러 세웠던 강도 아닙니까? 그날 목사님이 말씀한 그 보혈의 이야기

를 듣고 내내 마음속에 보혈! 보혈! 보혈! 소리가 귀에 자꾸 들려서 할 수 없이 나도 회개하고 예수님의 보혈 믿고 성도가 되었습니다. 모두 다 목사님의 덕분입니다." 하고 그는 목사님의 손을 잡고 키스를 했습니다. 웨슬레는 이 회심한 강도를 보고 감격하여 "아닐세. 그건 내가 아니고 우리를 모든 죄에서 깨끗하게 하시는 그리스도의 보혈의 은혜입니다."라고 그에게 대답하고 축복해 주었다는 이야기가 있는 것입니다.

보혈이 심판을 면하고 생명에 이르렀다는 확실한 확증이 되는 것입니다. 예수 그리스도의 보혈을 의지하면 사망에서 생명으로 옮겼다는 증거가 되는 것입니다. 하나님의 심판에서 하나님의 사랑의 세계로 옮겼다는 증거가 되는 것입니다. 보혈만 있으면 하나님의 심판은 지나가고 마는 것입니다.

(출12:13)"내가 애굽 땅을 칠 때에 그 피가 너희가 사는 집에 있어서 너희를 위하여 표적이 될지라 내가 피를 볼 때에 너희를 넘어가리니 재앙이 너희에게 내려 멸하지 아니하리라"

한번 따라 해주세요. "내가 피를 볼 때 너희를 넘어가리니 재앙이 너희에게 내려 멸하지 아니하리라" 당신의 마음의 문설주에 그리스도의 보혈이 묻어 있으면 재앙이 우리를 지나가 버리는 것입니다. 심판하지 아니하는 것입니다. 재앙이 임하지 아니하는 것입니다. 오직 그 보혈 안에는 그리스도의 활짝 웃으시는 웃음과 하나님의 환영과 은혜만 넘쳐날 따름인 것입니다. 그러므로 의인 아벨의 피가 땅에서 부르짖는다고 성경에 말하지 않았습니까?

(창4:10)"이르시되 네가 무엇을 하였느냐 네 아우의 핏소리가 땅에서부터 내게 호소하느니라"

가인이 아벨을 죽이고 난 다음에 하나님이 가인을 불러서 이렇게 말한 것입니다. "네 아우의 피가 땅에서 내게 부르짖는다."고 말한 것입니다. 사람이 피를 흘리면 피가 부르짖습니다. 사람만 말을 하는 것이 아닙니다. 피도 말을 하는 것입니다. 예수님의 피는 아벨의 피소리보다 더 크고 강하게 말씀하십니다.

(히12:24)"새 언약의 중보자이신 예수와 및 아벨의 피보다 더 나은 것을 말하는 뿌린 피니라"

예수 그리스도의 그 뿌린 피는 오늘도 우리를 향해서 하나님 앞에서 외치고 있습니다. 용서와 의와 화해와 마귀에 대한 이김과 믿음으로 얻는 구원의 언약이 영원히 확실함을 지금도 보혈은 외치고 있는 것입니다. 그러므로 그리스도의 보혈을 믿고 의지하면 보혈은 당신이 그리스도로 말미암아 용서를 받고 의와 믿음과 화해를 얻었다고 말합니다. 보혈이 당신에게 외칩니다.

"당신은 마귀에게 이겼다. 마귀를 두려워할 필요가 없다"고 말하는 것입니다. 보혈은 말합니다. "구원의 언약이 확실하고 영원하니 두려워하고 놀라지 말고 강하고 담대한 믿음으로 나가라"고 말하는 것입니다. 샘물과 같은 보혈은 임마누엘 피로다. 이 샘에 죄를 씻으면 영원히 용서와 의를 얻게 되는 것입니다. 오늘날 세계 어느 종교 중에 대신해서 죽어 피를 흘려서 피 값으로 우리를 구원한 종교가 있습니까?

어떠한 종교도 대속의 은총을 주는 종교는 없습니다. 오직 예수님만이 죄 없는 하나님의 아들로서 죄 있는 우리를 대신하여 갈보리에서 십자가 짊어지고 몸을 찢고 피 흘려 우리를 용서해 주셨습니다. 수고하고 무거운 짐진 자들은 다 내게로 오라. 내가 너희를 쉬게 하겠다고 초청하고 계신 것입니다. 오늘 주님 앞에 우리가 두 손 들고 나가면 내가 과거에 어떻게 살았던지 상관없이 보혈로 씻음 받고 자녀로 변화 받고 성령의 인치심을 받고 하나님의 백성으로 구원받아 천국의 소망으로 넘치게 되는 것입니다.

5. 보혈의 신비한 능력을 적용하는 기도

지금 이 시간 갈보리산 그 언덕위에서 나를 위해 못 박히시고 고통당하신 예수님을 바라봅니다. 주님이 찔리심으로 나의 모든 죄악이 도말되었음을 믿습니다. 주님이 고통당하시고 신음하심으로 나의 모든 고통이 사라졌음을 믿습니다. 십자가에서 흘리신 예수님의 피가 내 마음을 적시고 내 몸을 적십니다. 십자가에서 떨어진 예수님의 피를 내가 먹고 마시고 바릅니다. 언제나 십자가만 바라보고, 예수 그리스도의 피의 능력으로 살게 하시고, 그 피의 능력이 내 삶에 체험되게 하심을 감사드립니다.

주님, 나는 예수님의 피의 능력을 믿습니다. 예수님의 피의 권세와 역사를 믿습니다. 예수님의 피가 생명이요, 주님이요, 성령이심을 믿습니다. 예수님의 피가 말씀이요, 약속임을 믿습니다.

주님, 예수님의 피의 능력이 나의 삶에 역사되어 어두움이 물러가고, 질병이 떠나가고, 실패가 사라지고, 환난이 소멸되는 역사가 나타나게 하옵소서. 나의 평생에 예수님의 피가 내 영혼과 육체 속에 살아서 역사해 주옵소서.

주님은 나에게 생명주시기 위해 십자가를 지셨습니다. 주님은 나에게 구원 주시기 위해 십자가를 지셨습니다. 주님은 나에게 자유주시기 위해 십자가를 지셨습니다. 이제 나는 십자가 지고 가는 삶이 되게 축복하여 주옵소서.

주님! 내 자아를 십자가에 못 박기를 원합니다. 내 혼의 세계, 옛사람을 십자가에 못 박기를 원합니다. 내 존재를 십자가에 못 박기를 원합니다. 내 꿈과 소망과 미래를 십자가에 못 박기를 원합니다.

이제 내 자신을 십자가에 못 박음으로 내 영혼 속에 복음이 살게 하시고, 말씀이 살게 하시고, 예수 그리스도의 생명이 살게 하셔서, 나의 십자가를 지고 예수님만 따라가는 삶이 되게 축복하여 주옵소서.

주님 오늘도 예수님의 보혈의 피가 머리에서부터 온 육체와 마음에 뿌려지게 하시고, 흐르게 하옵소서. 예수님의 피로 말미암아 더러운 생각이 사라지게 하시고, 온종일 마음이 부드럽고 평안하게 하옵소서. 예수님의 피로 말미암아 악한 마음이 생겨나지 않게 하시고, 어떤 일을 만나도 분노하지 않게 하옵소서. 예수님의 피로 말미암아 신체 각 부분과 모든 장기와 뼈 속에 어떠한 질병도 생겨나지 않게 하옵시고, 나쁜 병균이 나의 육체를 해하지 못하도록 지켜 주옵소서.

주님, 오늘도 예수님이 흘리신 보혈을 노래하는 입술이 되게 하옵시고, 예수님이 베푸신 은혜에 감사하는 입술이 되게 하옵시고, 예수님의 복음을 들고 증거 하는 입술이 되게 하옵소서. 그리하여 오늘 한날도 기쁨이 충만하게 하옵시고, 범사에 감사하는 자가 되게 하옵소서. 나의 마음과 삶과 육체에 고귀하신 예수님의 보혈을 부어 주옵소서.

그리하여 내가 걷는 걸음마다 보혈의 강물이 되게 하시고, 풍성한 삶이 나타나게 하옵소서. 내가 하는 일마다 예수님의 피가 증거 되게 하시고, 악한 저주가 자리 잡지 못하게 하옵소서. 주님 오늘도 나에게 예수님의 피를 부으시어 나의 마음에 지혜와 계시의 정신을 허락 하시고, 성령을 물 붓듯 부어 주옵소서. 나의 마음속에 말씀이 살아있게 하옵시고, 나의 마음속에 주님의 성령이 충만하게 하옵시고, 나의 마음이 천국이 되게 하옵소서. 주님 오늘도 예수 그리스도의 피가 나의 마음에 흐르게 하옵소서. 예수님의 피가 능력으로 내 마음에 역사 하옵소서.

내가 예수님의 보혈을 의지하고 명하노니 주님의 피로 근심이 물러갈지어다. 괴로운 일들이 사라질지어다. 주님의 피로 질병이 떠나갈지어다. 주님의 피로 악한영의 역사는 떠나갈지어다. 주님의 피로 교회가 성장할지어다. 가정이 평안할지어다. 부부가 화목할지어다. 나의 모든 뜻과 계획과 소망위에 예수님의 피가 흐를 지어다. 내가 가는 곳, 서는 곳, 머무는 곳이 어디든지 보혈의 바다가 되어 예수 그리스도의 생명의 역사가 있을 지어다.

주님 오늘도 나의 머리위에 보혈을 부어 주시옵소서. 그리하여 예수님의 보혈의 강물 속에서 나에게 주어지는 모든 축복과 역사가 나의 삶 전체에 넘치도록 하옵소서.

주님께서 흘리신 피로 죄의 법에서 끊어주신 주님 감사합니다. 주님께서 흘리신 보혈로 저주와 질병에서 해방 되게 하심을 감사드립니다. 이제 나는 사망과 죄와 저주와 질병 아래 있지 않음을 믿고 선포 합니다. 오늘도 예수님의 보혈의 은혜로 주님의 법 안에 있음을 선포합니다. 생명의 법 안에 있음을 선포합니다. 성령께서 내가 선포하는 곳곳에 보혈의 역사가 나타나게 하여 주옵소서. 그리하여 생명과 성령의 법 안에서 약속된 모든 축복과 은혜가 나의 가정 위에 평생토록 미치게 하옵소서.

주님 오늘도 나의 마음이 항상 주님을 향하게 하시고, 모든 일에 기도하는 은혜를 허락해 주옵소서. 나의 입술에 예수님의 피가 묻어있게 하시고, 나의 입술에서 흘러나오는 모든 말에도 예수님의 피가 묻어있게 하소서. 주님의 피가 뿌려진 기도하게 하시고, 주님의 피를 생각하며 드리는 고백의 기도가 되게 하시고, 주님의 피가 묻어있는 소원과 감사를 하게 하소서.

그리하여 모든 기도와 소원과 감사가 주님의 도우심과 능력으로 이루어지게 하옵시고, 주님의 은혜와 축복을 체험하게 하옵소서. 주님, 나의 마음에 예수님의 보혈의 피가 가득하게 하옵소서. 주님, 예수님의 생명의 피, 진리의 피, 의의 피, 그 영원한 피가 나의 삶 전체에 흐르게 하옵소서.

그리하여 나의 평생에 예수님의 피를 의지 할 것입니다. 나의 평생에 주님의 말씀 의지 할 것입니다. 나의 평생에 예수이름 의지하여 승리의 삶을 살겠습니다. 나의 평생에 예수님의 피를 자랑하고 증거하며 살겠습니다. 예수님의 거룩하신 이름으로 기도드립니다. 아멘.

10장 보혈의 초자연적인 권능을 적용하는 법

(히 9:14)"하물며 영원하신 성령으로 말미암아 흠 없는 자기를 하나님께 드린 그리스도의 피가 어찌 너희 양심을 죽은 행실에서 깨끗하게 하고 살아 계신 하나님을 섬기게 하지 못하겠느냐"

예수님은 우리들을 구원하기 위하여 천한 말구유에서 인간의 몸을 입고 태어 나셨습니다. 예수님은 우리를 죄악에서 구원하시기 위해서 육신이 되어 이 땅에 오셔서 33년의 공생애를 사시다가 채찍에 맞아 몸 찢고 십자가에서 물과 피를 흘리시고 죽으심으로 믿는 우리를 구원하셨습니다.

하나님은 예수님이 우리를 위하여 십자가에서 몸 찢고 피를 흘리시고 죽으시게 하셨습니다. 그 예수님의 보혈의 공로가 벗은 몸으로 어찌할 바를 모르는 우리의 수치를 가려주시고 하나님 앞에 나가도록 하셨습니다. 아담의 타락으로 가시와 엉겅퀴로 변한 땅을 경작하면서 이마에 땀을 흘리며 인간들은 고된 삶을 살 수밖에 없었습니다. 아담과 하와 사이에 가인과 아벨이 태어났고 그 아들들이 장성하여 그들은 각각 독립생활을 시작했습니다. 맏아들 가인은 농부가 되었고 작은아들 아벨은 목축을 하는 자가 되었습니다.

아버지 아담은 자녀들에게 항상 가르친 교훈이 있었습니다. 그것은 반드시 일 년에 정기적으로 제사를 드려야 한다. 하나님에게 제사를 드릴 때는 단을 쌓고 어린양을 잡아 피를 쏟아 그 기름과 고기를 드려 제물을 드려야 한다는 것이었습니다. 아담은 아들들에게 신신당부를 하였습니다. 이것이 바로 하나님께서 아담에게 명령하신 것이었습니다.

이는 장차 하나님의 아들 예수님께서 인류의 죄를 대신하여 이 세상에 육신을 입고 오셔서, 하나님 앞에 제물인 어린양이 되어 피를 흘리고, 그 몸을 찢어 제물이 되어 죽을 것을 상징적으로 보여주는 것입니다. 이러므로 하나님께서는 오직 우리 주 예수 그리스도의 상징적인 제단을 통해 백성들과 만날 것을 언약해 주신 것입니다.

아벨은 아버지의 교훈을 따라 그대로 제사를 드리니 하나님께서 기쁘게 받아주셨습니다. 그러나 가인은 제단을 쌓고 자기의 손으로 지은 곡식으로 제물을 드리매 하나님께서 노하셔서 그 제물은 받아주시지 않으셨습니다. 이 때부터 시작하여 구약 4천년 동안 족장시대를 거쳐 이스라엘 왕국시대를 지나면서 기나긴 세월동안 짐승의 피가 강물같이 흘러 넘쳤습니다. 이스라엘은 하나님을 만날 때마다 짐승을 잡아 피를 흘려야 했습니다.

히브리서 9장 21절로 22절에 "또한 이와 같이 피를 장막과 섬기는 일에 쓰는 모든 그릇에 뿌렸느니라. 율법을 따라 거의 모든 물건이 피로써 정결하게 되나니 피흘림이 없은즉 사함이 없느니라"고 기록하고 있는 것입니다. 그러므로 이 강물 같은 짐승의 피 흘림은 2천 년 전 하나님의 아들 예수 그리스도께서 이 땅에 육신의 몸을 입고 오셔서 십자가에 못 박혀 몸 찢고 피 흘리심으로 완성된 것입니다.

진실로 그리스도의 보혈로 말미암지 않고는 어떠한 사람도 하나님 앞에 나갈 수가 없습니다. 또 하나님께서는 어떤 사람의 제물도 예수 그리스도의 보혈을 통하지 않고는 열납 하지 않으시는 것입니다.

1. 그리스도의 보혈은 왜 우리에게 그렇게 중요할까요?

그리스도의 보혈은 우리의 죄악의 수치를 가려주기 때문에 중요한 것입니다. 하나님을 반역한 아담과 하와의 벌거벗은 수치와 무화과 나뭇잎으로 엮어 만든 치마의 이야기를 우리는 잘 알고 있습니다. 아담과 하와가 하나님의 말씀을 거역하고 하나님의 법을 어기자 하나님의 영광이 떠나버렸습니다. 그들의 양심은 수치로 꽉 찼습니다. 부끄러워 얼굴을 들 수가 없었습니다. 아담과 하와가 마귀의 미혹에 속아 선악과를 먹는 순간에 세상을 보는 눈이 밝아 졌기 때문입니다.

그래서 그들은 도망쳐 나무 뒤에 숨어서 그 수치를 인간의 힘으로 막아보려고 무화과 나뭇잎으로 앞치마를 만들어 입었습니다. 그러나 그것은 영구적으로 그들의 수치를 막아줄 수 없었습니다. 오늘날도 우리가 죄를 지으면 마음속에 제일 먼저 일어나는 것이 수치심입니다. 죄가 적으면 수치도 덜하지만 큰 죄를 지었을 때는 수치심으로 말미암아 얼굴을 들 수 없습니다. 사람에게는 양심이라는 것이 있기 때문에 양심이 죄인에게 수치심을 드러나게 하는 것입니다.

그래서 사람들이 죄를 지은 후 죄가 발각될까 싶어서 심히 두려워하는 것은 그들의 생애 속에 다가오는 큰 수치심 때문인 것입니다. 아담과 하와는 인간의 힘으로는 그 수치심을 도저히 막을 수가 없었습니다. 그런데 하나님께서는 그들을 불쌍히 여기시사 에덴에서 짐승을 잡아 피를 쏟게 하셨습니다. 그리고 그 가죽을 벗겨서 아담과 하와에게 가죽옷을 입혀 부끄러움을 면하고 밖으로 나가게 해 주신 것입니다. 이것은 지극히 상징적인 것입니다.

우리의 부끄러움을 면하기 위해서는 누군가가 죽어야 한다는 것입니다. 피를 흘리고 가죽을 벗겨서 우리에게 새로운 옷을 입혀주어야 한다는 것입니다. 이것은 바로 예수께서 오셔서 우리의 수치를 대신하여 십자가에 못 박혀 죽으시고, 그리스도의 의로움을 옷으로 만들어 우리에게 입혀주실 것을 상징하는 것입니다. 우리는 위선의 무화과 나뭇잎으로 우리의 양심의 벌거벗은 수치를 덮고 있으나 이것은 오래가지 못합니다. 인간이 만든 인본주의는 영구하지 못하다는 것입니다.

무슨 수를 써서 인간의 방법으로 그 수치를 가리려 해도 하나님 앞에 서면 만물이 벌거벗은 것처럼 드러나기 때문에 결코 수치를 가릴 수 없는 것입니다. 오직 예수님의 피만이 우리의 죄를 진정으로 씻어주고 의의 옷을 입혀 주시는 것입니다. 그렇기 때문에 예수의 보혈을 의지하지 않고 인간의 윤리나, 도덕, 행위로써 옷을 만들어 입고 하나님 앞에 서려고 하는 사람은 실패하고 마는 것입니다.

성경은 "인간의 의로운 행동은 마치 넝마와 같이 더럽다"고 말씀하셨습니다. 인간은 모두 시들은 나뭇잎과 같다는 것입니다. 이러므로 사람이 스스로의 힘으로 하나님 앞에 설 수 있다고 생각하는 것은 큰 잘못인 것입니다. 아담과 하와의 무화과 나뭇잎이 햇빛을 받아 말라버린 것처럼, 인간의 모든 선한 행위는 하나님 앞에서 다 사라져 버리는 것입니다.

오직 하나님의 아들 예수 그리스도의 보배로운 피가 우리의 수치를 말끔히 씻어주십니다. 그리고 그리스도의 의로움으로 입혀주시기 때문에 예수 그리스도를 의지하고, 그 보혈로 말미암아 하나님 앞에 서게 될 때, 부끄러움 없이 담대한 마음을 가지고 설 수 있는 것이요, 구원의 길을 걸어갈 수 있는 것입니다.

그러므로 우리가 예수 그리스도의 보혈을 믿지 아니하고 의지하지 아니하면 우리 모든 종교는 필요가 없습니다. 예수 그리스도의 피를 주장하지 않거나 설교하지 않는 교회는 하나님과 아무런 관계도 없는 것입니다. 오늘날 하나님께서 기쁘게 받으시는 제물은 우리 주 예수 그리스도의 보배로운 피를 의지하여 드리는 제물인 것입니다.

2. 보혈만이 하나님의 용서받는 증거이다.

그리스도의 보혈만이 하나님의 용납함을 받는 증거가 되는 것입니다. 죄는 의의 하나님을 대적하는 것입니다. 하나님은 의이신 데 죄는 의를 부인합니다. 의는 빛과 같고 죄는 어둠과 같습니다. 어둠이 오면 빛은 사라져야 하고, 빛이 오면 어둠은 사라져야 하는 것입니다. 그러므로 하나님과 죄는 절대 같이 할 수 없습니다. 그래서 하나님은 죄를 무섭게 심판하십니다. "죄의 값은 사망이요 죄를 지은 영혼은 죽으리라"고 성경은 말하고 있는 것입니다.

요한계시록 21장 8절에 보면 "그러나 두려워하는 자들과 믿지 아니하는 자들과 흉악한 자들과 살인자들과 음행하는 자들과 점술가들과 우상 숭배자들과 거짓말하는 모든 자들은 불과 유황으로 타는 못에 던져지리니 이것이 둘째 사망이라"고 하셨습니다. 하나님께서는 당연히 죄를 불과 유황으로 타는 못에 던져버리시는 것입니다. 그러므로 죄를 가지고 하나님 앞에 설 수 없습니다. 죄인은 하나님 앞에 가면 죽어야 합니다. 죄는 곧 죽음을 상징하기 때문입니다. 그러므로 죄를 사하려면 반드시 생명이 죽어 피를 흘려야만 죄에서 구원받을 수가 있는 것입니다.

그래서 이 죄를 유일하게 씻어주고 죄지은 자들이 하나님 앞에 용납함을 받을 수 있는 길은 예수 그리스도의 십자가의 보배로운 피를 의지하는 길입니다. 하나님께서 애굽을 심판하실 때 이스라엘 백성에게 부탁한 것이 있습니다. 모든 사람이 짐승을 잡아 그 피를 양푼에 담아 우슬초로 찍어서 해지기 전에 문 인방과 설주에 바르라고 하셨습니다.

그 밤에 하나님께서 애굽을 지나가실 때 문설주와 인방에 피가 없는 집마다 들어가셔서 짐승의 처음 난 새끼로부터 모든 장자를 다 쳐서 죽일 것이라고 하셨습니다. 부지런히 이스라엘 백성들은 해지기 전에 짐승을 잡아 피를 문설주와 인방에 발랐지만 애굽 사람들은 그것을 보고 비웃었습니다. 그러나 이스라엘 사람들은 하나님의 말씀대로 순종하였습니다.

그 밤에 하나님께서 애굽에 내려오셔서 심판을 하실 때 문설주와 인방에 피가 있는 집들은 다 용납하셔서 지나가시고 피가 없는 집에는 들어가셔서 짐승의 처음 난 새끼로부터 맷돌을 가는 여종의 장자까지 모두 쳐죽이셨습니다. 이 사실을 보아 하나님께서는 피를 보아야 용납하시지 피를 보지 않고는 하나님의 심판은 절대 지나가지 않는다는 것을 알 수 있습니다.

그러므로 오늘 우리가 하나님 앞에 설 자격을 얻으려면 십자가에 못 박히신 예수 그리스도의 피를 우리 마음의 문설주와 인방에 발라야 하는 것입니다. 그리고 우리가 살아갈 때 하나님께서 이 세상을 심판하실 때 우리를 용납하시고 지나가실 것입니다. 만일 우리 마음의 문설주와 인방에 피가 없으면 하나님께서는 우리를 무자비하게 심판하실 것입니다.

하나님께서는 절대로 죄를 고분고분하게 지나치시지 않으십니다. 하나님께서 심판하실 때는 하나님의 보좌에서 나오셔서 해산하는 여인이 고통으로 몸부림치듯이 분노로 몸부림치시면서 죄지은 자를 짓밟을 것이라고 말씀하셨습니다. 이러한 하나님의 심판 앞에서 어떤 사람도 설 수 없습니다.

사람들은 아직 하나님의 심판을 보지 못했기 때문에 큰소리치지만, 하나님의 분노가 불탈 때 그 앞에서 견딜 수 있는 사람은 절대로 없습니다. 그렇기 때문에 예수님을 믿어 그 보혈로 말미암아 구원을 받고, 하나님의 용납을 받지 못할 바에는 태어나지 않는 것이 나을 것입니다. 이같이 무서운 심판이 앞으로 우리에게 다가오는 것입니다. 이 심판으로부터 우리를 구원으로 옮길 수 있는 유일한 조건은 예수 그리스도의 보배로운 십자가의 보혈밖에는 없습니다. 우리 주님의 보혈의 은혜에 감사 찬송하는 모두가 되시기를 바랍니다.

3. 보혈만이 우리의 연약함을 이해해 주신다.

예수를 믿어 구원을 받고 보혈로 씻은 우리들은 하나님 앞에서 용서받은 빚을 지게 되는 것입니다. 죄를 지어 불의하고 추악하며 버림을 받아 마땅한 내 자신이 예수의 보혈로 값없이 용서를 받았기 때문에 이제 나도 남의 죄를 용서해 주어야 하는 마음의 무거운 책임을 느끼게 되는 것입니다.

그래서 우리의 마음이 남을 이해하고 동정하고 사랑할 수 있는 큰 변화를 체험할 수 있는 것입니다. 거의 매일 같이 우리는 크고 작은 죄를 짓습니다. 죄를 짓지 않는 사람은 이 세상에 한 사람도 없습니다. 우리가 구원은 한 번 받지만 구원받은 후에도 죄는 계속 짓습니다. 계속 회개하여 죄 사함을 받아야 하는 것입니다. 그러므로 예수 그리스도의 보혈만이 우리의 연약한 것을 돌보아 주시고 계속 죄를 씻어주시는 것입니다.

예수님께서 마지막 만찬을 끝내시고 제자들의 발을 씻기실 때 베드로가 자신의 차례가 오자 자기의 발은 못 씻기신다고 말했습니다. 그러자 예수님께서는 "네가 발을 씻지 않으면 나와 상관이 없다"고 말씀하시자 베드로는 '그러면 내 머리까지 씻어 주시옵소서'라고 말했습니다. 그러자 주님께서는 "한 번 씻은 사람은 깨끗하니 머리는 씻을 필요가 없고 발만 씻으면 된다"고 하셨습니다.

이것은 상징적인 말입니다. 우리가 한번 예수님을 믿고 구원을 받으면 거듭 구원받을 필요는 없습니다. 한 번 구원받았으면 구원받은 사람인 것입니다. 그러나 우리의 행위인 우리의 발은 자꾸 더러워지기 때문에 매일 예수 그리스도의 보혈에 죄를 회개하고 씻어야 하는 것입니다. 이러므로 그리스도의 보혈만이 우리의 연약한 것을 이해해 주십니다.

로마서 7장 14절로 24절에 "우리가 율법은 신령한 줄 알거니와 나는 육신에 속하여 죄 아래에 팔렸도다 내가 행하는 것을 내가 알지 못하노니 곧 내가 원하는 것은 행하지 아니하고 도리어 미워하는 것을 행함이라. 만일 내가 원하지 아니하는 그것을 행하면 내가 이로써 율법이 선한 것을 시인하노니, 이제는 그것을 행하는 자가 내가 아니요 내 속에 거하는 죄니라. 내 속 곧 내 육신에 선한 것이 거하지 아니하는 줄을 아노니 원함은 내게 있으나 선을 행하는 것은 없노라. 내가 원하는 바 선은 행하지 아니하고 도리어 원하지 아니하는 바 악을 행하는도다. 만일 내가 원하지 아니하는 그것을 하면 이를 행하는 자는 내가 아니요 내 속에 거하는 죄니라. 그러므로 내가 한 법을 깨달았노니 곧 선을 행하기 원하는 나에게 악이 함께 있는 것이로다. 내 속사람으로는 하나님의 법을 즐거워하되 내 지체 속에서 한 다른 법이 내 마음의 법과 싸워 내 지체 속에 있는 죄의 법으로 나를 사로잡는 것을 보는도다. 오호라 나는 곤고한 사람이로다 이 사망의 몸에서 누가 나를 건져내랴 "고 하였습니다.

이것은 사도 바울 선생의 탄식입니다. 이 얼마나 적절한 표현의 말씀입니까? 우리가 예수님을 믿은 후에 우리 속사람은 하나님을 사랑하고 하나님의 법대로 살기를 간절히 사모하되, 우리 지체 속에는 한 다른 법이 있어 우리의 마음의 법과 싸워서 우리를 죄의 법 아래로 끌고 가는 것을 늘 체험합니다. 이래서 우리는 예수님을 믿은 후에도 피투성이 싸움을 해야 합니다.

늘 죄와 대결하여 싸우는 것입니다. 그러나 우리가 승리하면 승리할수록 죄의 빈도는 점점 약해집니다. 우리는 죄를 지을 때마다 예수 그리스도의 보혈로 씻음 받아야 합니다. 예수 그리스도의 피는 영원한 보혈입니다. 예수의 피는 과거의 잘못만 용서하는 것이 아니라 현재, 미래의 죄도 용서해 주는 것입니다.

그러므로 우리는 죄를 지을 때마다 예수 그리스도의 보혈 앞에 나와 씻어야 하는 것입니다. 성경은 말씀하시기를 "만일 우리가 우리 죄를 자백하면 저는 미쁘시고 의로우사 우리 죄를 사하시며 모든 불의에서 우리를 깨끗하게 해 주시리라"고 약속하셨습니다. 구원은 한 번 받았지만 죄사함은 끊임없이 받을 수 있는 것은 예수의 보혈이 우리의 연약한 것을 알고 계시기 때문입니다. 우리 모두 양심의 가책이 오면 회개하셔서 심령을 깨끗하게 하시기를 바랍니다.

4. 보혈은 내게 자존심을 세워주시는 것이다.

죄는 인간의 자존심을 파괴하고 수치심으로 좌절케 하며 자학하게 만드는 것입니다. 죄 지은 사람만큼 자존심이 파괴되는 사람은 없습니다. 죄를 지은 후에는 큰 소리 치던 것이 다 잠잠해지고 맙니다. 얼굴을 들 수 없고 자기 존경심이 없어집니다.

사람이 자존심을 잃어버리면 될 대로 되라는 생각을 하게 됩니다. 인간을 인간답게 살게 하는 것은 그 속의 자존심입니다. 인간은 자존심을 가지고 있을 동안은 행복합니다. 자존심을 잃고 자신의 설 곳을 잃어버리면 인간은 불행의 구렁텅이에 빠지게 됩니다. 인간이 흉악한 일을 서슴지 않고 행하는 이유는 자존심을 잃은 그의 마음에 극단의 불행이 다가오기 때문입니다.

사람이 사람답게 살게 하기 위해서는 자존심을 인정해 줘야 합니다. 남편이 아내의 자존심을 짓밟아 버리면 아내는 반발합니다. 또 아내가 남편의 자존심을 자꾸 파괴하면 그 남편은 집을 떠나게 되고 가정은 파괴되는 것입니다. 자존심은 인간이 살아가는 데 있어 최후의 보루인 것입니다. 이러므로 자존심을 짓밟는 일이나 말은 절대 하지 말아야 합니다. 아무리 친한 사이라도 자존심을 짓밟아버리면 원수가 되는 것입니다.

그런데 죄는 인간의 자존심을 처참히 파괴해 버립니다. 그러나 예수님의 보혈은 그 많은 죄와 수치를 담당하시고, 하나님의 자녀가 되게 하여, 당당히 하나님 앞에 설 수 있는 존귀한 자로 만들어 주시는 것입니다. 죄를 짓고 불의하고 추악하여 온 세상이 지탄하며 버린 사람도 예수 그리스도의 보혈을 의지하여 구원을 받고 나면 성령으로 인을 쳐주셔서 하나님께서 '내 자식'이라고 품어주시고, 우주의 대왕 되시는 하나님께 인정받는 것이 되므로 어떠한 사람의 자존심이라도 살아나게 되는 것입니다.

이 세상에서 버림받은 범죄인들이 예수님을 믿고 난 후에 착실히 변하는 이유는 예수님을 믿은 다음에 자신을 존경하고 용서할 수 있는 사람이 될 수 있기 때문입니다. 이러므로 그리스도의 보혈 이외의 자존심을 복구하고 회복시켜 줄 수 있는 것은 없는 것입니다. 범죄인들, 자신을 못났다고 생각하고 자학하는 사람들에게 예수 그리스도의 보혈을 증거하십시오. 예수님의 보혈은 우리가 인간답게 살 수 있도록 자존심을 회복시켜 주시고 당당히 하나님과 사람 앞에 설 수 있도록 만들어 주시는 것입니다.

그러나 죄를 회개하고 죄를 통하여 들어온 귀신은 성령의 임재하에 예수 이름으로 쫓아내야 합니다. 하나님은 무당과 같이 사탄에게 깊이 빠져있던 사람도 하나님께 돌아오면 하나님은 과오를 묻지 않으시고 용서하십니다. 그러나 그 사람에게 깊이 심겨져 있는 악한 영의 세력은 다른 사람의 도움을 받아서 제거해야 합니다. 반드시 자범죄를 회개한 후에 예를 든다면 사도행전 8장의 마술사 시몬, 사울 왕의 악귀: 다윗 수금, 사울의 눈: 아나니아가 안수로 뜨게 되는 것을 보면 이해가 되는 것입니다. 사랑하는 여러분 만약에 과거에 우상을 숭배했다든지 무당과 관계가 있었다면 회개하시고 사역자의 도움을 받아 귀신을 축사하시기를 바랍니다.

5. 보혈은 남을 이해하고 사랑하게 만들어 준다.

인간은 태어날 때부터 남을 정죄하는 율법적이고 위선적인 존재입니다. 사람은 자신의 잘못은 잘 가리지만 남의 잘못은 파헤칩니다. 자기의 연약은 타당화 시키지만 남의 연약은 이용하여 파멸시키려고 합니다. 그러므로 우리는 마음속에 근본적으로 있는 율법적이고 위선적인 이 마음을 제거해야 합니다.

어떻게 제거할 수 있습니까? 예수 그리스도의 보배로운 십자가의 피가 아무 자격 없는 나를 못난 그대로 용서해 주셨을 때 우리는 남도 그와 같이 이해하고 동정하며 용서해 줘야겠다는 무거운 마음의 빚을 지게 되는 것입니다. 그러므로 그리스도의 십자가 앞에서 죄 용서함 받은 사람은 다른 사람을 용서해 줘야하겠다는 마음의 변화를 체험하게 되는 것입니다. 그래서 남을 더 이해하고 동정하고 용서해야 하겠다는 깊은 인식이 그 영혼 속에 들어오게 되는 것입니다. 이것이 바로 예수 그리스도의 보배로운 피가 우리 속에 가져오는 위대한 변화의 역사입니다.

6. 보혈은 마귀를 이기는 힘이 되는 것이다.

마귀는 우리들에게 와서 우리를 정죄합니다. 우리에게 조금만 잘못이 있어도 '너는 죄인이다' '너는 자격이 없다' '너는 불의한 사람이다' '너는 하나님께 버림받았다' '너 같은 사람은 아무리 기도해도 소용이 없다' 하고 우리를 구박하고 짓밟아버립니다. 마귀는 우리를 정죄하나 보혈은 죄악 투성이인 우리를 용서하시고 의롭게 만들어 하나님께 용납 받도록 만들어 주는 것입니다.

그러므로 마귀가 정죄하는 곳에 예수님의 보혈이 들어오면 마귀는 한 길로 왔다가 일곱 길로 도망쳐 버리고 마는 것입니다. 마귀의 정죄는 아무런 힘이 없습니다. 누구든지 예수 그리스도 안에 있으면 새로운 피조물이 되고 마는 것입니다. 보혈이 정죄를 다 씻어버리고 의롭게 만들어 주기 때문입니다.

마귀는 억압하나 보혈은 자유케 합니다. 마귀는 우리의 마음 속에 염려, 근심, 초조, 절망 등을 가지고 와 억압하려 하지만 예수 그리스도의 보혈은 와서 이것을 다 씻어내고 하나님과 우리가 교제하도록 하고 하나님이 우리 안에, 우리가 하나님 안에 들어가게 하므로 하나님을 의지하여 모든 묶임에서 자유를 얻게 만들어 주는 것입니다.

마귀는 와서 '너는 자격이 없으므로 절대 하나님의 도움을 받지 못한다'고 말하지만 보혈은 "무자격해도 보혈로 말미암아 모든 죄를 다 씻었기 때문에 하나님께서 우리를 용납해 주신다. 그러므로 보혈을 통해 담대히 하나님께 나가서 은혜를 받을 수 있다"고 가르쳐 주는 것입니다. 이처럼 보혈은 우리를 자유케 하는 것입니다.

마귀가 와서 사람을 얽매는 곳마다 주님의 보혈을 증거 하면 그 모든 속박은 사라지고 우리는 자유와 해방을 얻게 되는 것입니다. 마귀는 상처를 입히나 보혈은 치료합니다. 마귀는 와서 도적질하고 죽이고 멸망시키는 일을 해도 예수 그리스도의 보혈은 우리에게 위대한 치료의 능력을 가져오는 것입니다. "저가 채찍에 맞으므로 너희가 나음을 입었느니라"고 성경은 말씀하고 있습니다.

보혈로 말미암아 하나님의 치료가 우리의 육체와 마음과 생활에 임하기 때문에 마귀는 보혈 앞에서 견디지 못합니다. 보혈은 이와 같이 마귀를 무력화하는 것입니다. 성경에는 예수 그리스도의 보혈과 그 증거하는 말로 마귀를 이겼다고 말씀하고 있습니다. 많은 사람들이 마귀에게 억압되어 있는 이유는 예수의 보혈에 대한 신앙이 탁월하지 못하고 믿고 의지하고 찬미하지 않기 때문입니다.

그러므로 오늘날 교회가 더욱 더 보혈에 대한 설교를 많이 하고, 성도들이 보혈에 대한 찬송을 많이 부르고, 기도할 때 하나님의 보혈을 더 많이 외쳤더라면 많은 마귀의 상처에서 헤어남을 받고, 치료함을 받을 수가 있었을 것입니다. 이처럼 마귀를 이기는 위대한 힘은 보혈인 것입니다. 물론 예수 그리스도의 이름과 하나님의 성령의 능력으로 마귀를 이기지만, 마귀가 가장 두려워하는 것 중 하나는 예수 그리스도의 십자가의 보혈인 것입니다. 십자가의 보혈은 마귀가 오는 곳 어디에서든지 마귀의 무장을 해제해 버리기 때문입니다. 정죄의 무장을 용서로 해제하고 억압의 무장을 자유로 해제하며 상처를 치료로 해제해 버립니다. 보혈이 있는 곳에 성령이 역사 하시고 보혈이 있는 곳에 하나님의 사랑이 넘쳐나는 것입니다.

7. 보혈은 하나님의 찬양이 된다.

예수 그리스도의 보혈을 볼 때마다 하나님은 기뻐하십니다.

왜냐하면 하나님의 뜻은 인류의 죄를 청산하고 구원하는 것인데 이 일은 다른 방법으로는 이루어 질 수가 없습니다. 그러므로 예수님은 아버지의 뜻을 이루기 위해서 하늘의 영광 보좌를 버리시고, 마리아의 작은 탯속에 잉태되시고, 이 세상에 태어나셔서 33년 동안 이 땅에 살면서 하나님의 뜻을 전파하시고, 최후의 십자가에 자진하여 올라가시고, 죄 없는 그 몸이 인류의 모든 죄를 대신 짊어지시고, 찢겨지고 피 흘리시고 죽으심을 당하신 것입니다.

그러므로 예수 그리스도의 보혈을 볼 때마다 하나님께서는 그 아들 예수님이 얼마나 하나님께 충성하였는지를 아시고 크게 기뻐하시는 것입니다. 예수님의 충성의 증거가 그 보혈이기 때문에 우리가 보혈을 증거 할 때, 하나님께서는 기뻐하고 즐거워하시며, 그래서 예수 그리스도의 보혈이 있는 곳에 예수님의 영광이 나타나는 것입니다.

그리고 보혈은 하나님의 뜻을 성취하였습니다. 왜냐하면 이 세상 모든 인류가 죄를 지어 멸망하는 것은 하나님의 뜻이 아닙니다. 한 사람이라도 하나님을 믿고 회개하여 구원받는 것이 하나님의 뜻인데 이것을 예수님의 보혈이 성취해 주는 것입니다. 보혈이 주장되는 곳마다 하나님의 뜻이 이루어지기 때문에 하나님은 이를 기뻐하시는 것입니다.

주기도문에 "뜻이 하늘에서 이루어짐같이 땅에서도 이루어 지이다"라고 하였는데 바로 보혈은 하나님의 뜻을 인류 가운데 이루어서 인류를 구원하사 하나님의 백성으로 만드는 위대한 뜻을 이루고 있기 때문에 하나님은 보혈을 즐거워하시는 것입니다.

또 보혈은 천국 백성들의 기쁨의 노래가 됩니다. 이 땅에서만 보혈을 찬양하는 것이 아니라, 나중에 우리가 부활 승천하여 천국에 올라가서도 내내 찬양할 것은 보혈밖에 없습니다. 다른 찬송은 다 사라질지라도 보혈에 대한 찬미는 그치지 않습니다. 왜냐하면 우리와 같은 죄악 투성이의 인생이 구원을 받아 천국 백성이 되어 하늘의 영광을 누릴 수 있게 된 것은 예수 그리스도의 십자가보혈로 인한 것이기 때문입니다.

이러므로 천국에 가면 이 땅에서 보다 더 놀랍게 예수 그리스도에 대한 찬미와 감사가 넘쳐나게 될 것입니다. 천국백성들의 노래가 바로 예수 그리스도의 십자가 보혈임을 잊어서는 안 됩니다. 그리스도의 보혈은 영세의 영광이 될 것입니다. 인간의 어떠한 종교, 윤리, 도덕, 율법도 인간을 절망적인 죄악의 정죄로부터 자유케 할 힘이 없습니다.

오직 하나님의 아들 예수님의 십자가 보혈만이 우리를 정죄로부터 영원히 자유케 하고, 인간의 자존심과 존엄성을 회복시켜 주며, 하나님의 백성이 되게 해서 영원히 살 수 있게 해 주는 것입니다. 그러므로 '나의 죄를 씻기는 예수의 피밖에 없네 다시 성케 하기도 예수의 피밖에 없네' 예수 그리스도의 보혈을 매일같이 찬양하고 그리스도의 보혈을 힘차게 의지하는 당신이 되시기를 주님의 이름으로 소원합니다.

예수님의 보혈은 우리의 수치를 가려주는 능력이 있습니다. 주님의 보혈은 우리의 죄악을 단번에 해결하시는 능력이 있습니다. 주님의 보혈은 죄인인 우리가 하나님 앞에 담대하게 나갈 수 있게 하셨습니다. 보혈을 마음에 뿌리시기를 바랍니다. 보혈을 날마다 주장하시기를 바랍니다. 보혈의 권세로 나에게 역사하는 귀신을 몰아내시기를 바랍니다. 보혈의 은혜로 날마다 하나님에게 담대하게 나와 영으로 예배를 드리시기를 바랍니다.

8. 보혈의 초자연적인 권능을 사용하는 기도

우리가 하나님께 예수님의 보혈로 덮어 달라고 기도할 때 하나님께서는 우리의 기도를 들어주십니다. 왜냐하면 예수님의 보혈은 예수님의 이름을 증거하며, 또한 예수님의 이름에 관한 모든 것을 의미하기 때문입니다. 예수님 안에 놀라운 권능이 있으며, 우리는 기도를 통해서 이 권능을 소유하게 됩니다. 이 권능을 사용해야 합니다.

예수님의 보혈로 기도한다는 것은 하나님과 우리와의 관계가 오직 우리를 위해 흘리신 예수님의 보혈로 맺어진 피의 언약으로 된 것이기에 하나의 의식이 아니라, 우리의 삶인 것입니다. 예수님의 보혈은 가만히 있어도 자동적으로 우리를 덮어 주는 것이 아닙니다. 하나님께서 하늘로부터 그 분의 손을 펴서 우리가 살고 있는 곳에 무슨 표를 해 주는 것도 아닙니다. 우리 자신이 직접 그분의 보호하심을 구해야 합니다. 하나님께서 모든 것을 공급하시고 행하시지만, 우리는 믿음을 통해서 그것들을 내 것으로 누릴 책임이 있다는 것을 명심해야 합니다. 보혈을 사용할 수 있어야 한다는 말입니다.

그렇게 하기 위해서는 하나님의 말씀을 알아야 합니다. 하나님을 알고 믿는데 있어서 하나님의 말씀은 필수적인 것입니다. 하나님의 말씀과 예수님의 보혈은 함께 역사하십니다. 말씀이 말하고 보혈은 그것을 행합니다. 마귀는 언제 어디서든지 우리를 공격하지만, 우리가 보혈을 적용하는 순간 하나님의 능력이 곧 역사하는 것입니다. 예수님의 보혈이 우리의 죄를 씻었고, 우리를 하나님의 보좌 앞으로 나아갈 수 있게 했기 때문에 하나님께서 우리의 기도를 들으시고 응답하시는 것입니다. 예수님의 보혈을 의지하고 선포하고 기도하면 놀라운 능력의 역사들이 나타납니다.

영광의 예수님! 예수님의 보혈로 나를 덮어 주시고, 우리 가족을 덮어 주시고 보호해 주옵소서. 예수님의 보혈을 의지하고 명하노니 사단아 내 가족에게서 손을 뗄지어다. 내가 예수님의 보혈을 우리 가정에 뿌리고 덮노라. 우리 가정에서 영원히 떠나갈지어다.

예수님의 보혈로 우리 가정을 덮어 주시옵소서. 우리와 우리 가정 둘레에 예수님의 보혈로 보호막을 쳐주옵소서. 내가 보혈의 권세로 명령한다. 악한 귀신들아 우리 가족과 우리가 사랑하는 사람들에게 손을 떼고 물러갈지어다. 우리 가정과 사랑하는 사람들에게 세상에서 경험할 수 없는 특별한 은혜가 임할지어다. 오늘도 예수 그리스도의 피로 내가 깨끗하게 되며 새롭게 되는 역사가 일어날지어다.

성령의 임재 하에 보혈을 적용하면 이런 역사가 일어납니다.

① 회개의 역사가 일어납니다. 자신이 죄인임을 깨닫게 됩니다. 하나님을 하나님으로 인정하지 않는 교만한 죄를 회개하게 합니다.

② 예수 그리스도를 나의 구원자로 영접하는 놀라운 은혜가 임하고 사단과 마귀와 죄로부터 자유 함을 얻게 됩니다.

③ 모든 묶임으로부터 풀려나게 되고 마음과 영혼이 억누를 수 없는 평안과 기쁨으로 넘치게 됩니다.

④ 두려움, 슬픔, 탄식, 의심, 걱정, 실패로부터 자유 함을 얻고 진정한 안식을 누리며 목마름이 채워지게 됩니다.

예수님의 보혈은 너무나 소중합니다. 예수님의 보혈을 언제나 순간순간 기억하십시오. 예수님의 보혈로 인해 감사드리며 살아가십시오. 예수님의 보혈이 높임을 받도록 삶 가운데 존귀하게 여기십시오. 그리하면 하나님의 임재의 영광이 나타날 것이며 기적의 역사가 일어날 것입니다(시103:1-6). 날마다 보혈의 초자연적인 권능을 사용합시다.

11장 예수님의 피의 권세를 사용하는 법

(히13:12-15) "그러므로 예수도 자기 피로써 백성을 거룩케 하려고 성문 밖에서 고난을 받으셨느니라 그런즉 우리는 그 능욕을 지고 영문 밖으로 그에게 나아가서 우리가 여기는 영구한 도성이 없고 오직 장차 올 것을 찾나니 이러므로 우리가 예수로 말미암아 항상 찬미의 제사를 하나님께 드리자 이는 그 이름을 증거하는 입술의 열매니라"

종려 주일을 영어로는 Palm Sunday라고 말합니다. Palm tree의 약자인 종려나무의 손바닥 같은 잎을 보고 Palm이라고 말합니다. 이 날에 주님이 어린 나귀를 타고 예루살렘에 입성하신 것을 기념하여 지키는 주일입니다.

주님이 왕으로 나귀를 타시고 호산나 찬송을 받으시며 예루살렘에 입성하실 것을 주님이 오시기전, 이 날이 있기 550년 전에 이미 다니엘서에 정확한 날짜를 예언하여 놓았고 그 예언대로 이루어진 것입니다. 호산나라는 뜻은 "오! 구원 하소서" 라는 뜻입니다.

다니엘이 마치 우리나라의 고려 말기에 지금 내가 여기에서 하고 있는 일을 날짜와 시간을 정확하게 무슨 일을 할 것이라고 예언을 550년 전에 말한 것이 그대로 정확하게 이루어지게 된 것입니다. 우리가 분명히 알아 둘 것 두 가지는 하나님의 섭리와 하나님의 경륜이라는 것을 알고 있어야 합니다.

하나님의 경륜(經綸)이라는 것은 하나님의 시간표, Time Table입니다. 하나님께서 세상을 창조하시며 이런 때에 이렇게 될 것이라는 것을 예정해 놓은 시간표입니다. 마치 기차역에 가면 시간표에 적힌 시간이 되면 기차가 들어오고 잠시 사람들이 내리고 타고 한 후에 출발 시간이 되면 기차가 그 정한 시간표대로 떠나는 것과 같은 것입니다.

우리는 하나님의 정한 경륜대로 내가 세상에 보내졌고 세상에서 하나님이 정하신 일을 하다가 출발 할 때가 되면 다시 죽음이라는 과정을 거쳐 하나님 나라로 가게 된다는 것을 느끼고 주어진 이 시간을 좀 더 열심히 선교하는 일에 힘써야 하여야 하겠다는 다짐도 하였습니다. 하나님이 성경에 정한 경륜의 시간표는 천지 창조와 아담의 범죄와 노아 홍수와 아브라함의 선택과 율법과 구원과 예수그리스도의 탄생과 죽음과 부활과 재림과 심판과 영원한 생명의 세계를 하나님께서 성경에 대략 이러한 경륜으로 세상이 돌아간다는 것을 밝혔습니다. 이 하나님의 정하신 경륜의 시간표는 변함이 없이 그대로 하나님이 정하신 예정 시간표대로 이루어지는 것입니다.

하나님의 섭리는 하나님이 언제든지 바꿀 수 있는 것이 하나님의 섭리입니다. 당신이 하나님의 시키시는 일을 안 하거나 열심히 일하지 않으면 하나님은 언제든지 다른 사람을 대신하여 일을 시키는 것으로 이것은 항상 변할 수 있는 것이 섭리입니다.

마치 야구 경기를 할 때에 타자가 시원치 않으면 타자를 바꿀 수 있는 감독의 권한이 있고 투수가 공을 잘못 던지면 언제든지 교체 할 수 있는 것과 같이 하나님의 뜻을 이루기 위하여 언제든지 바꿀 수 있는 것이 하나님의 섭리입니다.

이스라엘 백성이 하나님을 섬기기를 거부하니 이방인을 세워서 예수 그리스도의 복음을 전파하게 하고 가롯 유다가 예수님의 제자가 되기를 거부하니 맛디아를 대신 세워서 가롯 유다를 대신하게 하는 것 같이 하나님의 일을 이루기 위하여 언제든지 바꿀 수 있는 것이 하나님의 섭리입니다.

하나님의 일은 내가 아니면 안 된다고 생각하는 어리석은 일은 우리가 하지 말아야 합니다. 하나님께서 나를 충성 되게 여겨서 이 일을 하게 하신 것을 감사하게 생각하며 열심히 하나님이 맡겨 주신 일을 열심히 담당하는 우리가 되어 하나님의 섭리를 이루며 살아가는 내가 되어야 할 것입니다.

하나님은 창세후에 아담이 범죄 한 후부터 예수의 피를 인하여 아담이 범한 죄와 내가 범한 모든 죄를 씻어 주시려는 뜻을 세우시고 모세를 통하여 율법을 알게 하시고 어떻게 하여 예수의 피가 나의 죄를 씻는가를 설명하시기 위하여 구약의 2,000년 동안 이를 보여 주시다가 마침내 예수님이 오셔서 하나님의 정하신 뜻대로, 법대로, 시간표대로 우리의 죄를 위하여, 나의 죄를 위하여 피를 흘려 십자가에서 고난 받으시며 피를 흘려 죽으신 것입니다.

오늘 우리는 예수의 피가 나와 어떤 상관이 있는가를 깊이 깨닫고 그 피가 지금 내 속에서, 심장 속에서 뜨겁게 역사하고 흐르는 성도가 되어 구속의 인침을 확증하고 감사와 충성이 넘치는 내가 되어야 할 것입니다.

1. 피는 생명이다.

> (레 17:11)"육체의 생명은 피에 있음이라 내가 이 피를 너희에게 주어 단에 뿌려 너희의 생명을 위하여 속하게 하였나니 생명이 피에 있으므로 피가 죄를 속하느니라"

예수의 피는 나의 생명입니다. 현대 의학이 아직도 규명하지 못하고 있는 큰 문제는 사람이나 동물의 생명은 어디에 있으며 생명이 무엇인가 하는 문제를 규명하여 보려고 무진 애를 쓰고 있지만, 현대 과학이 화성에 가서 사진을 찍어 오고 화성의 흙을 분석하는 일을 하면서도 가까이에 있는 모기나 미생물의 생명을 하나도 창조하지 못하고 있는 것입니다.

아직도 단세포 동물의 생명 하나라도 창조하지 못하고 있는 것이 현대의 과학입니다. 생명이 무엇인지 어디에 있는지도 모르고 있지만 하나님은 동식물의 생명을 창조하신 창조자로 생명이 어디에 있다고 분명히 성경에 말씀하시고 계십니다. "육체의 생명은 피에 있음이라 내가 이 피를 너희에게 주어 단에 뿌려 너희의 생명을 위하여 속하게 하였나니 생명이 피에 있으므로 피가 죄를 속하느니라" 생명에는 두 가지가 있음을 이 말씀을 잘 분석하여 보면 알 수 있습니다. 육체의 생명이 있고 너의 생명이 있습니다. 너의 생명이란 영혼의 생명입니다. 육체의 생명은 짐승이나 하등 동물이나 모두 육체를 갖고 있는 동물은 이 육체에 생명이 있습니다. 우리는 이 육체의 생명이 육체가 파괴되어 죽을 때에 죽었다고 말합니다.

그러나 사람 속에 있는 이 육체의 생명 이외에 있는 영혼의 생명, 너의 생명은 영원히 죽지 않는 하나님이 사람을 창조하시고 불어넣어 주신 하나님의 영원한 생명으로 영원히 죽지 않는 나의 생명입니다.

이 두 생명이 내 육체를 떠날 때에는 육신은 죽지만 영혼의 내 생명은 하나님 앞에 가서 심판을 받게 되는 것입니다. 예수 그리스도의 피는 육체의 생명을 위한 것이 아니요 오직 영혼의 생명을 위하여 필요한 것이 이 영혼의 생명인 것입니다.

사람은 우리가 잘 알고 있듯 영, 혼, 육으로 구성되어 있습니다. 육신, Body, 혼, Soul, 영, Spirit이 있는 것이 사람에게는 있지만 동물에게는 육신과 혼만이 있고 영은 없는 것이 사람과 동물의 차이입니다.

예수를 믿지 않는 사람은 죄로 인하여 이미 영이 죽어 있습니다. 영이 죽었다는 것은 하나님에게서 떨어졌다는 것입니다. 마귀에게 속해 있다는 것입니다. 영이 죽은 사람은 영이신 하나님을 멀리하고 알지도 못하고 살게 되지만 예수의 피가 우리의 죽은 영을 소생시키는 특효약입니다. 반복하여 강조합니다. 영이 죽었다는 것은 사람의 영이 하나님과 관계가 끊어졌다는 표현입니다. 영은 불멸입니다. 영은 죽지 않습니다. 예수를 믿지 않는 사람의 영은 지옥에서 영생하는 것입니다.

 예수의 피를 우리가 받아들이면 모든 죄가 용서받고 깨끗이 사라지고 용서받는 일이 제일 먼저 나타나며 동시에 죄가 사하여짐과 함께 죽은 영이 소생하여 영이 살아 있는 사람이 되어 하나님과 교제가 되고 화목하게 되고 하나님을 가까이 섬기며 살게 되는 것입니다. 예수의 피가 몸에 흐르고 있는 사람은 하나님의 뜻대로 살아가기를 노력하며 하나님을 향하여 충성하며 하나님의 약속을 믿으며 살아가는 사람이 되는 것입니다.

 예수의 피는 죽은 영을 살리는 것임으로 생명이라고 말하는 것입니다. 신약 성경에는 하나님의 사랑에 대하여서는 290번이 나오지만 예수의 피, 그리스도의 속죄에 대한 말씀은 1,300번 이상 계속 반복되고 있습니다. 4배 이상으로 하나님의 사랑보다 예수의 보혈에 대한 증거를 말하고 있습니다.

 이 예수 그리스도의 피 없이는 아무것도 이루어지지 않습니다. 내 생각에 이해가 혹시 안 된다 하여도 예수의 피는 나의 생명임을 믿고 있는 사람이 예수를 믿는 사람입니다. 믿음은 보이지 않는 것을 믿는 것이 믿음이요 보이는 것을 믿는 것은 경험과

통계를 믿는 것입니다. 하나님은 우리가 예수님의 피를 보지 못하지만 하나님께서 성경에 1,300번 이상 말씀을 하셨으니 우리는 믿고 믿은 대로 행동으로 옮기며 살고 있는 것입니다.

우리는 예수의 피가 나의 생명이다. 라는 것을 확실히 믿고 내 속에 생명의 피가 흐르고 있음을 알고 감사와 기쁨과 확신 속에 살아가야 할 것입니다.

2. 예수의 피는 나의 죄를 씻는다.

(요일 1: 17)"저가 빛 가운데 계신 것같이 우리도 빛 가운데 행하면 우리가 서로 사귐이 있고 그 아들 예수의 피가 우리를 모든 죄에서 깨끗하게 하실 것이요"

어느 목사님이 저와 같이 예수의 피가, 하나님의 아들 그리스도 예수의 피가 우리의 모든 죄를 씻어 줍니다 하고 열심히 설교를 할 때에 어떤 무신론자가 목사님 "어떻게 피가 죄를 씻는다는 말입니까?" 하고 물었습니다.

목사님은 한참 생각하다가 "그러면 당신은 물이 어떻게 우리의 갈증을 풀어 주는지 아십니까?" 하고 물을 때에 무신론자는 이렇게 대답하였습니다. "나는 알지 못하지만 나는 물이 갈증을 풀어 준다는 사실을 압니다." 라고 대답 할 때에 그 목사님도 "나도 예수의 피가, 그리스도의 보혈이 죄를 씻어 주는 이유는 알지 못하지만 그 피가 우리 죄를 씻어 준다는 사실을 알뿐입니다." 라고 대답하였습니다. 아무튼 예수의 피는 우리의 죄를 씻어 줍니다. 죄라는 것은 하나님의 명령을 어기는 것이나 순종을 하되 부족하게 순종하는 것이 죄입니다(요리 문답 14문).

하나님이 사람에게 주신 첫 명령이 선악과를 먹지 말라는 명령인데 안 먹을 때에는 죄가 안 되었는데 말씀을 어기고 선악과를 따서 먹었으니 죄가 된 것입니다. 하나님의 명령을 어긴 죄의 벌은 다른 것은 없습니다. 오직 죽음만이 있을 뿐입니다.

창세기 2장 17절에 보면 "선악을 알게 하는 나무의 실과는 먹지 말라 네가 먹는 날에는 정녕 죽으리라 하시니라" 하셨습니다. 하나님의 명령을 어긴 죄는 불문곡직 정녕 죽는 일만이 있을 뿐입니다. 정상 참작이 없이 결과는 죽음뿐입니다. 우리가 죄를 저지르면 경중에 따라서 징역형이 내려지는 것이 아니라 하나님의 법은 무조건 사형, 지옥 불에 던져 지는 것입니다.

하나님도 너무 하시다 하는 생각을 갖는 사람은 하나님 보다 자기가 더 좋은 생각을 갖고 있다고 생각하는 사람으로 교만한 사람이요 자기가 하나님이 된 사람입니다. 웃사가 좋은 뜻으로 법궤가 수레에서 떨어지려 할 때에 법궤가 안 떨어지게 좋은 뜻으로 법궤를 붙잡았다가 즉사하였습니다. 하나님이 손을 대지 말라 한 말이 있는데 아무리 좋은 뜻으로라도 하나님의 말씀을 어기면 사형을 당하는 죄인이 되는 것입니다. 생명이 피에 있다고 하신 하나님의 말씀과 같이 죄를 지으면 그 죄 값으로 생명 하나가 죽어야 합니다.

옛날 구약 시대에는 내가 죽을 대신 짐승이 대신 죽어서 죄를 속하게 하였습니다. 그러나 신약 시대에는 이미 예수님이 피를 흘려 내 대신 미리 죽었으니 이를 믿음으로 고백하고 내 죄 대신 예수님이 피를 흘려 죽었다는 사실을 믿고 고백 할 때에 나의 죄는 이미 죽음으로 속한 것으로 나의 죄는 씻어진 것입니다.

요한 계시록 7장 13절 - 14절에 "장로 중에 하나가 응답하여 내게 이르되 이 흰 옷 입은 자들이 누구며 또 어디서 왔느뇨 내가 가로되 내 주여 당신이 알리이다 하니 그가 나더러 이르되 이는 큰 환난에서 나오는 자들인데 어린양의 피에 그 옷을 씻어 희게 하였느니라"말씀하십니다.

천국에 올라가 보니 흰옷을 입은 사람들이 많이 있어서 이 사람들이 어디서 왔는가 하고 사도 요한이 물었습니다. 어린양의 피에 그 옷을 씻어 희게 한 사람들이라고 대답합니다.

죄를 씻는 유일한 세척제는 예수의 피 이외는 없는 것입니다. 잉크를 씻으려면 비누로도 안 되고 양잿물로도 잉크가 빠지지 않지만 잉크 빼는 약을 사다가 바르면 잉크가 빠지듯 죄를 씻는 유일한 약은 예수의 피 이외에는 없는 것입니다.

우리가 예수님이 하나님의 아들이심을 마음에 믿고 입으로 고백하고 예수님이 내 대신 십자가에 피를 흘리며 죽으셨다는 것이 믿어지는 사람은 예수를 믿는 사람으로 이미 예수의 피로 죄를 씻음 받은 흰옷을 입고 천국에 들어갈 사람입니다. 오직 예수의 피로만 죄가 씻어짐을 명심하여야 합니다.

3. 예수의 피는 능력이 있다.

 예수님은 십자가에서 죽으시기 직전에 채찍에 맞음으로 피를 흘리시고 가시 면류관을 쓰심으로 피를 흘리시고 겟세마네 동산에서 기도하시며 피와 땀을 쏟으시는 일을 하신 것은 우리에게 능력을 주시기 위함입니다. 채찍에 맞으며 흘린 피는 모든 질병에서 우리를 해방시키는 능력의 피이며 가시관을 쓰시며 머리에서 흘리신 피는 인생살이의 모든 저주를 물리치는 능력의 피입니다.
 겟세마네 동산에서 기도하시며 쏟으신 피는 모든 고민을 거두어 가시는 능력의 피요 십자가에서 못박히시어 양손과 발에서 흘리신 피는 모든 죄악을 씻어 주시는 능력의 피요 창에 찔리어 흘리신 피는 허물을 용서하여 주시는 피입니다. 우리는 예수 그리스도의 능력의 피를 믿음으로 받고 이 믿음으로 피를 예수와 함께 나누며 살고 있습니다. 그러함으로 우리는 능력 있는 삶을 살아가야 합니다.
 죄와 저주와 질병과 고민에서 이기고 악한 마귀, 귀신들의 세력을 물리치며 예수 이름의 권세와 십자가의 보혈로 우리는 항상 이를 믿고 주장하여 저들을 물리치며 살아가는 능력의 사람이 되어야 할 것입니다. 이 예수의 피를 믿고 받고 공유한 사람은 생활이 능력으로 나타나는 것입니다. 강하고 담대하고 힘 있는 믿음의 사람으로 항상 승리하며 악을 선으로 이기며 살아가는 능력자가 되는 것입니다.

4. 예수의 피는 구원이다.

(엡1:7)"우리가 그리스도 안에서 그의 은혜의 풍성함을 따라 그의 피로 말미암아 구속 곧 죄 사함을 받았으니"

오직 예수의 피만이 죄를 사하고 구원을 이루는 것입니다. 예수의 피가 없이, 보혈의 인침이 없이 예수의 피를 바르지 않은 사람에게는 오직 죽음만이 있을 뿐입니다. 이스라엘 백성이 유월절날 밤에 어린양을 잡아서 문설주에다 발랐을 때에 그 집안에 있는 사람들은 아무런 해를 당하지 않는 사망이 없었지만 어린양의 피가 대문 기둥에, 문설주에 바름이 없는 집은 모두 장자가 사망하는 화를 당한 것입니다. 사람이나 짐승이나 가축이나 모든 처음 난 것이 죽는 사망의 화를 당한 것은 예수의 피가 없는 사람들이 당하는 사망의 예표로 하나님이 보여 주신 것입니다.

예수의 피는 구원의 표입니다. 하나님께 가까이 나아가고 내가 예수의 피가 필요한 죄인임을 깨닫고 겸손하게 구 할 때에 이 예수의 보혈의 능력이 임하게 되고 이를 또 감사하며 잘 지키고 간수하는 자가 영원한 하나님 나라에까지 이르게 되는 것입니다. 예수님의 보혈은 나의 구원임을 알고 이를 항상 소유하고 귀중히 여기며 감사하며 살아가는 우리가 되어야 할 것입니다.

5. 예수의 피는 부활이다.

(살전4:15-17) "우리가 주의 말씀으로 너희에게 이것을 말하노니 주 강림하실 때까지 우리 살아남아 있는 자도 자는 자보다 결단코 앞서지 못하리라 주께서 호령과 천사장의 소리와 하나님의 나팔로 친히 하늘로 좇아 강림하시리니 그리스도 안에서 죽은 자들이 먼저 일어나고 그 후에 우리 살아남은 자도 저희와 함께 구름 속으로 끌어올려 공중에서 주를 영접하게 하시리니 그리하여 우리가 항상 주와 함께 있으리라"

예수의 피를 믿고 죽은 성도들은 첫째 부활에 참여하게 됩니다. 이제 얼마 안 있어 주님이 재림 할 때에 천사장의 호령과 나팔 소리를 듣고 신약 시대에 예수의 피를 믿고 죽은 사람들이 먼저 부활하여 공중으로 올라가고 살아서 예수의 피를 믿고 있는 성도들이 들림 받아 올라갑니다. 예수의 피를 믿지 않고 소나 양의 피를 믿었던 구약 시대의 성도들은 계속 잠을 자다가 1,000년 세계가 끝이 난 후에 백보좌 심판 때에 부활을 믿지 않던 사람과 함께 부활하지만 예수의 피를 믿고 있던 신약 시대의 성도들은 첫째 부활에 참례하는 것입니다.

그후에 예수의 피를 믿고 먼저 구원을 얻은 성도들은 백보좌 심판 때에 배심원으로 심판에 참례하여 예수를 안 믿던 사람들을 심판하는 것입니다. 예수의 피는 우리를 첫째 부활에 참례케 하는 능력을 주시는 것입니다.

6. 예수님의 피의 권세를 사용하는 기도

예수님의 고귀하신 보혈을 찬양하며 지금 이 시간 선포하게 하심을 감사합니다. 예수님께서 피 흘리심으로 나를 죄에서 해방하심을 믿습니다. 예수님의 피는 죄를 이기는 권세가 있으며, 어두움의 영이 물러갑니다.

예수님의 피는 모든 죄를 씻어주는 능력이 있으며, 예수님의 피는 죄의 저주를 제거하는 역사가 있으며, 예수님의 피는 죄의 결박을 끊어주는 힘이 있으며, 예수님의 피는 나의 마음을 깨끗하게 하시고 거룩하게 하시며, 예수님의 피는 나의 돌 같은 굳은 마음을 녹여주시고, 악한 마음을 사라지게 하시고, 예수님의 피는 나의 마음을 온유하고 부드럽게 녹여 주십니다.

예수님의 피는 나의 더러운 마음 사라지게 하시고, 예수님의 피는 모든 질병이 생겨나지 않게 하시고, 질병을 이겨내는 능력을 주시며, 예수님의 피는 모든 질병을 치료해 주십니다.

예수님의 피는 죄의 유혹과 죄의 욕구가 마음에서 사라지게 하시며, 예수님의 피 만이 부정을 거룩하게 하고, 더러운 것을 깨끗하게 하는 능력임을 믿습니다. 지금 이 시간 갈보리 언덕에서 나를 위해 십자가에 못 박히시고, 고통당하신 예수님을 바라봅니다. 주님이 찔리심으로 나의 모든 죄악이 도말되었음을 믿습니다. 주님이 고통당하시고 신음하심으로 나의 모든 고통이 사라졌음을 믿습니다. 십자가에서 흘리신 예수님의 보혈이 내 마음을 적시고 내 몸을 적십니다. 언제나 십자가만 바라보고 예수 그리스도의 보혈의 능력으로 살게 하시고, 그 보혈의 능력이 내 삶에 체험되게 하옵소서.

주님, 보혈의 능력으로 질병이 떠나가고, 실패가 사라지고 환난이 소멸되는 역사가 나타나게 하옵소서. 나의 평생에 예수님의 보혈이 내 영혼과 육체 속에 살아서 역사해 주옵소서.

주님은 나에게 생명 주시기 위해 십자가 지셨습니다. 주님은 나에게 구원 주시기 위해 십자가 지셨습니다. 주님은 나에게 자유 주시기 위해 십자가 지셨습니다. 이제 내가 예수 그리스도와 함께 십자가에 못 박힌 것을 믿습니다.

영광의 하나님! 내 자아를 십자가에 못 박기를 원합니다. 내 옛사람을 십자가에 못 박기를 원합니다. 내 꿈과 소망과 미래를 십자가에 못 박기를 원합니다. 이제는 내가 사는 것이 아니요, 예수님이 내 안에 사십니다. 그리하여 나의 삶이 예수님의 빛과 생명을 나타내는 삶이 되게 축복하여 주옵소서.

예수님의 보혈로 말미암아 악한 마음이 생겨나지 않게 하시고, 어떤 일을 만나도 분노하지 않게 하옵시고, 나쁜 병균이 나의 육체를 해하지 못하도록 지켜 주옵소서.

주님, 오늘도 예수님이 흘리신 보혈을 노래하는 입술이 되게 하옵시고, 예수님이 베푸신 은혜에 감사하는 입술이 되게 하옵시고, 예수님의 복음 들고 증거 하는 입술이 되게 하옵소서. 그리하여, 언제나 기쁨이 충만하게 하옵시고, 범사에 감사하는 자가 되게 하옵소서. 주님, 순간순간마다 나의 마음과 삶과 육체에 고귀하신 예수님의 보혈을 부어 주옵소서.

영광의 예수님! 내가 걷는 걸음마다 보혈의 강물이 되게 하시고, 풍성한 삶이 나타나게 하옵소서. 내가 하는 일마다 예수님의 보혈이 증거 되게 하시고, 악한 것이 자리 잡지 못하게 하옵소서. 예수님의 보혈의 강물 속에서 약속된 모든 축복과 은혜와 역사가 나의 삶 전체에 넘치도록 하옵시고, 나의 가정 위에 평생토록 미치게 하옵소서.

주님, 오늘도 나의 마음이 항상 주님을 향하게 하시고, 모든 일에 기도하는 은혜를 허락해 주옵소서. 모든 기도와 소원과 감사가 주님의 도우심과 능력으로 이루어지게 하옵시고, 주님의 은혜와 축복을 체험하게 하옵소서.

주님, 내 마음에 예수님의 보혈이 강같이 흐르게 하옵소서. 예수님의 생명의 피, 진리의 피, 의의 피, 그 영원한 피가 나의 삶 전체에 흐르게 하옵소서. 그리하여 나의 평생에 예수님의 보혈을 의지 할 것입니다. 나의 평생에 주님의 말씀을 의지할 것입니다. 나의 평생에 예수이름을 의지하며 승리의 삶을 살겠습니다. 나의 평생에 예수님의 보혈을 자랑하고 증거하며 살겠습니다. 예수님의 거룩하신 이름으로 기도 드립니다. 아멘.

보혈을 이용하여 대적기도는 이렇게 합니다. 성령의 임재 하에 내가 예수 그리스도의 이름으로 보혈을 뿌리면서 명령하노니 기도생활과 믿음생활을 방해하기 원하는 모든 악한 것들은 파쇄되고, 묶음을 받고 떠나가라! 예수의 피로 모든 죄, 저주, 재앙, 질병, 귀신은 끊어졌다! 나에게서 영원히 떠나갈지어다.

예수님이 십자가에서 흘리신 보혈의 은혜로 율법의 저주에서 나를 속량하셨다. 그러므로 나는 어떤 질병도 내 몸에 생기는 것을 금하노라. 내 몸과 접촉하는 모든 병균과 바이러스는 예수 이름으로 지금 즉시 죽을지어다. 내 몸의 모든 기관과 조직, 세포는 하나님께서 창조하신 그 원래의 기능대로 완벽한 기능을 발휘할지어다. 내 몸의 어떤 기능 이상도 예수의 이름으로 금하노라.

가정의 환란과 풍파를 일으키는 더러운 영들아 내가 예수님이 보혈을 나의 가정에 뿌린다. 우리가정에서 영원히 떠나갈지어다. 가난의 고통을 일으키는 더러운 영들아 내가 예수님이 보혈을 나의 가정에 뿌린다. 가난의 영들은 영원히 떠나갈지어다. 물질 축복의 영이 임할지어다.

나의 가정에 분란을 일으키는 더러운 영들아 내가 예수님이 보혈을 나의 가정에 뿌린다. 가정에 역사하는 분란의 영들은 영원히 떠나갈지어다. 화목의 영이 임할지어다.

12장 보혈의 능력으로 삶을 치유하는 법

(엡1:7) "우리가 그리스도 안에서 그의 은혜의 풍성함을 따라 그의 피로 말미암아 구속 곧 죄 사함을 받았으니"

우리는 예수님의 보혈의 은혜로 소망을 가지고 살아갈 수가 있으며, 하나님에게 영광을 돌리면서 우리의 영을 살리고, 삶을 살리는 힘을 위로부터 누리면서 힘차게 새 출발해야 합니다. 위로부터 임하는 큰 사랑은 예수 그리스도가 십자가에서 우리를 향하여 베푸신 생명주신 사랑입니다. 그 사랑은 바로 보혈의 공로인 것입니다.

실로 우리는 예수 그리스도의 보혈로 구원을 받았습니다. 은총을 입은 것입니다. 그 피로 말미암아 사탄의 권세를 깨트리는 것입니다. 우리는 승리자가 된 것입니다. 그 피로 말미암아 승리하는 것입니다. 그 피의 권세를 오늘 함께 나누시는 시간이 되시기 바랍니다. 예수 그리스도의 보혈의 능력은 이렇습니다.

1. 하나님의 사랑을 증명하는 능력

예수님은 하나님의 아들로 오셨지만 사람으로 오셔서 사랑을 실천하므로 하나님이 어떠하신 분인 것을 우리에게 보여 주셨습니다. 요한일서 4:9~10에 "하나님의 사랑이 우리에게 이렇게 나타난바 되었으니 하나님이 자기의 독생자를 세상에 보내심은 저로 말미암아 우리를 살리려 하심이니라 사랑은 여기 있으니 우리가 하나님을 사랑한 것이 아니요 오직 하나님이 우리를 사랑하사 우리 죄를 위하여 화목제로 그 아들을 보내셨음이니라" 하나님의 사랑이 우리에게 이렇게 나타난바 되었다고 했습니다.

> (롬 5:8) "우리가 아직 죄인 되었을 때에 그리스도께서 우리를 위하여 죽으심으로 하나님께서 우리에 대한 자기의 사랑을 확증하셨느니라."

하나님의 사랑이 어떻게 나타났습니까? 독생자 예수 그리스도를 보내시사 그가 우리의 죄와 더러움, 병, 저주, 죽음을 다 몸에 짊어지시고 십자가에 못 박혀 몸을 찢고 피를 흘리시는 것을 보십시오. 하나님의 아들 예수 그리스도께서는 죄를 지은 적이 없습니다. 그러므로 그는 죽을 수 없는 사람이요, 병들 이유도 없고 가난과 저주에 몸부림칠 필요도 없습니다.

그러나 하나님의 사랑이 그를 통해 나타나서 죄를 대신 짊어지시고 더러움을 몸소 짊어지시고 병을 감당하시고 저주를 당하시고 죽음을 짊어지고 십자가에서 한없는 고통을 당하신 것입니다. 이것은 하나님의 사랑 때문에 그런 것입니다. 그렇게 할 필요가 없는데도 하나님이 우리를 사랑하셔서 그 아들을 통해서 하나님의 사랑을 나타내 보여 주신 것입니다. 그러므로 우리가 십자가를 바라볼 때 그냥 예수 그리스도의 매달린 형상을 보는 것이 아니라, 하나님의 사랑이 그곳에서 강물처럼 넘치는 것을 우리가 보아야만 하는 것입니다.

2. 죄인의 수치를 가려주는 능력

부모는 자식을 사랑하기 때문에 사랑의 눈으로 봄으로 자꾸 허물을 덮으려고 애를 씁니다.(창3:21) "여호와 하나님이 아담과 그의 아내를 위하여 가죽옷을 지어 입히시니라"

그러나 원수는 어떻습니까? 어찌하든지 허물을 벗기려고 하는 것입니다. 부모는 덮어주고 원수는 벗겨주는 것입니다. 그것이 부모와 원수가 다른 것입니다. 하나님은 누구와 같습니까? 하나님은 부모와 같습니다.

시편 103편 13에 "아비가 자식을 불쌍히 여김 같이 여호와께서 자기를 경외하는 자를 불쌍히 여기시나니" 하나님은 부모와 같으시므로 하나님은 우리를 불쌍히 여기사 자꾸 허물을 덮으려고 하는 것입니다. 마귀는 어찌하든지 우리에게 와서 까발리려고 합니다. 벌거벗기려고 하는 것입니다. 아담과 하와가 마귀의 꼬임에 넘어가서 죄를 짓고 제일먼저 당한 수치와 모욕은 벌거벗은 것입니다.

누가 벗겼습니까? 마귀가 아담과 하와를 벌거벗겼습니다. 그러나 하나님은 어떻게 하셨습니까? 짐승을 잡아 가죽을 벗겨 피를 흘리고 옷을 지어서 아담과 하와에게 입혀 주었습니다. 마귀는 벗기고 하나님은 입히시는 것입니다.

인생이 죄를 짓고 불의하고 추악하고 벌거벗어 하나님 앞에 나갈 수가 없도록 마귀가 만들어 놓고, 박수를 치고 이제는 인류를 다 멸망시켰다. 이제는 저들이 영원히 지옥에 가서 죽을 수밖에 없다고 발을 동동 굴렀는데, 하나님은 인생들의 수치를 가리고, 입하시기 위해서 그 아들 예수님을 이 세상에 사람으로 보내셔서 인류공동체의 머리가 되어서, 대신 인간의 죄를 짊어지고 십자가에 몸 찢고 피 흘려서 인류의 죄를 씻고, 그 의로운 옷을 벗겨서 우리에게 입혀 주신 것입니다. 마귀는 벗기고 예수님은 입히신 것입니다. 잠언 10:12에 "미움은 다툼을 일으켜도 사랑은 모든 허물을 가리우느니라" 미워하는 사람은 자꾸 벌거벗기고 다투고 논쟁을 겁니다. 그러나 사랑은 허물을 다 덮어 버리는 것입니다. 허물을 덮고 나가는 것입니다. 베드로전서 4: 8에도 "무엇보다도 열심으로 서로 사랑할찌니 사랑은 허다한 죄를 덮느니라" 이웃의 허물을 덮어주는 우리가 되기를 바랍니다.

3. 죄사함의 능력

예수님께서 부활했다는 이 사건은 인류의 죄를 대신 짊어지고 죽음의 감옥에 들어갔다가 그가 그것을 다 청산했기 때문에 사흘만에 부활하신 것입니다. (벧전 1:18-19) "너희가 알거니와 너희 조상의 유전한 망령된 행실에서 구속된 것은 은이나 금같이 없어질 것으로 한 것이 아니요. 오직 흠 없고 점 없는 어린 양 같은 그리스도의 보배로운 피로 한 것이니라"

로마서 4장 25절에 "예수는 우리 범죄 함을 위하여 내어 줌이 되고 또한 우리를 의롭다하심을 위하여 살아나셨느니라" 살아났다는 것은 죄를 다 갚았기 때문에 용서와 의를 우리에게 허락해 줄 수가 있게 된 것입니다. 부활은 주께서 확실히 인간의 죄를 영원히 갚으셨다는 증거가 됩니다.

(고전15:16-19) "만일 죽은 자가 다시 사는 것이 없으면 그리스도도 다시 사신 것이 없었을 터이요 그리스도께서 다시 사신 것이 없으면 너희의 믿음도 헛되고 너희가 여전히 죄 가운데 있을 것이요 또한 그리스도 안에서 잠자는 자도 망하였으리니 만일 그리스도 안에서 우리의 바라는 것이 다만 이생뿐이면 모든 사람 가운데 우리가 더욱 불쌍한 자리라"

예수님이 부활하지 못했으면 우리는 여전히 죄악 가운데 있고 예수 믿고 죽은자도 다 희망이 없습니다. 왜냐하면 부활이 없었다면 죄를 청산 못했기 때문에 죄 값으로 우리는 영원히 형벌을 받을 수밖에 없기 때문인 것입니다. 예수님께서 죄 없이 잉태되시고 죄 없이 태어나시고 죄 없이 사셨다가 인간의 모든 죄를 대신 짊어지고 무덤에 들어가셨기 때문에 주님이 부활했다는 것은 우리의 죄가 다 청산되었다는 증거가 되는 것입니다.

　우리는 죄를 짓고 불의하고 추악하고 버림을 받아야 마땅함에도 불구하고 예수 그리스도 앞에 나오면 그리스도로 말미암아 값없이 용서와 의를 얻는 것은 예수님께서 우리를 대신해서 모든 죄를 다 청산해 주셨기 때문인 것입니다.

4. 거룩하게 하는 능력

　우리가 거룩하게 되는 것이 예수님의 보혈의 능력인 것입니다. (히 13:12)"그러므로 예수도 자기 피로써 백성을 거룩케 하려고 성문밖에서 고난을 받으셨느니라." 데살로니가전서 4장 3절에"하나님의 뜻은 이것이니 너희의 거룩함이라 곧 음란을 버리고"라고 말했습니다. 베드로전서 1장 16절에"내가 거룩하니 너희도 거룩하라"고 했습니다.

　예수님이 십자가에서 몸 찢고 피 흘려 죽으신 것은 우리가 세속에 빠져서 육신의 정욕과 안목의 정욕과 이 세상 자랑의 포로가 되지 말고 세상과 구별되어, 성령으로 말미암아 거룩하게 삶을 사는 것이 예수님의 소원인 것입니다. 이 뜻대로 살면 하나님께 복을 받거니와 이 뜻을 거역하면 계속해서 시험과 환란과 고통과 징계를 받게 되는 것입니다.

5. 예수님과 동행하는 능력

예수님의 보혈로 확증을 얻을 수 있습니다. 그들이 고개를 흔들며 "네가 만일 하나님의 아들이거든 자기를 구원하고 십자가에서 내려오라. 저가 남은 구원하였으되 자기는 구원하지 못한다." 고 조롱을 했지만, 주님께서는 그를 못 박아 죽이는 원수까지 용서하신 사랑을 가지고 계셨습니다.

예수님은 하늘과 땅의 권세를 가진 하나님의 아들이시며, 열두 영 더 되는 천사를 불러서 주님은 십자가에서 내려올 수 있었고, 십자가에 못 박고 조롱하는 사람들을 한순간에 멸망시킬 수 있었습니다. 그럼에도 불구하고 주님은 그 조롱을 받고도 묵묵히 끝까지 십자가에 매달려 있었습니다. 주님이 능력이 없어서, 권세가 없어서 그런 것이 아닙니다. 우리를 사랑하기 때문에 우리의 죄 값을 청산해야 되었기 때문에 사랑이 그로 하여금 십자가에서 끝까지 매달리게 한 것입니다.

6. 마귀를 이기고 귀신을 쫓아내는 능력

예수의 보혈을 보면 마귀는 놀라서 도망을 칩니다. 우리가 예수의 보혈을 찬송하고 예수의 보혈을 뿌리며 말하고 예수의 보혈을 믿으면 보혈 앞에 마귀는 서지 못합니다. 타락한 귀신과 천사들은 쫓겨나는 것입니다.

마귀 귀신은 능력이 있고 우리는 하나님이 주신 권세가 있는 것입니다. 너희가 내 이름으로 귀신을 쫓아내겠다고 말한 것입니다. 그렇기 때문에 주님이 우리에게 능력을 준 것은 아닙니다. 우리는 힘이 없습니다. 마귀와 싸워서 이길 수 있는 그러한 육체적인 힘이 없습니다만 주님은 우리에게 예수 이름으로 마귀를 쫓을 권세를 주었습니다.

네가 뱀과 전갈을 밟으며 원수의 모든 능력을 제어할 권세를 주었으니 너희를 해할 자가 결단코 없으리라. 예수를 믿고 그리스도의 백성이 된 사람은 하늘이 준 권세를 가지고 있는 것입니다. 마귀가 아무리 능력을 가지고 오더라도 하늘이 준 권세를 우리가 알고 당당하게 사용하면 마귀는 우리 앞에 한길로 왔다가 일곱 길로 도망을 치는 것입니다.

마가복음 6장 7절에 "열 두 제자를 부르사 둘씩 둘씩 보내시며 더러운 귀신을 제어하는 권세를 주시고"라고 말한 것입니다. 12절 13절에 "제자들이 나가서 회개하라 전파하고 많은 귀신을 쫓아내며 많은 병인에게 기름을 발라 고치었더라"고 말씀한 것입니다. 누가복음 10장 17절에 "칠십인이 기뻐 돌아와 가로되 주여 주의 이름으로 귀신들도 우리에게 항복하더이다"라고 말한 것입니다.

그러므로 당신은 원수 마귀에 대한 권세를 가지고 있다는 것을 꿈에도 잊지 마시기를 주의 이름으로 축원합니다. "우리는 예수님 안에서 마귀의 능력을 제어할 권세를 가지고 있습니다." 권세를 사용해야 되는 것입니다. 사용 안하면 마귀가 마음대로 날 뜁니다. 경찰관이 권세를 사용하지 아니하면 교통이 복잡해지고 사고가 많이 납니다. 경찰관이 권세를 사용하면 교통의 질서가 서는 것입니다. 당신이 권세를 사용하면 마귀는 쫓겨 나갑니다. 많은 마귀의 해독이 사라지게 되는 것입니다. 예수 이름으로 원수 귀신을 쫓아내시기를 바랍니다.

예수님의 보혈에는 권능이 있습니다. 무턱대고 보혈에 권능이 있는 것이 아닙니다. 반드시 예수를 주인으로 영접하고 성령으로 세례를 받은 성도라야 보혈에 능력이 있는 것입니다. 예수님의 보혈을 축귀에 사용하는 것도 성령의 임재 하에 권능을 발휘합니다. 성령의 보증 없이 말로 보혈을 사용한다고 귀신이 떠나가지 않습니다. 많은 성도들이 착각하는 것이 바로 이것입니다. 말로 보혈을 뿌리면 되는 줄로 착각하는 것입니다. 예수님의 보혈은 아담이 죽어야 해당되는 것입니다. 즉, 죄인인 아담이 예수 십자가에서 보혈을 흘리고 죽었다가 하늘의 사람으로 태어나기 때문에 보혈에 권능이 있습니다.

성령으로 충만한 가운데 보혈을 사용하며 축귀를 해야 합니다. 그래야 귀신이 떠나가는 것입니다. 무조건 예수 보혈을 외친다고 귀신이 떠나가지 않습니다. 저는 이렇게 합니다. 귀신의 종류에 따라 쉽게 떠나가는 귀신이 있는가하면 그렇지 못한 귀신이 있습니다. 쉽게 떠나가는 귀신은 일반적인 방법을 사용하면 됩니다. 잘 떠나가지 않는 귀신은 이렇게 합니다. "예수 피" "예수 피"를 외칩니다. 그러면 피 사역자가 깜작깜작 놀라면서 귀신이 정체를 드러냅니다. 정체를 드러내면 불러내어 축귀를 합니다. 아주 강한 귀신은 "내가 예수이름으로 예수님의 보혈을 이 사람 속에 붓노라." "예수님의 보혈을 이 사람 속에 들어붓노라." "예수 이름으로 보혈은 이 사람 속에 차고 넘칠 지어다."합니다. 그러면 귀신이 정체를 폭로합니다. 그래도 떠나가지 않으면 "내가 나사렛 예수이름으로 이 사람에게 예수 피를 뿌리노라. 붓노라." 하면서 지속적으로 명령을 합니다.

　이것은 일반적으로 사용하는 방법입니다. 또 다른 방법은 축귀를 하면서 성령의 음성을 들어가면서 성령이 알려주시는 '레마'에 따라 명령하는 것입니다. 성령께서 어떤 때는 천사를 이용하게 하시기도 합니다. 예를 든다면 "예수님 이 사람에게 강한 천사를 보내시어 이 악한 귀신을 몰아내소서." "강한 천사들아 이곳에 와서 나를 도울 지어다" "예수님 강한 천사를 보내서 이 귀신들을 몰아내소서." 합니다. 중요한 것은 축귀의 주관자이신 성령님과 인격적인 관계가 되는 것이 중요합니다. 그리고 반드시 성령의 임재 하에 축귀를 해야 한다는 것입니다. 귀신은 떠나갈 수 있는 조건이 되어야 떠나가기 때문입니다.

7. 재앙과 저주를 지나가게 하는 능력

　보혈이 심판을 면하고 생명에 이르렀다는 확실한 확증이 되는 것입니다. 여러분 예수 그리스도의 보혈을 의지하면 사망에서 생명으로 옮겼다는 증거가 되는 것입니다. 하나님의 심판에서 하나님의 사랑의 세계로 옮겼다는 증거가 되는 것입니다. 보혈만 있으면 하나님의 심판은 지나가고 마는 것입니다.

(출 12:13)"내가 애굽 땅을 칠 때에 그 피가 너희가 사는 집에 있어서 너희를 위하여 표적이 될지라 내가 피를 볼 때에 너희를 넘어가리니 재앙이 너희에게 내려 멸하지 아니하리라"

한번 따라 읽어 주세요."내가 피를 볼 때 너희를 넘어 가리니 재앙이 너희에게 내려 멸하지 아니하리라" 당신의 마음의 문설주에 그리스도의 보혈이 묻어 있으면 재앙이 우리를 지나가 버리는 것입니다. 심판하지 아니하는 것입니다. 재앙이 임하지 아니하는 것입니다. 오직 그 보혈 안에는 그리스도의 활짝 웃으시는 웃음과 하나님의 환영과 은혜만 넘쳐날 따름인 것입니다.

8. 화목하게 하는 능력

그리스도의 보배로운 피로 말미암아 용서와 의와 영광을 우리는 얻을 수가 있습니다(엡 2:13). 그리고 그리스도의 피를 의지할 때 하나님과의 관계를 회복시켜 주시는 것입니다. 하나님과 우리 사이가 죄로 말미암아 담이 막혔을지라도 다 헐어 버리고 화목케 해주시는 것입니다. 우리는 예수 그리스도의 보혈을 의지해서 나가면 진실로 하나님이 예비하신 하나님의 은혜를 힘입을 수 있게 되는 것입니다. 그러기 때문에 그리스도의 보배로운 피가 없이는 결코 하나님을 예배드릴 수 없고 하나님께 나갈 수도 없는 것입니다.

9. 병고치는 능력

주님이 십자가에 못 박혀 몸 찢고 피 흘려 우리를 대속하신 대속의 은총 속에 치료가 들어 있다는 것입니다(벧전 2:24). 예수님은 우리의 죄만 위해서 십자가에서 몸 찢고 피 흘린 것이 아니라, 우리의 병을 주님께서 청산하기 위해서 십자가에서 몸 찢고 피 흘렸다는 사실을 성경은 우리에게 분명히 말씀해 주고 있는 것입니다. 죄 사함이 주님의 대속을 통해서 오는 것처럼 병 고침도 주님의 대속을 통해서 우리에게 주어졌다는 것입니다.

이사야 53장 4절에 "그는 실로 우리의 질고를 지고 우리의 슬픔을 당하였거늘 우리는 생각하기를 그는 징벌을 받아서 하나님에게 맞으며 고난을 당한다 하였노라" 예수님이 맞아서 고난당하는 것을 우리는 그냥 예수님께서 하나님께 맞으며 고난당한다고 생각했는데 실로 그 내용인즉, 우리의 질고를 지고 우리의 슬픔을 당했습니다. 우리 질병을 지고 병으로 다가오는 그 모든 슬픔을 예수님께서는 십자가에서 대신 짊어졌다고 말씀하고 있습니다. 이사야 53장 5절에도 "그가 찔림은 우리의 허물을 인함이요 그가 상함은 우리의 죄악을 인함이라 그가 징계를 받음으로 우리가 평화를 누리고 그가 채찍에 맞음으로 우리가 나음을 입었도다"라고 말씀하고 있는 것입니다. 여기에 똑같이 허물을 주님께서 대속하시고 죄를 대속하시고 우리의 징계를 대속하심같이 우리의 병도 주님께서 채찍에 맞으심으로 대신 다 청산해 버렸다고 말씀하고 있는 것입니다.

10. 하나님께 나가 섬기게 하는 능력

우리가 알아야 될 것은 유일하게 보혈만이 하나님께 나아가는 길이 된다는 것입니다(히 9:14). 예수님께서 내가 곧 길이요, 진리요, 생명이니 나로 말미암지 않고는 아버지께로 올자가 없다고 했는데, 그 예수 그리스도의 십자가 보혈의 피를 의지하지 않고는 하나님께로 나갈 수가 없습니다. 로마서 3장 23절에 보면 "모든 사람이 죄를 범하였으매 하나님의 영광에 이르지 못하더니"라고 말했습니다. 에덴동산에서 아담과 하와가 쫓겨난 이후로 아무리 하나님 영광 앞에 나가려고 해도 죄가 막혀서 하나님 영광 앞에 나갈 수가 없습니다. 죄인이 하나님을 볼 땐 그 자리에서 죽었습니다. 그러므로 결코 하나님 영광 앞에 나갈 수가 없습니다. 그러나 예수 그리스도의 십자가의 보혈로 말미암아 하나님께 나가는 아름다운 길이 열린 것입니다.

11. 부활과 영생의 능력

　그리스도의 보혈을 믿고 의지하면 보혈은 당신이 그리스도로 말미암아 용서를 받고 의와 믿음과 화해를 얻었다고 말합니다. 보혈이 당신에게 외칩니다. "당신은 마귀에게 이겼다. 마귀를 두려워할 필요가 없다"고 말하는 것입니다. 보혈은 말합니다. "구원의 언약이 확실하고 영원하니 두려워하고 놀라지 말고 강하고 담대한 믿음으로 나가라"고 말하는 것입니다.
　샘물과 같은 보혈은 임마누엘 피로다. 이 샘에 죄를 씻으면 영원히 용서와 의를 얻게 되는 것입니다. 오늘날 세계 어느 종교 중에 대신해서 죽어 피를 흘려서 피 값으로 우리를 구원한 종교가 있습니까? 어떠한 종교도 대속의 은총을 주는 종교는 없습니다. 오직 예수님만이 죄 없는 하나님의 아들로서 죄 있는 우리를 대신하여 갈보리에서 십자가 짊어지고 몸을 찢고 피 흘려 우리를 용서해 주셨습니다.
　수고하고 무거운 짐진자들은 다 내게로 오라. 내가 너희를 쉬게 하겠다고 초청하고 계신 것입니다. 오늘 주님 앞에 우리가 두 손들고 나가면 내가 과거에 어떻게 살았던지 상관없이 보혈로 씻음 받고 자녀로 변화 받고 성령의 인치심을 받고 하나님의 백성으로 구원받아 천국의 소망으로 넘치게 되는 것입니다.

12. 성령의 능력(불)을 받는 능력

예수님이 십자가에서 해 받으시고 부활하시어 사십일 동안 지상에서 보이시다가 승천하신 후 십일이 지난 오순절 날 "홀연히 하늘로부터 급하고 강한 바람 같은 소리가 있어 저희 앉은 온 집에 가득하며 불의 혀 같이 갈라지는 것이 저희에게 보여 각 사람 위에 하나씩 임하여 있더니 저희가 다 성령의 충만함을 받고 성령이 말하게 하심을 따라 다른 방언으로 말하기를 시작 하니라." (행2:2-4)고 함으로서 성령의 부어주심을 불로 상징하였습니다. 그러면 성경에서는 왜 성령을 불로 상징할까요?

① 불은 언제나 하나님께서 자기 자신이나 자신의 뜻을 이스라엘 백성에게 나타내신 수단이었습니다. 곧 성령이 불로 상징되는 이유는 하나님의 임재를 뜻하기 때문입니다. 하나님께서 아브라함과 언약을 맺으시고 (창15:17), 호렙산의 떨기나무 불꽃 가운데서 모세를 지도자로 부르시며(출3:2), 광야에서 불기둥으로 그의 임재와 보호하심을 이스라엘에게 보이시고(출13:21-22)

그리고 계명의 중요성을 그의 택한 백성들에게 명심하게 하신 것이(신4:33) 바로 불 가운데 서였습니다. 또한 갈멜산 상에서 엘리야의 번제물을 태우는 불로 응답하셨고(왕상18;24), 아론의 대제사장 위임식 제사(레9:24)와 솔로몬 왕의 성전 봉헌시에(대하7:1) 불로 인간의 행위를 승인하셨습니다. 드디어 오순절 마가 다락방에서 "불의 혀같이 갈라지는 것이 각 사람 위에 임하여 있더니"라고 표현함으로써 성령의 강림이 불 가운데였음을 보여줍니다.

② 성령을 불로 상징한 것은 성령은 하늘의 능력을 우리에게 공급하기 때문입니다. 불의 힘으로부터 모든 에너지의 원동력을 얻듯이 오순절 날 성령의 충만함을 받은 제자들은 성령의 능력을 받아 즉시로 예루살렘과 유대와 사마리아와 땅 끝까지 증인이 되었습니다. 신앙생활이나 복음 전파 등 주의 일은 억지로나 위선으로 되는 것이 아니고 성령의 불이 공급하는 권능을 받지 않고는 결코 할 수가 없습니다.

③ 성령을 불로 상징한 이유는 성령은 우리들에게 뜨거운 열심을 주기 때문입니다. 불의속성이 활활 타오르는 불길 같이 뜨거운 것처럼 성령이 임하시면 주의 일과 봉사에 뜨거운 열심을 공급하여 주시는 것입니다.

④ 성령을 불로 상징한 이유는 성령은 우리의 더럽고 추한 것을 태우고 소멸시키기 때문입니다. 불의 역할은 태우는 것입니다. 인간의 노력으로는 불가능하지만 성령께서 임재하시면 우리의 죄와 온갖 정욕을 태우십니다.

⑤ 성령을 불로 상징한 이유는 성령은 우리의 영혼을 밝히는 불이기 때문입니다. 불이 밝은 빛을 공급하듯이 성령은 우리 가운데 오셔서 죄와 사망으로 어둡고 컴컴한 우리의 심령 속에 하늘의 신령한 빛을 비추어 천국의 비밀을 밝히 보고 깨닫게 하시

는 것입니다.

13. 보혈의 능력을 삶에 적용하는 신자가 되는 법

1) 하나님! 저는 예수님의 피의 권세와 능력을 믿습니다. 저는 예수님의 피를 의지합니다. 저는 예수님의 피의 권세가 실체로 이루어지는 것을 믿습니다. 예수님의 피의 역사가 내 삶에 미치게 하옵소서. 예수님의 피의 능력이 내 육체에 나타나게 하옵소서. 예수님의 피의 축복이 내 삶에 임하게 하옵소서. 예수님의 피의 권세가 내 마음에 임하게 하옵소서. 예수님의 피로 어두움의 세력이 물러가게 하옵소서. 예수님의 피의 능력으로 지혜와 계시의 정신이 더 밝게 나타나게 하옵소서. 예수님의 피의 권세와 피의 능력으로 모든 질병이 떠나가게 하옵소서. 모든 근심걱정이 떠나가게 하옵소서. 사단의 세력이 물러가게 하옵소서. 축복과 번영이 있게 하옵소서. 화해와 사랑과 평화가 넘치게 하옵소서. 영혼과 범사가 안전하고 형통하게 하옵소서.

2) 하나님 아버지께 간구합니다. 나의 삶에 보혈의 피를 부어 주옵소서. 나의 입술에 보혈의 피를 부어 주옵소서. 나의 마음에 보혈의 피를 부어 주옵소서. 나의 육체에 보혈의 피를 부어 주옵소서. 나의 걸음걸음마다 보혈의 피를 부어 주옵소서. 나의 사역에 보혈의 피를 부어 주옵소서. 나의 머리에 보혈의 피를 부어 주옵소서. 나의 뇌 조직에 보혈의 피를 부어 주옵소서. 나의 심

장에 보혈의 피를 부어 주옵소서. 나의 가정에 보혈의 피를 부어 주옵소서. 나의 사랑하는 아내와 아들에게 보혈의 피를 부어 주옵소서. 나의 영혼에 보혈의 피를 부어 주옵소서. 나의 생각 속에 보혈의 피가 흐르게 하옵소서. 나의 손길에 보혈의 피가 흐르게 하옵소서. 나의 찬양에 보혈의 피가 흐르게 하옵소서. 나의 기도에 보혈의 피가 흐르게 하옵소서. 나의 듣는 모든 말에 보혈의 피가 흐르게 하옵소서. 나의 뇌, 눈, 귀, 신장에 보혈의 피가 강같이 흐르게 하옵소서. 나의 신경조직, 세포조직, 혈관조직, 소화기관, 전 육체가운데 보혈의 피가 흐리게 하옵소서.

3) 하나님 아버지를 찬양하며 의지하며 나아갑니다. 저는 예수님의 피를 사랑합니다. 저는 예수님의 피를 존중합니다. 저는 예수님의 피를 찬양합니다. 저는 예수님의 피를 신뢰합니다. 저는 예수님의 피를 자랑합니다. 저는 예수님의 피를 선포합니다.

4) 예수님의 피는 하나님의 영원한 권능입니다. 저는 예수님의 피의 권세를 믿습니다. 저는 예수님의 피의 능력을 믿습니다. 저는 예수님의 피의 약속과 공의를 믿습니다. 저는 예수님의 피가 살아서 역사하시는 능력을 믿습니다. 저는 예수님의 피를 사랑하고 의지합니다. 저는 예수님의 피를 자랑하고 증거 합니다.

저는 예수님의 피가 생명의 피이며, 영생의 피이며, 죽은 자를 살리는 피임을 믿습니다. 저는 예수님의 피로 사망과 죄와 저주와 질병이 떠나게 됨을 믿고 찬양합니다.

5) 주 예수님의 피를 의지하고 하나님께 기도합니다. 예수님

의 피로 죄에서 자유함을 얻게 하시니 감사합니다. 예수님의 피로 사단과 어두움의 영들이 물러가게 하시니 감사합니다. 예수님의 피로 심령과 마음에 말씀과 성령으로 충만케 하시니 감사합니다. 예수님의 피로 삶이 풍성하고 육체가 건강하게 하시니 감사합니다. 예수님의 피로 안전하게 보호받고 기쁨을 누리게 하시니 감사합니다. 예수님의 피로 지혜와 계시의 말씀을 밝히 깨닫고 누리게 하시니 감사합니다. 예수님의 피로 감사와 기쁨과 평강을 충만히 누리게 하시니 감사합니다.

6) 예수님의 피로 생명의 역사, 능력의 역사, 축복의 역사, 건강과 평강의 역사를 누리게 하신 하나님을 찬양합니다.

7) 모든 기도와 소원과 삶이 예수그리스도의 보혈의 능력과 권세로 풍성하게 이루어지게 하옵시고, 순간순간 예수님의 보혈 아래 안전함을 누리는 복된 삶을 살게 하신 주님을 찬양합니다. 감사합니다.

8) 어제나 오늘이나 영원토록 동일하신 예수님의 피를 의지하고 자랑하고 증거하고 선포하며 살 것을 결단합니다.

13장 보혈의 권세로 귀신을 축사하는 법

(마16:15-17) "이르시되 너희는 나를 누구라 하느냐? 시몬 베드로가 대답하여 이르되 주는 그리스도시요 살아 계신 하나님의 아들이시니이다. 예수께서 대답하여 이르시되 바요나 시몬아 네가 복이 있도다 이를 네게 알게 한 이는 혈육이 아니요 하늘에 계신 내 아버지시니라."

마귀와 귀신들은 예수 그리스도의 보혈을 가장 무서워하고 미워하는 것입니다. 성도들이 마귀와 귀신들이 얼마나 예수 그리스도의 보혈을 무서워하고 떤다는 것을 알았더라면 마귀와 귀신의 역사를 무서워하지 않았을 것입니다. 왜 마귀는 예수 그리스도의 보혈을 그렇게 두려워하는 것입니까. 마귀는 사망의 장자입니다.

마귀는 사람이 타락하기 전에 먼저 타락했습니다. 마귀는 사람이 죄짓기 전에 먼저 죄 지었습니다. 마귀는 사람이 죽기 전에 먼저 영적으로 죽어 쫓겨났었습니다. 사망의 장자인 것입니다. 그런데 이 마귀의 꾀임을 받아서 아담과 하와가 하나님을 반역했기 때문에 아담과 하와와 그 인류는 마귀의 부하가 되어 버리고 만 것입니다.

사망의 장자가 사망으로 찾아든 인생들을 모두 다 손아귀에 넣고 만 것입니다. 그에 따라서 이 세상은 하나님이 아담에게 주었는데 아담이 마귀에게 굴복함으로 말미암아 이 세상 모든 권세가 마귀의 손에 들어가고 마귀는 세상 임금이 되었습니다. 그래서 온 인류를 하나님께로부터 분리시키고 도적질하고 죽이고 멸망시키고 지옥에 떨어지도록 마귀는 전력을 다한 것입니다.

그러므로 마귀는 인류 타락 이후로 예수님 오시기 전까지 이 세상에서 임금 노릇을 했습니다. 그러나 마귀가 이 땅에서 임금 노릇한 유일한 이유는 아담이 죄를 짓고 타락했기 때문에 그런 것입니다. 그래서 죄를 먼저 지은 마귀가 나중 죄짓고 떨어진 인류를 손에 넣고 자기 마음대로 지배한 것입니다만, 하나님의 아들 예수 그리스도께서 이 땅에 오셔서 십자가를 걸머지시므로 말미암아 하나님 앞에서 인간의 죄악이 탕감 되어 버리고 만 것입니다. 이렇기 때문에 예수 그리스도의 십자가의 보배로운 피가 우리의 가슴속에 들어올 때마다 세상 임금 마귀가 다 쫓겨나 버리고 마는 것입니다.

1. 마귀와 귀신과 예수님의 관계.

예수님이 요단강에서 세례를 받으시고 성령으로 충만하사 성령이 예수님을 이끌고 광야로 나가서 마귀의 시험을 받게 했습니다. 왜냐하면 이 땅은 아담과 하와의 타락이후로 마귀와 타락한 천사와 귀신들이 지배하고 있기 때문에 마귀를 이기지 못하고서는 구세주가 될 수 없습니다.

예수님께서 광야에 가서 사십 주 사십 야를 금식하신지라 굉장히 주렸을 때 마귀가 와서 예수님을 시험합니다. 또 다시 인본주의로 시험합니다. 하나님을 이용해서 자기의 정욕을 채우려고 하는 이것으로 마귀는 시험합니다. 마귀는 그것 밖에 모릅니다. 그래서 예수께 와서 말했습니다. "네가 정말 하나님의 아들이냐? 그렇다면 이 돌들을 변하여 떡을 만들어서 먹으라."

육신의 정욕으로 시험하는 것입니다. "금강산도 식후경이다. 하나님을 믿어도 구복부터 채우고 믿는 거야. 그러므로 네가 기적을 베풀어서 구복부터 먼저 채우라." 그럴 때 예수님은 단호하게 말했습니다. "사람이 떡으로만 살 것이 아니요. 하나님의 입으로 나오는 모든 말씀으로 살 것이니라." 그러자 사탄은 이제 안목의 정욕으로 유혹합니다. 예수님을 예루살렘의 높은 뾰족탑 위에 올려놓고 수많은 사람들이 예배드리려고 많이 모여 있을 때 말했습니다.

"뛰어내리라. 성경에 말씀하기를 천사들이 너의 발을 받들어 발이 돌에 부딪치지 않겠다고 했으니 사뿐히 하나님의 기적으로 내려오면 모든 사람이 너를 보고 감탄을 하고 찬양을 하고 너를 따라올 것이 아니냐? 그래서 인기를 얻으라. 하나님의 기적을 사용해서 인기를 얻으라." 그럴 때 예수님께서 무엇이라 말씀했습니까? "사탄아, 너희 하나님을 시험치 말라."

그러자 이 세상 자랑을 가지고 예수님을 시험했습니다. 예수님을 일시에 높은 산 위에 데리고 가서 천하만국의 정치, 경제, 교육, 문화의 모든 영광을 보여주면서 "네가 내게 절하면 이 모든 것을 너에게 주겠다. 이것은 내게 넘겨준 것이므로 내게 절하는 자에게 줄 수 있다. 그러므로 네가 부귀, 영화, 공명을 얻기 위해서는 나(마귀)에게 절을 하라. 수단과 방법을 가리지 말라. 내가 악마적인 수단을 주어서라도 이것을 얻게 해 주겠다."

그럴 때 예수님께서는 단호하게 말했습니다. "사탄아, 물러가라. 오직 주 너희 하나님께 경배할지어다." 그래서 마귀는 예수님을 이기주의적인, 인본주의적인 정욕으로 유혹하려고 무수히 애를 썼지만 예수님은 하나님 중심으로 단호하게 섰기 때문에 마귀는 예수님의 생애 속에 발붙일 곳이 없으므로 떠나간 것입니다.

그 이후로부터 시작해서 예수님의 복음사역이란 가는 곳마다 "회개하라. 천국이 가까이 왔다." 하시고는 병든 자를 고치고 귀신을 쫓아내는 일로 일관하신 것입니다. 예수님의 사역 전체는 복음 증거와 귀신을 쫓아내는 것과 병 고치는 것으로 일관된 것입니다. 그리고 예수님은 제자들에게도 명령하셨습니다.

마태복음 10:7-8절에 보면 "가면서 전파하여 말하되 천국이 가까이 왔다 하고 병든 자를 고치며 죽은 자를 살리며 나병환자를 깨끗하게 하며 귀신을 쫓아내되 너희가 거저 받았으니 거저 주라."고 말한 것입니다. 이러므로 사랑하는 성도님들이여! 진실한 그리스도의 교회는 오늘날도 변함없이 그리스도의 복음을 전파하고 병든 자를 고치고 귀신을 쫓아내야 그리스도의 참된 교회가 되는 것입니다. 병자를 고치지 않고 귀신을 쫓아내지 않는다면 그것은 예수 그리스도의 참모습을 우리가 전할 수가 없는 것입니다.

2. 내 이름으로 귀신을 쫓아내라.

예수님께서 이 세상을 떠나시기 전에 최후의 명령을 하셨습니다. 사람들도 유언만은 지키려고 합니다. 예수님의 최후의 명령은 "내 이름으로 귀신을 쫓아내라고" 당부하신 것입니다. 다른 모든 명령 전에 가장 처음 명령이 귀신을 쫓아내라는 것입니다. 왜냐하면 예수 믿고 난 다음에도 마귀와 귀신들이 사람들을 도적질하고, 죽이고, 멸망시키려 하는 시도를 할 것이기 때문에 주님께서 이것부터 쫓아내라는 것입니다.

예수님은 우리에게 귀신의 정체를 발가벗겨 알게 하셨습니다. 성경에 보면 더러운 귀신이 있습니다. 더러운 귀신은 우리에게 와서 추한 생각, 추한 말, 추한 행동, 추한 몰골을 합니다. 가끔가다가 추한 생각이 지나가는 것이 아닙니다. 완전히 추한 생각이 마음을 점령해 버리고, 말도 추하게 하고, 행동도 추하게 행동하고, 몰골도 아주 추한 몰골을 하고 다닙니다.

이것을 보게 될 때 이것은 추한 귀신이 들었다는 것을 알고 그것을 잡아서 몰아내야 되는 것입니다. 예수님께서는 악한 귀신

역사에 대해서도 말씀했습니다. 악한 귀신은 악한 생각만 하고, 악한 말을 하고, 악한 행동을 하고, 싸움을 일으키고, 분쟁과, 분열과, 고통과, 번민을 가져옵니다. 요사이 보십시오.

우리 자녀들이 학교에서 급식을 하는데 상한 고기를 납품하는 파렴치한 상인들도 있습니다. 다 썩어가는 고기를 팔아먹고 남이야 죽든지 살든지 나만 잘살면 된다는 이와 같은 흉악한 생각은 사람의 생각이라고 할 수가 없는 것입니다.

악한 귀신들이 와서 그렇게 하는 것입니다. 거짓말하는 귀신은 자기를 거짓말하게 만들고 또 속게도 만드는 것입니다. 오늘 세상에는 거짓말하는 귀신이 꽉 들어차서 거짓말하고 또, 거짓말에 속기도 합니다. 종교계에도 미혹케 하는 귀신이 와서 자기가 그리스도다. 자기가 주라. 재림 주라고 해서 수많은 사람들을 미혹케 하는 것을 우리는 알고 있는 것입니다.

점치는 귀신이 얼마나 많습니까? 수많은 사람이 점을 쳐서 조금 맞추는 것 같이 하지마는 그를 통해서 완전히 이 사람을 하나님을 반역하는 사람으로 끌어내고 마는 것입니다. 하나님은 점치는 사람을 돌로 쳐서 죽이라고 말하고 있는 것입니다. 성경은 여러 가지 육체의 질병이 귀신의 억압으로 말미암아 오고 있다는 사실을 밝히 보여주고 있는 것입니다.

이래서 사람들은 귀신들려 귀먹고 벙어리가 되기도 하고 귀신들려 38년 동안 허리가 구부러지기도 했습니다. 예수 이름으로 우리가 귀신을 쫓아내고 기도하면 병이 고침을 받습니다. 사고로써 병이 난 것은 제외하더라도, 부모의 뱃속에서 태어날 때부터 불구로 태어난다던지, 이 세상에서 살면서 육신이 병들어서 불구가 되든지, 스트레스를 받아서 병이 드는 것은 거의 대개가 귀신의 억압으로 말미암아 그렇게 되는 것입니다.

사도행전 10:38절에 "하나님이 나사렛 예수에게 성령과 능력을 기름 붓듯 하셨으매 그가 두루 다니시며 선한 일을 행하시고 마귀에게 눌린 모든 사람을 고치셨으니 이는 하나님이 함께 하셨음이라."고 말하고 있는 것입니다. 그러므로 오늘 우리가 예수 이름으로 단호하게 마귀에게 대결하면 수많은 마음의 병, 육체의 병에서 고침을 받을 수가 있게 되는 것입니다.

도덕적으로 정신적, 심리적인 장애의 원인은 그 배후에 마귀 및 귀신의 역할이 있는 것입니다. 그러므로 오늘날 사회의 모든 부정부패도 그 사회의 귀신들의 역할 때문에 그런 것입니다. 우리가 귀신을 쫓아내면 개인과 가정과 교회와 사회가 정화 될 수가 있는 것입니다. 그렇기 때문에 예수님께서는 귀신을 쫓아내는 일에 관심을 기울이라고 말씀하고 계신 것입니다.

3. 예수 보혈로 귀신을 쫓아내라.

그러면 어떻게 귀신을 쫓아낼 수 있을까요? 예수님께서는 이 귀신을 쫓아내라고 말씀하셨습니다. 예수님께서는 반드시 내 이름으로 귀신을 쫓아내라고 말하고 있는 것입니다. 예수님께서는 직접 귀신을 쫓아내셨지만 우리는 예수님이 아닙니다. 우리는 예수 믿는 사람입니다. 그러므로 하나님께 기도할 때에도 예수 이름으로 기도해야만 하나님께서 들어주시고 귀신을 쫓아낼 때도 예수 이름으로 쫓아내야 되는 것입니다.

어떤 분들은 예수 이름으로 쫓아낼 필요 없다. 눈을 딱 마주쳐 가지고서 그냥 나오라. 나오라 하면 나온다고 하는데 그것은 잘못된 것입니다. 그 자체가 벌써 귀신에게 속은 것입니다. 우리는 예수 그리스도이외에 다른 어떤 이름으로도 귀신을 쫓아낼 수가 없습니다. 예수님만이 귀신을 멸하신 것입니다. 예수님은 십자가에서 마귀와 귀신의 일을 멸하셨습니다.

마귀와 귀신이 죄 없는 예수를 잡아서 십자가에 못 박았기 때문에 그 대가로 말미암아 하나님께 심판을 받아서 통치자와 권세를 다 잃어버리고 완전히 박살이 나버리고 만 것입니다. 그러므로 마귀는 십자가를 가장 싫어하고 예수님의 보혈을 싫어하는 것입니다. 이러므로 예수님만이 십자가에서 마귀와 귀신의 일을 멸하셨기 때문에 예수 이름만이 우리를 건져낼 수가 있습니다.

베드로 전서 5장 8절에서 9절에 보면은 "근신하라 깨어라 너희 대적 마귀가 우는 사자 같이 두루 다니며 삼킬 자를 찾나니 너희는 믿음을 굳건하게 하여 그를 대적하라 이는 세상에 있는 너희 형제들도 동일한 고난을 당하는 줄을 앎이라" 라고 하셨습니다. 그러므로 우는 사자와 같이 돌아다니며 시간만 있으면 기회만 있으면 우리의 영을 잡고 마음을 누르고 육체를 눌러서 도적질하고 죽이고 멸망시키는 일을 하고 있기 때문에 우리는 시시각각으로 원수마귀 귀신을 내어 쫓아야 하는 것입니다.

요한계시록 12장 10절에서 11절에 "내가 또 들으니 하늘에 큰 음성이 있어 이르되 이제 우리 하나님의 구원과 능력과 나라와 또 그의 그리스도의 권세가 나타났으니 우리 형제들을 참소하던 자 곧 우리 하나님 앞에서 밤낮 참소하던 자가 쫓겨났고 또 우리 형제들이 어린 양의 피와 자기들이 증언하는 말씀으로써 그를 이겼으니 그들은 죽기까지 자기들의 생명을 아끼지 아니하였도다."고 말하고 있는 것입니다.

원수 귀신은 밤낮으로 밤에도 낮에도 쉬지 않고 참소를 합니다. 하나님 앞에서 참소를 합니다. 그래서 이 사람은 구원받을 자격이 없습니다. 이 사람은 못났습니다. 이 사람은 죄를 지었습니다. 인간을 잡고 흠집을 파헤치고 죽이려고 합니다. 참소는 하나님이 하는 일이 아닙니다. 참소는 마귀가 합니다. 하나님이 하는 역사는 하나님은 용서하시고 하나님은 사랑하시고 하나님은 격려하시고 하나님은 돌보시는 일을 하십니다.

하나님은 우리에게 생명을 주는 일을 하는 것입니다. 마귀는 참소합니다. 끊임 없이 참소합니다. 오늘날 이 세상에 얼마나 참소하는 일이 많습니까. 두 사람만 모이면 남을 헐뜯고 남을 모함하는 말을 합니다. 이 참소는 하나님이 주신 것이 아니라 마귀가 하는 것입니다. 밤낮으로 쉬지 않고 참소하는 것입니다. 이러한 참소하는 원수마귀는 성경에 어떻게 했습니까. 성경에 쫓겨날 것이라고 했습니다.

    오늘날 그러므로 원수 마귀에 잡혀서 참소하고 돌아다니는 사람은 하늘나라에서 쫓겨나고 마는 것입니다. 하늘나라에 들어가지 못합니다. 이러므로 저는 사랑하는 성도님들에게 말씀드립니다. 우리는 이 세상에서 가장 횡행하는 참소 마귀에 잡히지 말아야 되는 것입니다. 그리고 참소 마귀의 그릇이 되어서는 안 됩니다.

    오늘날 참소가 좋은 부부관계를 이간질 시켜놓고 형제의 관계를 갈라놓습니다. 참소가 교회를 분열시킵니다. 참소가 사회를 혼란하게 만듭니다. 국가를 망치게 하는 것입니다. 이러므로 참소마귀에 걸리지 않는 우리가 되시기를 주의 이름으로 축원합니다. 왜냐하면 우리 하나님 앞에서 밤낮 참소하는 자는 쫓겨나는 것입니다. 오늘날 마귀에 잡혀서 참소를 하고 돌아다니는 자는 하늘나라에서 쫓겨나고 마는 것입니다. 이런 비극을 당하게 되면 얼마나 불쌍하게 되는 것입니까.

    이러므로 이런 귀신은 단호하게 쫓아내야 하는 것입니다. 그러면 귀신을 어떻게 쫓아낼까요. 누가복음 10장 19절에서 20절에 보면 "천사가 대답하여 이르되 나는 하나님 앞에 서 있는 가브리엘이라 이 좋은 소식을 전하여 네게 말하라고 보내심을 받았노라. 보라! 이 일이 되는 날까지 네가 말 못하는 자가 되어 능히 말을 못하리니 이는 네가 내 말을 믿지 아니함이거니와 때가 이르면 내 말이 이루어지리라 하더라" 여기에 보면 하나님께서 우리에게 귀신의 능력을 제어할 권세를 주었다고 말한 것입니다.

능력이란 power입니다. 힘을 말하는 것입니다. 그러나 권세라는 것은 힘을 제어하는 능력인 것입니다. 예를 들어 말하면 자동차는 능력이 있습니다. 큰 능력으로 우렁차게 달려옵니다. 그러나 교통순경은 권세가 있습니다. 자동차보다는 능력은 없지만 교통순경은 손가락 하나로 지시만 하면 그 능력 많은 자동차가 덜컥 섭니다. 그것은 자동차는 능력이 있지만 교통순경은 권세가 있기 때문입니다.

여기 성경에 마귀는 능력이 있지만 하나님을 믿는 당신에게는 하나님께서 권세를 주셨다고 말씀하신 것입니다. 당신이 예수를 믿고 구원을 받자마자, 당신의 이름이 하늘나라에 등록이 되자마자, 하나님은 당신에게 원수마귀의 모든 능력을 제어 할 권세를 주신 것입니다. 그러므로 우리는 권세가 있는 자들이라는 것을 깨닫게 되기를 주의 이름으로 축원합니다.

우리가 예수를 믿고 성령의 권세가 있는 줄 믿으면 밤중에 혼자 있어도 두렵지 아니하고, 밤중에 공동묘지에 걸어가도 두렵지 않습니다. 왜냐하면 모든 원수마귀는 힘이 있지만, 예수 믿지 않는 사람은 그 힘에 짓눌려서 꼼짝 할 수 없지만, 그러나 예수 믿는 사람은 태어나서부터 믿은 자 마다 하나님께서 능력을 제어할 권세를 주신 것입니다.

우리가 담대하게 권세를 사용하면 마귀는 우리의 권세에 쫓겨서 한 길로 왔다가 일곱 길로 도망쳐 버리고 마는 것입니다. 그러므로 우리 모두 다 하나님께서 태어날 때부터 권세를 주신 권세자라는 것을 알게 되시기를 주의 이름으로 축원합니다.

그러면 그 권세를 어떻게 사용할까요. 예수님 이름으로 사용할 수 있습니다. 마가복음 16장 17절에 "믿는 자들에게는 이런 표적이 따르리니 곧 그들이 내 이름으로 귀신을 쫓아내며 새 방언을 말하며"라고 말합니다. 나사렛 예수 이름으로 명하노니 너희 더러운 귀신은 물러갈찌어다. 더러운 귀신아 물러가라. 악한 귀신아 물러가라. 거짓된 귀신아 물러가라. 점치게 하는 귀신아 물러가라. 병마의 귀신아 물러가라. 불신의 귀신아 물러가라. 나사렛 예수 이름으로 명하노니 이 더러운 귀신아 떠나갈 찌어다. 우리 가정을 파괴하는 귀신아 떠나갈 찌어다. 부부간에 불란을 일으키고 이간질 시키는 악한 귀신아 떠나갈 찌어다. 우리 자녀들을 미혹해서 부모에게 대들게 하는 귀신아 떠나갈 찌어다. 물질의 고통을 주는 귀신아 떠나갈 찌어다. 사업을 방해하는 귀신아 떠나갈 찌어다. 병마의 귀신아 떠나갈 찌어다. 직장생활 어렵게 하는 귀신아 떠나갈 찌어다.

우리가 예수 이름으로 우리의 권세를 사용할 수 있는 것입니다. 예수의 이름으로 명하노니 원수 귀신아 물러갈찌어다. 떠나갈지어다. 이와 같이 우리가 하나님의 권세를 예수의 이름으로 사용하면 마귀는 한 길로 왔다가 일곱 길로 도망가는 것입니다. 또 예수님의 보혈과 말씀으로 귀신을 쫓아냅니다.

요한계시록 12장 11절에 "또 우리 형제들이 어린 양의 피와 자기들이 증언하는 말씀을 인하여 저를 이겼으니 그들은 죽기까지 자기들의 생명을 아끼지 아니하였도다" 고 말씀한 것입니다. 예수 그리스도의 보혈을 보면 원수 귀신은 쫓겨납니다. 왜냐하면 그리스도의 보혈이 마귀의 모든 무장을 해제했습니다. 마귀의 죄의 무장을 해제하고, 미움의 무장을 해제하고 질병과 저주와 죽음의 무장을 다 해제시켜 버렸습니다. 십자가에서 마귀의 권세를 빼앗아 버렸습니다.

그러므로 예수의 보혈을 보면 마귀는 놀라서 도망을 칩니다. 우리가 예수의 보혈을 찬송하고 예수의 보혈을 말하고 예수의 보혈을 믿으면 보혈 앞에 마귀는 서지 못합니다. 타락한 귀신과 천사들은 쫓겨나는 것입니다. 그리고 난 다음 우리가 담대하게 하나님 말씀을 증거 할 때 귀신은 쫓겨나는 것입니다.

우리가 말씀을 증거하면 그 말씀에 의해서 가정에 있는 귀신이 쫓겨나고 사회에 있는 귀신이 쫓겨나고 그리고 그리스도를 믿게 되고 하늘나라가 임하게 되는 것입니다. 이러므로 보혈과 말씀으로 귀신이 쫓겨나가므로 우리는 강하고 담대하게 언제나 말씀을 전하고 권세 있는 말씀을 선언하는 성도가 되시기를 주의 이름으로 축원합니다.

내가 다른 성도에게 말씀을 전할 때 귀신이 쫓겨나가고, 그 집안에 우환과 질병을 일으키는 귀신이 쫓겨나가는 것입니다. 그러므로 하나님 말씀을 소리 내어서 담대하게 전하고 입으로 명령하며 시인하시기 바랍니다.

그 다음에는 기도와 금식으로 귀신이 쫓겨나갑니다. 마가복음 9장 29절에 "이르시되 기도 외에 다른 것으로는 이런 종류가 나갈 수 없느니라 하시니라" 귀신이 깊이 들어서 가정이 이상하게 되었던지 완전히 귀신에게 꽉 잡힌 가정을 위해서는 보통해서는 귀신이 쫓겨나지 않습니다.

아예 전통적으로 뿌리를 내리고 있는 강한 귀신들은 우리가 금식하고 기도하고 대적하면 그 개인이나 가정에서 뿌리가 뽑히고 쫓겨나는 것입니다. 단호하게 우리가 금식하고 원수마귀를 대적하면 다들 쫓겨나갑니다. 우리가 이 세상에 살면 먼지와 티끌이 자꾸 묻습니다. 그러면 어떻게 합니까. 우리는 샤워를 합니다. 목욕을 해서 우리 몸을 자꾸 정하게 합니다.

그렇지 않으면 몸에 먼지와 티끌과 때가 많이 묻어서 결국 병들게 되고 마는 것입니다. 이와같이 우리에게 영적으로도 끊임없이 귀신들이 붙습니다. 이 귀신들을 우리가 날마다 말씀과 성령의 샤워로써 씻어내야 합니다. 이 귀신들을 샤워로 씻어내는 적극적인 방법은 예수 이름으로 늘 쫓아내고, 보혈을 의지해서 찬송하고 말씀으로써 귀신을 대적하고, 우리가 성령으로 기도함을 통해서 언제나 귀신이 우리에게서 쫓겨나고, 우리는 영적으로 목욕하고 샤워를 해서 우리의 심신이 정결하게 되는 것입니다. 하늘나라가 우리 속에 임하면 언제나 의를 가져옵니다. 불의와 추악을 제하고 의를 가져오고 마음에 평화를 가져옵니다.

하늘나라가 오면 마음에 불안과 공포를 제하고 마음속이 평안으로 강물같이 넘쳐납니다. 그리고 마음에 기쁨이 넘쳐납니다. 기쁨이 바로 우리 삶의 용기와 희망을 줍니다. 마음에 기쁨이 있으면 살아가는데 용기가 생기고 힘이 생기고 창조적이 되는 것입니다. 그러나 사람의 마음속에 기쁨을 잃어버리면 좌절하고 낙심하고 허약하게 되어버리고 그리고 무능력하게 되어 버리고 마는 것입니다.

기쁨을 잃어버린 개인이나 가정이나 사회나 국민은 망하게 되고 마는 것입니다. 마귀는 어찌하든지 의를 빼앗아가고 평화를 빼앗아가고 기쁨을 빼앗아 가서 멸망시키려고 하는 것입니다. 그러나 우리가 예수의 이름으로 마귀를 단호하게 대적하여 이기고 보혈과 말씀에 서고 기도로써 성령의 생활을 하면 성령이 우리 마음속에 충만하여서 하늘나라가 임합니다.

하늘나라는 마음에 의를 가져오고 마음에 평안을 가져오고 마음에 기쁨으로 충만해서 우리가 사기가 충천하고 의욕이 넘쳐나고 긍정적이고 적극적이며 창조적이고 생산적이고 승리적인 삶을 살게 만들어 주는 것입니다. 이러므로 우리는 이 마귀의 나라에서 예수를 믿을 때 하나님 나라로 옮겨왔습니다. 성경은 말씀하기를 하나님은 우리를 흑암의 권세에서 건져내사 하나님의 사랑하는 나라로 옮겼다고 말하고 있습니다.

예수를 믿을 때 우리는 마귀의 나라에서 옮겨와서 하나님의 아들 나라에 오게 된 것입니다. 예수를 구주로 믿으시면 아멘 하십시다. 그러므로 여러분은 하나님 아들 나라에 섰으며 하나님

품안에 들어와 있습니다. 우리는 영적으로 하나님의 나라 그 아들 예수그리스도의 나라에 있으므로 우리는 예수그리스도 안에서 아버지의 보호를 받고 축복을 받고 사랑을 받으며 아버지의 능력에 의지해서 살게 되고 예수의 이름으로 끊임없이 귀신을 쫓아냅니다.

그러나 우리가 이 세상에 사는 이상 이 세상은 마귀의 속에 있습니다. 사탄이 타락한 천사와 귀신과 함께 이 세상을 부여잡고 있습니다. 그래서 이 세상 원수귀신은 하나님 없는 세계로 예수 안 믿는 세계로 세속으로 휘몰아치고 있는 것입니다. 그래서 더러움으로 꽉 차고 악으로 꽉 차게 하고 거짓으로 꽉 들어차고 이단으로 꽉 들어차고 사신으로 꽉 들어차고 그리고 불신앙으로 들어차고 이래서 파탄으로 이끌어 가려고 하고 있는 것입니다.

이러한 세계 속에서 우리는 예수를 굳세게 부여잡고 하나님 품에 깊이 안기고 언제나 보혈을 찬미하고 말씀을 믿고 증거하고 기도하므로 하늘나라가 내 안에 충만하고 내가 하늘나라 속에 살아서 의가 가득하고 평화가 가득하고 기쁨이 넘치고 긍정적이고 적극적이며 창조적이고 생산적인 그런 삶을 우리가 살아야 할 것입니다.

이러한 영적인 싸움에서 우리가 이겨야 됩니다. 우리 눈에 보이는 이 세계의 배후에 거대한 영적인 전쟁이 순간, 순간 일어나고 있는 것입니다. 우리 배후의 눈에 안 보이는 세계는 하나님의 나라와 사탄의 나라가 서로 우리를 점령하기 위해서 싸우고 있는 것입니다. 그러나 우리가 예수 안에만 들어오면 넉넉히 이기고 남음이 있습니다.

예수 밖에 있으면 우리는 사탄의 종이 되고 마귀에게 잡혀서 세상 탐욕에 휩쓸려 가다가 나중에 하나님께 심판을 받아 영원한 멸망으로 떨어져 버리고 마는 것입니다. 마귀와 그 종자들은 불과 유황으로 타는 불 못에 들어가게 되는 것입니다. 그러므로 그 마귀와 종자를 따라가는 사람에게는 종국적으로 불과 유황으로 타는 불 못에 영원히 던져지고 영원한 불꽃 속에 고통을 당하게 되고 마는 것입니다.

이러므로 우리가 이 땅에 사는 동안에 신속히 마귀의 나라에서 나와서 예수 그리스도를 믿음으로 하나님 나라로 옮겨오고 우리는 매일 같이 마귀와 귀신을 쫓아내야겠습니다. 할렐루야. 내 개인의 생활 속에서 우리 가정에서 우리 교회에서 우리 집단 생활에서 마귀의 도적질하고 멸망시키고 파괴하는 그러한 세력을 단호하게 쫓아 내버려야겠습니다. 예수의 이름으로 명하노니 귀신아 물러가라. 예수의 보혈과 그 말씀으로 명하노니 원수 귀신아 물러갈찌어다.

우리의 가정에서 우리의 교회에서 떠나가라. 너희 참소하는 귀신은 물러갈찌어다. 이래서 우리가 일어서 가는 곳마다 우리의 공기를 정화시키고 영적 세계를 정화시키고 우리의 삶 속에 맑고 밝고 환한 하나님의 생명의 은총만 충만하게 만들어야 될 것입니다. 이렇게 할 때 참으로 이 땅에서 우리는 성공적인 인생을 살고 이 땅을 떠나서 영원한 천국에 무사히 이르게 되는 것입니다.

4. 예수님의 보혈을 사용한 축귀 방법

예수님의 보혈에는 권능이 있습니다. 무턱대고 보혈에 권능이 있는 것이 아닙니다. 반드시 예수를 주인으로 영접하고 성령으로 세례를 받은 성도라야 보혈에 능력이 있는 것입니다. 예수님의 보혈을 축귀에 사용하는 것도 성령의 임재 하에 권능을 발휘합니다. 성령의 보증 없이 말로 보혈을 사용한다고 귀신이 떠나가지 않습니다. 많은 성도들이 착각하는 것이 바로 이것입니다. 말로 보혈을 뿌리면 되는 줄로 착각하는 것입니다. 예수님의 보혈은 아담이 죽어야 해당되는 것입니다. 즉, 죄인인 아담이 예수 십자가에서 보혈을 흘리고 죽었다가 하늘의 사람으로 태어나기 때문에 보혈에 권능이 있습니다.

성령으로 충만한 가운데 보혈을 사용하며 축귀를 해야 합니다. 그래야 귀신이 떠나가는 것입니다. 무조건 예수 보혈을 외친다고 귀신이 떠나가지 않습니다. 저는 이렇게 합니다. 귀신의 종류에 따라 쉽게 떠나가는 귀신이 있는가하면 그렇지 못한 귀신이 있습니다. 쉽게 떠나가는 귀신은 일반적인 방법을 사용하면 됩니다. 잘 떠나가지 않는 귀신은 이렇게 합니다. "예수 피" "예수 피"를 외칩니다. 그러면 피 사역자가 깜작깜작 놀라면서 귀신이 정체를 드러냅니다. 정체를 드러내면 불러내어 축귀를 합니다. 아주 강한 귀신은 "내가 예수이름으로 예수님의 보혈을 이 사람 속에 붓노라." "예수님의 보혈을 이 사람 속에 들어붓노라." "예수 이름으로 보혈은 이 사람 속에 차고 넘칠 지어다." 합니다. 그러면 귀신이 정체를 폭로합니다. 그래도 떠나가지 않으면 "내가 나사렛 예수이름으로 이 사람에게 예수 피를 뿌리노라. 붓노라." 하면서 지속적으로 명령을 합니다.

 이것은 일반적으로 사용하는 방법입니다. 또 다른 방법은 축귀를 하면서 성령의 음성을 들어가면서 성령이 알려주시는 레마에 따라 명령하는 것입니다. 성령께서 어떤 때는 천사를 이용하게 하시기도 합니다. 예를 든다면 "예수님 이 사람에게 강한 천사를 보내시어 이악한 귀신을 몰아내게 하소서." "강한 천사들아 이곳에 와서 나를 도울 지어다" "예수님 강한 천사를 보내서 이 귀신들을 몰아내소서." 합니다. 중요한 것은 축귀의 주관자이신 성령님과 인격적인 관계가 되는 것이 중요합니다. 그리고 반드시 성령의 임재 하에 축귀를 해야 한다는 것입니다. 귀신은 떠나갈 수 있는 조건이 되어야 떠나가기 때문입니다.

14장 보혈로 죄와 상처를 치유하는 법

(히 9:7-12, 22) "오직 둘째 장막은 대제사장이 홀로 일 년에 한 번 들어가되 자기와 백성의 허물을 위하여 드리는 피 없이는 아니하나니 성령이 이로써 보이신 것은 첫 장막이 서 있을 동안에는 성소에 들어가는 길이 아직 나타나지 아니한 것이라 이 장막은 현재까지의 비유니 이에 따라 드리는 예물과 제사는 섬기는 자를 그 양심상 온전하게 할 수 없나니 이런 것은 먹고 마시는 것과 여러 가지 씻는 것과 함께 육체의 예법일 뿐이며 개혁할 때까지 맡겨 둔 것이니라 그리스도께서는 장래 좋은 일의 대제사장으로 오사 손으로 짓지 아니한 것 곧 이 창조에 속하지 아니한 더 크고 온전한 장막으로 말미암아 염소와 송아지의 피로 하지 아니하고 오직 자기의 피로 영원한 속죄를 이루사 단번에 성소에 들어가셨느니라 율법을 따라 거의 모든 물건이 피로써 정결하게 되나니 피흘림이 없은즉 사함이 없느니라"

인류 문명 발전에 지대한 공헌을 한 발명품 중에 하나가 지우개랍니다. 그래서 저도 일찌감치 태어나서 지우개를 발명했으면 노벨상이나 탈 것인데… 우리가 보통 생각할 때는 이 지우개가 아무것도 아닌 것같이 생각되지 않습니까? 그러나 오늘날의 문명은 이 지우개 때문에 발전이 되었다는 것입니다. 인류 문명 발전을 유도한 종이와 연필은 지우개가 있어 효율적으로 사용할 수 있었다는 것입니다. 아무리 종이와 연필이 발전 되었다고 해도 잘못 그리거나 잘못 쓴 것을 지워야 하므로 우리는 지우개가 꼭 있어야 됩니다.

그러므로 우리 신앙의 발전과 성장에는 우리가 모자란 일도 하고 잘못하는 일도 많이 하므로 우리 생활에 지우개가 꼭 필요한 것입니다. 행위에 지우개가 필요한데 그 지우개는 무엇을 지워야 되겠습니까? 울어도 못하네. 애써도 못하네. 그 예수님의 보혈이 바로 그 지우개인 것입니다. 무슨 잘못이나 실수나 모자란 것이라도 예수님의 보혈의 은혜가 임하면 깨끗이 씻어지는 것입니다. 그리스도의 절대적인 은혜에 의해서 우리는 신앙생활을 계속할 수 있는 것입니다. 우리의 잘못을 용서해 주시고 지워주시는 보혈의 역사 없이 우리 신앙이 조금도 나아가지 못합니다. 세상에 죄를 짓지 않는 의인은 한 사람도 없습니다.

모든 사람이 죄를 범하였으니 아버지의 영광에 이르지 못합니다. 그러므로 늘 씻어야 돼요. 예수님의 보혈은 우리 신앙의 불가결한 근본이 되는 것입니다. 그렇기 때문에 우리가 언제나 담대할 수 있는 것은 내가 비록 잘못해서 수렁에 빠졌다 할지라도 예수님의 보혈이 기다리고 있기 때문에 보혈로 샤워를 하고 나면 깨끗이 씻어지고 마는 것입니다. 다른 종교에는 이와 같이 우리를 씻어줄 수 있는 큰 힘을 가진 하나님의 은혜가 없습니다. 그러나 우리는 우리가 잘나서 하나님 나라에 들어갈 수 있는 것이 아니라 예수님의 보혈 덕분에 들어가는 것입니다.

1. 보혈은 하나님의 은혜의 증거

　예수님의 보혈은 하나님의 은혜의 증거인 것입니다. 은혜란 무엇입니까? 은혜란 아무 대가없이 공짜로 주는 것이 은혜인 것입니다. 은혜는 고맙다고 하면 그뿐인 것입니다. 보혈은 하나님의 아들 예수 그리스도의 몸에서 뽑은 생명의 피입니다. 그 피 값이 우리에게 은혜로 주어졌다니, 우리 한 사람 한 사람이 하나님 보시기에 얼마나 귀중한 존재입니까? 우리가 값나가지 아니하면 보혈을 주고 살 턱이 없습니다. 하나님이 굉장히 우리를 귀하게 여기십니다.

　얼마 전에 행복 전도사 부부가 자살을 했는데 안했으면 꼭 좋을 것 가지고서 그 왜 자살을 했겠습니까? 행복 전도사 되는 그 분은 얼마나 몸이 아팠던지 백 군데 이상 더 아팠다는 것입니다. 온몸이 너무 아파서 견딜 수 없으니 우울증에 걸리게 되고 그 남편에게 죽여 달라고 해서… 죽었습니다. 생명이 얼마나 귀한 것인데 하나님은 예수 그리스도의 피를 통해서 우리를 값주고 샀기 때문에 하나님의 허락 없이 마음대로 아무리 부부간이라도 죽이고 살리고 못합니다. 남편이니까 내가 죽여도 되고 내 마누라니까 내가 죽여도 된다. 그 말도 안 되는 소리입니다.

　하나님께 허락 맡아야 되는 것입니다. 그런데 하나님께 허락 맡아서 죽일 수 있는 사람 아무도 없습니다. 왜냐하면 하나님은 다 살리려고 역사하시는 것입니다. 예수님이 십자가에 못박혀 몸 찢고 피 흘린 것은 죽이려고 한 것이 아니라 살리려고 한 것입니다. 하나님이 세상을 이처럼 사랑하사 독생자를 주셨으니 누구든지 저를 믿으면 멸망하지 않고 영생을 얻으리라. 그냥 하루 이틀 사는 것이 아니라 영원히 사는 생명을 주기 위해서 주님이 피를 흘리신 것입니다. 우리가 그렇기 때문에 인간의 힘쓰고 애쓰는 노력으로 구원 절대 못 받습니다. 예수 그리스도의 피 값을 계산할 수 있으면 좋겠는데 계산이 안 됩니다. 그러므로 인간의 수단과 방법으로는 우리가 죄를 청산할 수 없으므로 구원 받을 수 있는 사람 아무도 없습니다.

사도행전 4장 12절에 "다른 이로서는 구원을 받을 수 없나니 천하 사람 중에 구원을 받을 만한 다른 이름을 우리에게 주신 일이 없다."어떤 사람의 이름을 통해서도 구원받을 수가 없다는 것입니다.

예수님이 "내가 곧 길이요 진리요 생명이니 나로 말미암지 않고는 아버지께로 올 자가 없느니라"(요 14:6)이라고 말씀하셨습니다. 예수님의 대속의 은혜 그것이 하나님 앞에 효과를 발생하는 것입니다. 예수님이 대신 지불해 준 것입니다.

히브리서 9장 11절로 12절에 "그리스도께서는 장래 좋은 일의 대제사장으로 오사 손으로 짓지 아니한 것 곧 이 창조에 속하지 아니한 더 크고 온전한 장막으로 말미암아 염소와 송아지의 피로 하지 아니하고 오직 자기의 피로 영원한 속죄를 이루사 단번에 성소에 들어가셨느니라"

성소에 들어갔다는 것은 아버지가 성소에 계시니까 아버지에게 나아가는데 죄인은 못나가니까 죄를 씻음 받은 사람만이 성소에 들어가서 아버지 앞에 들어갈 수 있는데 그 길을 예수님이 당신의 피로써 열어 주었다는 것입니다. 당신이 우리를 대신해서 피를 흘리셔서 다 청산해 버리고 이 사람 죄 없습니다. 의롭다함을 선물로 주어서 아버지 앞에 들어갈 수 있게 한 것입니다. 원래 우리 한국에도 옛날에 이씨 조선 시절에는 나랏돈 천냥 먹으면 감옥에 들어가고 갚지 못하면 사형을 당했습니다. 그런데 나랏돈 천냥을 뇌물로 먹고 감옥에서 사형선고를 받고 그 날짜를 기다리고 있는데 얼마 전에 이 사람이 길거리에 활활 활개 치며 다니거든 "저것 보아라. 저 사형당해야 되는데 어떻게 살아 돌아다니느냐?" 그러면 사람들이 다 뭐라고 말하냐면 고개를 끄덕끄덕하면서 "갚았구나. 나랏돈 천냥 갚았구나." 갚지 않고는 나와서 돌아다닐 수가 없어요. 갚았기 때문에 이제는 돌아다니는 것입니다.

우리가 교회 마음대로 나와서 주님께 감사 찬송 드리고 주님을 향해서 하나님 아바 아버지라 부를 수 있는 것은 갚았기 때문에 그런 것입니다. 우리 주 예수님이 우리를 대신해서 우리 죄악의 빚을 갚아 주셨기 때문에 이제 우리는 죄의 빚에서 해방되고 의롭다함을 얻게 된 것입니다. 의롭다는 말은 헬라어로 디카이 오스인데 그 의미가 뭐냐면 태어나서 지금까지 죄를 한 번도 안 지은 상태인 것입니다. 내 죄를 다 청산해 버린 상태인 것입니다. 그러면 예수 그리스도의 피가 여러분과 나를 의롭게 만들어 주는 것입니다.

에베소서 2장 8절에 "너희는 그 은혜를 인하여 믿음으로 말미암아 구원을 받았으니 이것은 너희에게서 난 것이 아니요 하나님의 선물이라"

하나님께서 우리에게 용서와 구원을 선물로 주셨습니다. 그러니 우리가 보통 가치 있는 사람이 아닌 것입니다. 우리 스스로를 비하하지 마십시오. 나 같은 인생이 무슨 가치가 있느냐. 얼마나 가치가 있기에 하나님의 아들 예수님이 당신의 생명을 대신 주어서 값주고 삽니까? 저는 나이 어릴 때는 별로 그것을 느끼지 못했습니다만 나이를 먹고 가만히 생각하니까 내가 굉장히 귀한 것 같아요. 왜, 안 귀하면 왜 주님이 나를 불러가지고서 회개시키고 성령으로 인을 쳐서 기도하게 하시고 영생을 얻게 하시겠습니까? 하늘나라가 무슨 자리가 없어서 그렇게 하시겠습니까? 주님이 나를 귀하게 여기고 사랑하시기 때문인 것입니다.

그러므로 내 스스로만 귀한 것이 아니라 내가 귀하니까 다른 사람들도 다 귀해요. 옛날에는 못난 놈, 더러운 놈, 거짓말쟁이 이런 사람들하고는 앉아서 차도 안마셨어요. 그러나 요사이는 누구든지 데리고 차 마시러 오면 마시려고 합니다. 왜냐, 차 내가 안마시면 나만 손해나지 내가 뭘 그렇게 거룩하고 깨끗하다고 그 사람은 더럽고 추하고 못났으니 같이 차 안 마신다. 그럴 필요가 어디 있느냐. 같이 배고프면 밥도 같이 먹고 목마르면 차도 같이 마시고 나만 바로 서서 살면 되지 그 사람 흉볼 일이 없지 않습니까? 왜 하나님이 그 사람도 귀하게 여겨서 구원하시기를 원하시기 때문에 우리가 하나님의 구원의 역사에 걸림돌이 되어서는 안 되는 것입니다.

구약 시대에도 모든 하나님에 관한 것은 제사를 드리는 것입니다. 우리가 구약 성경 읽어 보면 속죄 제사라고 나오지요? 죄를 지은 사람은 하나님 앞에 속죄 제사를 드려야 되는 것입니다. 이 속죄 제사는 제사장은 수송아지 족장은 숫염소, 평민은 암염소, 어린양, 가난한 자는 비둘기, 곡물로 드리는데 구약시대 안 태어나기를 다행입니다. 구약시대에 태어났으면 우리 주일날 교회 올 때 전부 염소, 양 다 끌고 와가지고서 염소 소리, 양소리 때문에 시끄러워 설교도 못할 것입니다. 그와 같이 피 흘림이 없은 즉 죄 사함이 없었습니다. 그런 제사를 속죄 제사라 하는데 하나님의 계명을 어겼을 때는 속죄 제사를 드려야 해요. 그 다음에는 속건제가 있습니다.

속건제는 실수한 죄, 이 세상에 살다가 말에 실수도 하고 행동에 실수도 하고 꼭 죄를 지은 것이 아니라, 잘못한 짓을 할 때는 보상을 해야 되는 것입니다. 실수한 만큼 보상을 해야 되는데 그것을 속건제라고 하는 것입니다. 이 흠 없는 숫양을 제물로 드리고 여기에 범한 자기 죄로써 손실을 가져온 상대편의 물질의 5

분지 2를 더 배상해야 되는 것입니다. 그래서 속건 제물을 드려서 죄 사함을 받은 것입니다. 그 다음에는 번제입니다. 누구든지 하나님께 들어가려면 번제를 드려야 돼요. 빈손 들고는 못가요. 왜, 아는 듯 모르는 듯 다 죄가 있으니까요. 완전히 의로운 사람 없잖아요. 그러니까 속죄제 드릴 죄지은 것도 없고 실수한 속건제 드릴 것도 없지만, 그래도 또 하나님 보시기에는 흠, 점이 많으니까 번제를 드리는 것입니다.

그래서 번제는 흠이 없는 숫소, 숫양, 숫염소, 비둘기 이런 것을 잡아서 피를 제단에 뿌리고 하나님께 예배를 드려야 되는 것입니다. 그 다음에는 또 화목제가 있는 것입니다. 하나님하고 특별히 더 가까워지려면 화목제를 드려서 그 피가 하나님과 우리 사이를 가깝게 해주는 것입니다. 형편에 따라 암수를 구별하지 않고 소나 양이나 염소를 잡아 드렸던 것입니다. 왜냐하면 피흘림이 없이는 죄사함이 없습니다.

히브리서 9장 22절에 "율법을 따라 거의 모든 물건이 피로써 정결하게 되나니 피흘림이 없은즉 사함이 없느니라"

한번 따라 말씀하세요. "피 흘림이 없은즉 사함이 없느니라." 그러므로 구약시대에 안 태어난 것을 얼씨구나 좋다 감사할 수밖에 없습니다. 우리가 소나 염소나 양이나 비둘기 안 가져와도 되니 얼마나 좋습니까? 우리를 대신해 예수님이 당신의 피를 흘렸는데 예수님은 하나님이시라 영원하지 않습니까? 영원한 보혈로 우리 죄를 영원히 씻어버린 것입니다. 그러므로 하루 이틀 씻은 것이 아닙니다. 구약시대는 죄지을 때마다 속죄제, 실수할 때마다 속건제, 하나님께 나올 때마다 번제, 아주 귀찮기가 말로 다 할 수 없습니다. 그런데 예수 그리스도는 그 보혈로 영원히 모든 인류의 죄를 다 청산해 버렸기 때문에 예수 그리스도의 이름만 부르면 그 보혈의 능력으로 구원을 받아 용서와 의를 얻어 하나님 앞에 설 수가 있는 것입니다. 그러므로 그리스도의 은혜가 얼마나 큰지 말로 다 할 수 없습니다. 예수 그리스도의 피는 주님의 은혜의 증거인 것입니다. 값없이 주시는 것입니다.

2. 보혈은 하나님의 사랑의 증거

예수님의 보혈은 하나님의 사랑의 증거인 것입니다. 예수님은 원수 된 자를 위해서 피를 뽑아 주신 것입니다. 우리가 다 죄를 지어서 하나님과 원수 되었는데 피를 뽑아주었으니 사랑 했습니까? 사랑 안 했습니까? 사랑 안 했으면 절대로 피 안 뽑아줘요. 주님이 원수 된 우리를 위해서 당신의 피를 어느 정도 뽑아준 것이 아니라 다 뽑아줘 버렸어요. 갈보리 십자가에 못 박혀서 피가 다 흘러서 나중에는 피가 없어서 세상을 뜨게 된 것입니다. 이처럼 사랑했기에 어느 것처럼 죽도록 사랑한 것입니다. 빌립보서 2장 8절에 "자기를 낮추시고 죽기까지 복종하셨으니 곧 십자가에 죽으심이라"

미국의 부흥사였던 찰스 피니 목사가 하루는 "그의 아들 예수의 피가 우리를 모든 죄에서 깨끗하게 하실 것이요" 라는 제목으로 설교를 했습니다. 그런데 한 남자가 목사님께 다가와서 팔목을 잡아당기면서 어디 좀 자기와 같이 가자고 그럽니다. 그 남자는 온 동네에서 괴팍하기로 소문난 남자인지라 교회 제직들이 와서 "목사님, 따라가지 마십시오." 말렸는데 성령께서 따라가라는 지시가 있어서 따라갔습니다. 한 건물 앞에 이르자, 그는 목사님과 함께 건물에 들어가서 문을 안에서 채우고 그 다음 목사님께 앉으라고 합니다.

자기도 앉아서 목사님을 쳐다보고, "목사님, 오늘 설교한 말씀 진짜요 가짜요?" 그래서 "아니 내가 거짓말로 설교할 턱이 있습니까? 오늘 설교한 말씀은 하나님이 주신 말씀으로 내가 하나님을 대언했을 따름인 것입니다. 그 아들 예수의 피가 우리를 모든 죄에서 깨끗하게 하실 것이라고 한 것은 하나님의 말씀입니다." 그 남자는 말하기를 "저는 이곳에서 술집을 합니다. 이게 내 술집입니다. 거기에 손님이 오면 온갖 수단과 방법을 다 해서 만취가 되도록 합니다. 호주머니에 있는 돈 다 내놓도록 만듭니다. 그래가지고 집으로 보내는데 너무 만취 되어가지고 길을 잘못 들어 철뚝에서 기차에 치어서 몇 사람이 죽었습니다. 사고도 많이 났습니다.

그러나 내가 돈만 벌면 되지 않습니까? 그 돈 벌어서 살았어요. 그리고 술을 안 먹는 사람은 어찌하든지 그 돈을 내가 빼앗아야 되기 때문에 옆에 있는 저 도박장이 내가 운영하는 도박장입니다. 술로써 다 안 내놓는 사람은 도박장으로 유혹을 하여 도박을 해서 돈을 다 내놓게 하는 것입니다. 이런 사람도 용서받을 수가 있습니까?" 그 피니 목사가 말하기를 "나에게는 한 가지 권한밖에 없습니다. 그것은 하나님의 말씀을 선포하는 것입니다. 용서하고 안하고는 하나님이 알아서 하실 것입니다. 나는 하나님의 종으로서 하나님 말씀을 선포하는데 하나님의 말씀에 그 아들 예수의 피가 우리를 모든 죄에서 깨끗하게 하실 것이라고 했으니, 그 아들 예수를 구주로 모시고 믿으면 말씀대로 용서받지 않겠습니까?"

그 사람은 잠시 목사님을 보다가 "목사님, 나는 재혼을 했습니다. 처음 아내가 죽고 재혼을 했는데 재혼한 여자가 딸을 데리고 내게 시집을 왔습니다. 그러나 나는 매일같이 강제로 그 엄마와 딸을 폭행을 합니다. 이런 사람도 죄 용서를 받을 수 있습니까?" 찰스 피니가 그 말을 듣고 눈물을 흘리면서 하는 말이 "내가 여태까지 죄를 회개하는 것을 들어도 이만큼 나쁜 죄는 처음 들었습니다. 아니 어머니와 딸을 동시에 폭행을 하다니 이런 고약한 짓이 어디 있습니까?" 그러니까 "좌우간 용서받을 수 있습니까?" "그 대답은 하나님만 하시지 나는 못합니다. 내가 말할 수 있는 것은 하나님 말씀을 대언하는 것입니다.

그 아들 예수의 피가 우리를 모든 죄에서 깨끗이 하실 것이라 했으니 예수의 피를 믿으면 하나님이 용서해 주실 줄로 나는 믿습니다." 그는 고개를 숙이고 난 다음에 찰스 피니 목사님 앞에서

"나도 그 아들 예수 그리스도의 피를 믿고 깨끗하게 됨을 원합니다." 헤어졌는데, 예수의 피는 능력이 있지요. 그 사람이 변화되어서 술집도 닫고 도박장도 닫고 새 사람이 되어가지고 온 동네에 소문난 크리스챤이 되었어요. 그 아들 예수의 피가 기적을 베푼 것입니다. 우리의 힘으로 용서를 받고 우리의 힘으로 깨끗이 되지 않습니다. 우리는 진리를 알지니 진리가 너희를 자유케 하리라 했으니 하나님 진리를 받아들이고 진리에 의지하면 예수 그리스도의 보혈과 성령의 역사가 우리를 변화시켜 주시는 것입니다.

예수님의 십자가 보혈은 우리를 죄와 허물에서 사하시고 질병을 치료하고 가난과 저주에서 해방시키고 모든 죄와 허물로 부터 우리를 정결하게 만드는 사랑의 증거가 되는 것입니다. 예수님의 보혈을 볼 때마다 나는 사랑받고 있다. 나는 귀중한 존재다. 하나님이 나를 사랑하기 때문에 나를 불러서 그 아들의 피를 믿게 만들어 주신다. 하나님께 감사하고 자신 스스로를 귀중하게 여기게 되시기를 주님의 이름으로 축원합니다.

3. 보혈은 예수님의 생명의 선물

예수님의 보혈은 예수님의 생명의 선물의 증거입니다. 예수님이 보혈을 흘리므로 당신의 생명을 우리에게 부어주신 것입니다. 믿음과 영생을 요한복음 6장 47절로 52절에 말씀하고 있는 대 우리 한번 읽어 보십시다.

"진실로 진실로 너희에게 이르노니 믿는 자는 영생을 가졌나니 내가 곧 생명의 떡이니라 너희 조상들은 광야에서 만나를 먹었어도 죽었거니와 이는 하늘에서 내려오는 떡이니 사람으로 하여금 먹고 죽지 아니하게 하는 것이니라 나는 하늘에서 내려온 살아 있는 떡이니 사람이 이 떡을 먹으면 영생하리라 내가 줄 떡은 곧 세상의 생명을 위한 내 살이니라 하시니라 그러므로 유대인들이 서로 다투어 이르되 이 사람이 어찌 능히 자기 살을 우리에게 주어 먹게 하겠느냐"

예수님은 자기 살을 떡이라고 해서 우리에게 준 것입니다. 나는 예수님의 살을 떡으로 먹은 적이 없는데요. 성찬이 바로 예수 그리스도의 살입니다. 우리가 떡을 취하여서 하나님 앞에 기도하고 그 떡을 떼어서 주면 믿음으로 우리가 떡을 받아 먹으면 실제로 예수 그리스도의 살을 받아먹는 것과 같은 효과를 발생하는 것입니다. 믿음으로 성찬을 받아먹고 예수 그리스도의 살을 먹게 되는 것입니다. 그리고 믿음으로 잔을 마시면 예수 그리스도의 피를 마시게 되는 것입니다.

요한복음 6장 53절로 58절을 읽어 보십시다. "예수께서 이르시되 내가 진실로 진실로 너희에게 이르노니 인자의 살을 먹지 아니하고 인자의 피를 마시지 아니하면 너희 속에 생명이 없느니라 내 살을 먹고 내 피를 마시는 자는 영생을 가졌고 마지막 날에 내가 그를 다시 살리리니 내 살은 참된 양식이요 내 피는 참된

음료로다 내 살을 먹고 내 피를 마시는 자는 내 안에 거하고 나도 그의 안에 거하나니 살아 계신 아버지께서 나를 보내시매 내가 아버지로 말미암아 사는 것 같이 나를 먹는 그 사람도 나로 말미암아 살리라 이것은 하늘에서 내려온 떡이니 조상들이 먹고도 죽은 그것과 같지 아니하여 이 떡을 먹는 자는 영원히 살리라"

우리가 교회에서 성찬의 떡과 잔을 다 마셨으면 영생을 얻습니다. 우리 교회에는 영생을 가진 사람들이 이렇게 많습니다. 예수님께서 당신의 살을 주시고 피를 주셔서 당신이 가지고 있는 영원한 생명을 우리에게 나누어 주신 것입니다. 그러므로 우리는 영생을 가진 사람인 것입니다. 사람이 한번 죽는 것은 정한 이치요 죽고 난 다음에는 심판이 있는데 우리는 사망의 심판을 건너뛰어서 영원히 사는 세계로 들어가는 것이기 때문에 소망이 있는 것입니다. 따라 말씀하세요. 나는 영생을 가지고 있습니다. 이제 우리는 결코 사망과 음부의 노예가 되지 않습니다. 우리는 하나님 아버지와 그 아들과 함께 영원히 사는 하나님 백성이 된 것입니다.

4. 보혈과 지우개

보혈과 지우개에 대해서 말하겠습니다. 보혈은 우리의 지우개인 것입니다. 보혈은 우리에게 와서 우리에게 더럽고 흠된 것을 다 지워버리는 것입니다.

요한일서 1장 7절에 "그 아들 예수의 피가 우리를 모든 죄에서 깨끗하게 하실 것이요"한 두가지 죄가 아닌 것입니다. 미워한 죄, 욕한 죄, 거짓말한 죄, 살해한 죄, 온갖 죄… 너의 죄 흉악하나 눈과 같이 희겠네. 예수님 보혈 앞에 나오면 지워 버립니다. 그래서 인생을 재출발 할 수 있는 것입니다.

에베소서 1장 7절에 "우리는 그리스도 안에서 그의 은혜의 풍성함을 따라 그의 피로 말미암아 속량 곧 죄 사함을 받았느니라" 우리의 모든 죄는 예수님의 피로 말미암아 용서를 받고 의롭게 되고 하나님의 영광을 얻을 수 있습니다.

그렇기 때문에 언제나 공부하는 학생이 지우개를 들고 다녀야 되는 것처럼, 우리의 신앙생활에는 우리 인생을 정결하게 해주는 지우개를 항상 간직하고 다니게 되시기를 주님 이름으로 소원합니다. 그래서 언제나 씻어요. 사람들은 어떻게 평론할지 모르겠지만, 우리는 예수 그리스도의 보혈을 의지하고 예수님에게 부탁하면 하나님의 아들이 하늘 보좌를 떠나, 인간의 육신을 입고 세상에 오셔서, 육신을 쓰고 33년을 사시고, 십자가에 올라가서 몸을 찢고 피를 흘려, 믿는 우리의 일생의 죄를 청산한 어마어마하고 고귀한 보혈이기 때문에 그 피가 우리의 죄를 진실로 다 청산해 주고 마는 것입니다. 죄만 청산한 것이 아닙니다.

우리가 세상에 살면서 세속적인 잘못도 술, 알콜중독, 아편중독, 거짓말쟁이, 미워하는 사람, 성격이 고약한 사람, 여러 가지 윤리적, 도덕적으로도 흉볼수 있는 이것도 지워지는 것입니다.

지은 죄만 지워지는 것이 아니라, 우리의 생애 속에 잘못된 것도 지워주는 것입니다.

베드로전서 1장 18절로 19절에 "너희가 알거니와 너희 조상이 물려 준 헛된 행실에서 대속함을 받은 것은 은이나 금 같이 없어질 것으로 된 것이 아니요 오직 흠 없고 점 없는 어린 양 같은 그리스도의 보배로운 피로 된 것이니라"

헛된 행실이 예수 그리스도의 보혈로 사라진 것입니다. 저는 지금까지 목회하면서 여러 질병들이 예수의 보혈로 씻은 듯이 나아진 것을 보았습니다. 술주정뱅이, 싸움꾼, 깡패, 세속에 취한 사람, 그리스도의 보혈로 말미암아 완전히 새로워져요. 그러므로 보혈은 지우개인 것입니다. 히브리서 13장 12절에 "예수도 자기 피로써 백성을 거룩하게 하려고 성문 밖에서 고난을 받으셨느니라" 그 다음에는 예수의 피가 우리의 병을 지워버리는 것입니다. 우리가 인생을 살면서 크고 작은 병을 한 번도 안 앓아본 사람 없습니다.

유명한 부흥사였던 신현균 목사님이 몇 년 전에 천국에 가셨습니다. 그런데 그분이 생전에 항상 하시는 말씀이 나는 한평생에 아파본 적이 없다. 그러면서 목사님들이 아프면 시시하게 성령 받은 목사들이 몸이 아파, 하면서 질책을 했다고 합니다. 그런데 신 목사님 사모님이 하루아침에 아무래도 남편이 늦게 나온다 싶어서 남편 방에 들어가 보니까 벌써 가버렸어요. 천당에 가버렸어요. 그렇게 건강을 자랑하시던 분이 천국에 가신 것입니다. 그러므로 몸이 안 아프다고 자랑할 사람 아무도 없어요. 모든 사람이 다 이 세상에 살면서 병드는 것입니다. 그러나 예수님의 피가 그 병을 지워주시는 것입니다. 우리가 회개하고 기도하고 부르짖으면 예수의 피가 와서 당신의 죄를 지우듯이 병을 지워 버리는 것입니다. 주여! 예수 그리스도의 보혈로 나의 병을 멸하여 주시옵소서. 나의 병을 씻어 주시옵시고 정하게 해주시옵소서. 우리의 마음이 뜨거워지며 병이 떠나가고 마는 것입니다. 그리고 예수 그리스도의 피는 저주의 지우개인 것입니다. 성도가 생활에 저주를 받으면 안 되잖아요. 사업도 안 되고 직장도 안 되고 삶도 안 되고 여러 가지 문제가 안 되면 저주가 들어온 것입니다. 그 저주를 지우는 것은 예수의 피인 것입니다.

갈라디아서 3장 13절을 읽어 보십시다. "그리스도께서 우리를 위하여 저주를 받은 바 되사 율법의 저주에서 우리를 속량하셨으니 기록된바 나무에 달린 자마다 저주 아래에 있는 자라 하였음이라" 율법의 저주에서 우리를 속량했습니다. 값주고 샀다는 것입니다. 그러므로 예수의 피는 우리를 저주에서 씻어내 주는 것이기 때문에 주의 보혈의 찬송을 많이 부르고 하나님께 늘 보혈로써 내 사업의 가시와 엉겅퀴를 제하시고 아브라함의 복으로 채워 달라고 기도하면 우리의 삶속에 복이 넘쳐나고 저주가 사라지게 되는 것입니다. 그러므로 우리 예수 믿는 사람들은 항상 복을 갖고 살수가 있는 것입니다. 사망과 음부의 지우개, 사망과 음부가 와서 우리에게 협박과 공갈을 할 때 마음이 평안하게 천국에 들어갈 수 있는 지우개가 바로 예수 보혈인 것입니다.

고린도전서 15장 20절로 22절에 "그러나 이제 그리스도께서 죽은 자 가운데서 다시 살아나사 잠자는 자들의 첫 열매가 되셨도다 사망이 한 사람으로 말미암았으니 죽은 자의 부활도 한 사람으로 말미암는도다 아담 안에서 모든 사람이 죽은 것 같이 그리스도 안에서 모든 사람이 삶을 얻으리라"

예수님이 죽었다가 부활하셨으므로 그 보혈은 사망과 음부를 멸한 증거가 되는 것입니다. 예수 그리스도의 보혈은 사망과 음부를 멸해 버린 것입니다. 사망아 너희가 쏘는 것이 어디 있느냐. 음부야 너희 쏘는 것이 어디 있느냐. 우리로 하여금 천국과 영생 복락만 마음속에 누리며 살다가 주님 앞에 가도록 만들어 주시는 것입니다.

보혈을 통하여 하나님의 은혜와 사랑과 생명을 누릴 뿐 아니라 보혈의 지우개 역할을 통하여 매일같이 새 출발 할 수 있는 것입니다. 매 시간마다 새 출발할 수 있는 것입니다. 우리는 한번 죄를 지어서 그 용서받기 위해서 1년씩 먹는 것이 아닙니다. 내가 죄를 짓고 실수를 했으면 그 자리에 예수 그리스도 앞에 무릎을 꿇어 회개하고 보혈로 씻어 달라고 하면 그리스도의 보혈이 지워버리는 것입니다. 문명의 발전이 지우개로 말미암은 것처럼 신앙의 발전도 예수의 보혈 때문에 된 것입니다. 보혈의 위대한 힘이 아니면 우리는 아무 가치도 없습니다. 한 푼어치 가치도 없어 하나님에게 버림받을 수 있는 것입니다. 그러나 너무나 위대한 보혈이 언제나 우리를 씻기 위해서 성령의 은혜 가운데서 우리를 따라다니는 것입니다. 보혈로 씻음받고 의롭다함을 얻어 하나님의 백성으로써 아버지를 기쁘게 하는 우리가 되시기를 주의 이름으로 소원합니다. 그 보혈의 능력에 의해서 오늘 우리는 병이 낫고 마귀에게서 해방 받고 저주를 쫓아버리고, 천국 백성, 영생 복락을 마음 속에 확실히 모시게 되시기 바랍니다. 치료와 건강과 축복은 보혈이 성도에게 보증해 주는 가장 이 땅에 큰 은혜인 것입니다.

늘 예수의 피를 공급받으면 단단하고 굳은 마음이 될 수가 없게 되고 모든 말씀을 잘 받아들일 수 있는 옥토 같은 마음 밭으로 준비됩니다. 단단하고 굳은 마음 밭을 기경하는 능력입니다. 죄를 회개하고 상처가 치유된다는 것입니다.

실제적인 보혈을 삶속에서 적용하여 체험하고 경험하는 일들이 넘쳐나기를 기도 합니다. 다 이루신 어린양 예수그리스도의 피는 이미 옛사람과 옛 사람 안에 있는 죄와 죄로 인해 온 가난과 질병과 불 형통과 불신앙불순종의 모든 저주와 죄의 삯인 사망을 다 죽음으로 해결하시며, 그렇게 만든 마귀들을 심판하신 실제적인 십자가의 능력의 결정이며, 그 피의 능력으로 영원한 제사를 드리시며, 믿음으로 은혜에 속한 예수그리스도를 믿는 영원한 의의 새 언약을 다 이루신 어린양의 뿌린피이기 때문에, 그리스도의 뿌린 피를 진정으로 믿고 다 이루셨기에 진정으로 회개하여, 영광 받으신 예수 이름을 나의 주인으로 왕으로 믿고 영접하여 나의 주인 되신 예수 이름으로 다 이루신 어린양 예수 그리스도의 피를 뿌리기 시작하면 새 언약의 예수 이름의 성령께서 임하시게 되므로 병마와 병균도 전염병도 다 삼켜지게 되고, 바람과 풍랑도 잠잠케 되고, 어린양의 피를 믿고 예수 이름으로 선포하는 말씀의 능력 앞에 귀신들은 물러가고 상처가 치유되고, 날씨도 순종하고 만물이 복종합니다.

죄와 상처를 해결하기 위하여 날마다 이렇게 선포하기 바랍니다. 내가 예수님의 이름으로 나의 삶에 보혈의 피를 뿌리노라. 나의 입술에 보혈의 피를 뿌리노라. 나의 마음에 보혈의 피를 뿌리노라. 나의 육체에 보혈의 피를 뿌리노라. 나의 걸음걸음마다 보혈의 피를 뿌리노라. 나의 상처에 보혈의 피를 뿌리노라. 나의 머리에 보혈의 피를 뿌리노라. 나의 뇌 조직에 보혈의 피를 뿌리노라. 나의 심장에 보혈의 피를 뿌리노라. 나의 가정에 보혈의 피를 뿌리노라. 나의 사랑하는 아내와 아들에게 보혈의 피를 뿌리노라. 나의 영혼에 보혈의 피를 뿌리노라. 나의 생각 속에 보혈의 피가 흘러넘칠지어다. 나의 손길에 보혈의 피가 흘러넘칠지어다. 나의 찬양에 보혈의 피가 흘러넘칠지어다. 나의 기도에 보혈의 피가 흘러넘칠지어다. 나의 듣는 모든 말에 보혈의 피가 흘러넘칠지어다. 나의 뇌, 눈, 귀, 신장에 보혈의 피가 강같이 흘러넘칠지어다. 나의 신경조직, 세포조직, 혈관조직, 소화기관, 전 육체가운데 보혈의 피가 흘러넘칠지어다. 예수님의 이름으로 기도합니다. 아멘

15장 성령을 강림하게 한 근원인 보혈

(행2:1-4)"오순절 날이 이미 이르매 그들이 다 같이 한 곳에 모였더니 홀연히 하늘로부터 급하고 강한 바람 같은 소리가 있어 그들이 앉은 온 집에 가득하며 마치 불의 혀처럼 갈라지는 것들이 그들에게 보여 각 사람 위에 하나씩 임하여 있더니 그들이 다 성령의 충만함을 받고 성령이 말하게 하심을 따라 다른 언어들로 말하기를 시작하니라."

예수 그리스도 십자가 보혈을 통해서 우리에게 강림하신 성령님은 그리스도의 피에 젖은 비둘기인 것입니다. 그냥 오신 성령이 아닙니다. 그리스도의 보혈에 젖은 비둘기로서 피의 능력을 가지고서 이제 우리에게 임하신 것입니다. 누가복음 22장 20절에 "저녁 먹은 후에 잔도 그와 같이 하여 이르시되 이 잔은 내 피로 세우는 새 언약이니 곧 너희를 위하여 붓는 것이라" 고 말한 것입니다. 예수님은 피로써 우리에게 연약을 맺었습니다. 성령은 언약의 성령으로 피를 가지고 우리에게 찾아옵니다. 그렇기 때문에 저는 성령을 피에 젖은 비둘기라고 말하는 것입니다. 주님은 처음 하늘 문을 여실 때 성령이 강림하셨습니다. 그러나 오순절 날 영원히 성령을 부으실 때는 성령은 그냥 오신 성령이 아닙니다. 피에 젖은 성령인 것입니다. 그리스도의 피를 갖고 우리에게 찾아오신 것입니다. 요한일서 5장 6절로 8절에 "이는 물과 피로 임하신 이시니 곧 예수 그리스도시라 물로만 아니요 물과 피로 임하셨고 증언하는 이는 성령이시니 성령은 진리니라. 증언하는 이가 셋이니, 성령과 물과 피라 또한 이 셋은 합하여 하나이니라" 고 말씀하고 있는 것입니다. 그러므로 오늘 성령은 우리에게 오셔서 예수 그리스도의 피의 대가를 요구하는 것입니다. 마귀가 지배하는 이 세상에 오셔서 예수 그리스도가 피를 주고 산 그 대가를 요구하는 것입니다. 이루는 것입니다. 성령이 우리에게 이루는 피의 대가는 뭡니까?

1. 죄에서 자유와 의의 역사를 이루시는 것.

성령은 오셔서 예수님이 인간의 죄를 대신해서 십자가에 몸 찢고 피흘렸으므로 이제는 용서와 의를 가져와야 된다. 용서와 의를 내놓아라. 성령은 용서와 의를 주기 위해서 예수님의 피로써 역사하는 피에 젖은 비둘기인 것입니다. 로마서 8장 1절로 2절에 "그러므로 이제 그리스도 예수 안에 있는 자에게는 결코 정죄함이 없나니 이는 그리스도 예수 안에 있는 생명의 성령의 법이 죄와 사망의 법에서 너를 해방하였음이라" 성령이 예수 그리스도의 피를 가지고 와서 사망의 세력에서 우리를 해방시켜 주시는 것입니다.

죄와 사망의 법을 멸하여 주는 것입니다. 디도서 3장 6절로 7

절에 "우리 구주 예수 그리스도로 말미암아 우리에게 그 성령을 풍성히 부어 주사 우리로 그의 은혜를 힘입어 의롭다 하심을 얻어 영생의 소망을 따라 상속자가 되게 하려 하심이라" 고 한 것입니다. 성령으로 말미암지 않고는 용서와 의와 영광을 체험할 수 없습니다. 거듭나지 못해요. 14세기 영국의 뛰어난 설교자였던 죠지 휘트필드는 청년시절에 죄악가운데 깊이 빠졌던 사람입니다. 그러던 어느 날 그는 자신의 마음이 온통 시커먼 죄악으로 물들어 있다는 것을 깨닫게 되었습니다. 그러나 어떻게 해야 구원을 받는지 알지 못하기 때문에 그는 인간적인 방법을 통해서 죄악에서 벗어나고자 했습니다. 모든 사치를 거부하고 누더기 옷을 입고 가장 거친 음식을 먹었습니다.

일주일에 이틀은 금식하고 가난한 사람에게 돈을 나눠주기도 하고 기도로 밤을 새기도 했지만 마음에 죄책은 여전히 남아있고 고통은 여전히 남아 있었습니다. 그러던 중 휘트필드는 요한 웨슬레를 만나 "영혼 속의 하나님 생명"이라는 책을 얻게 되었습니다. 그리고 그 책을 통해 그리스도 안에서 새로운 피조물이 되지 않으면 결코 구원을 받을 수 없다는 진리를 깨달았습니다. 그는 즉시 무릎을 꿇고 주님께 도움을 구했습니다. 자신을 새롭게 해달라고 기도했습니다.

얼마 지나지 않아 예수 그리스도의 보혈을 의지하고 하나님께 부르짖자 성령이 임하셔서 그는 순식간에 새사람으로 변화되고만 것입니다. 절망에서 소망으로 좌절에서 희망으로 죄책에서 용서와 의의 영광이 마음속에 채워지게 된 것입니다. 그 후로 휘트필드는 아메리카 인디안들과 서인도제도의 유색인종들과 그리고 스코틀랜드의 광부들과 런던의 부요한 귀족들 다양한 계층의 수많은 사람을 그리스도께로 인도했습니다.

그가 외친 말씀의 진리는 아주 간단했습니다. "성령으로 거듭나야 하느니라" 그는 가는 곳마다 성령으로 거듭나야 하느니라고 말한 것입니다. 성령으로 어떻게 거듭납니까? 성령은 피에 젖은 비둘기입니다. 예수 그리스도의 보혈을 의지하면 성령이 와서 우리를 거듭나게 만들어 주시는 것입니다.

2. 성령은 마귀와 세상에서 자유와 거룩함을 주신다.

성령은 예수 그리스도의 피를 가지고 와서 마귀와 세상에서 자유와 거룩함의 선물을 주시는 것입니다. 온 세상은 마귀 안에 있고 마귀는 세속을 가지고 인간을 완전히 포로로 잡고 있는 것입니다. 어떠한 과학도 지식도 수양도 도덕도 마귀가 묶어놓은 밧줄을 끌러줄 수가 없습니다. 그러나 성령께서 예수 그리스도의 십자가 보혈을 가지고 오셔서 우리를 해방시켜 주시는 것입니다.

요한계시록 1장 5절에 "또 충성된 증인으로 죽은 자들 가운데에서 먼저 나시고 땅의 임금들의 머리가 되신 예수 그리스도로 말미암아 은혜와 평강이 너희에게 있기를 원하노라 우리를 사랑하사 그의 피로 우리 죄에서 우리를 해방하시고" 라고 말씀하신 것입니다.

저는 어느 자매님의 간증을 읽고 굉장히 감동을 입었습니다. 자매님은 16살부터 술을 마시기 시작해서 술주정뱅이가 되었습니다. 수많은 남자들에게 폭행을 당하고 그 다음에는 못된 남자친구를 만나서 마약중독자가 되었습니다. 알콜중독에 마약중독까지 걸린 그녀는 첫 아이를 낳았으나 술에 취해 아이에게 젖을 물려놓고 쓰러지는 바람에 아이가 숨이 막혀 죽고 말았습니다.

그러나 그 후로도 자매님은 아침에 해가 돋을 때부터 저녁때까지 술을 마시고 마약을 맞았습니다. 첫 남편하고 이혼한 후에는 이 남자, 저 남자를 만나다가 다시 옛 남편과 화해했다가 다시 싸우는 등 말할 수 없는 피폐한 삶을 살았습니다. 그녀는 이런 생활에서 벗어나기 위해 병원에 입원도 해보고 약도 먹어보고 온갖 민간요법을 다해보았지만 황폐하고 훼파된 그 심령과 육체를 회복시킬 수가 없었습니다.

그러다가 하루는 자동차 사고로 죽은 친구의 장례식에 참석했다가 목사님의 설교말씀을 듣게 되었습니다. 갑자기 마음이 찡해지면서 나도 교회 가보면 살길이 있지 않겠는가 하는 생각이 들었습니다. 자매님은 돌아오는 주일에 교회에 나갔습니다. 그곳에서 사람들이 예배드리면서 박수치고 손을 들고 할렐루야를 부르는 것을 보고 "야~ 나도 저렇게 했으면 얼마나 좋을까?"

그런데 목사님이 회개할 사람 앞으로 나오라고 하니까 뛰어나가서 제단에 엎드렸습니다. 그리고 그는 이렇게 기도했습니다. "주님 내 힘으로는 알콜중독에서 벗어날 수가 없어요. 내 힘으로는 마약중독에서 벗어날 수가 없습니다. 나는 폐인이 되었습니다. 나는 완전히 포로가 되었습니다. 주님 주의 능력으로 나를 살려 주십시오. 나는 힘쓰고 애쓰고 노력하고 결심해도 소용이 없습니다" 그러자 갑자기 온몸이 뜨거워지더니 성령의 큰 기름부음이 임하였습니다.

도저히 빠져 나올 수 없을 것 같은 알콜 중독에서 그는 순식간에 해방되고 만 것입니다. 아편 중독에서 자유를 얻게 된 것입니다. 자매님은 함께 사는 남편도 예수님께 인도해서 그도 알콜중독에서 해방되고 마약에서 자유케 되어 완전한 새사람이 되어버리고 말았습니다. 누가 이런 기적을 베풉니까? 피에 젖은 비둘기, 성령이 오셔서 예수님의 보혈의 공로로써 역사하기 때문에 마귀와 세상이 쫓겨 나가버리고 만 것입니다.

3. 성령은 병에서 해방과 건강을 선물로 주신다.

피에 젖은 비둘기 성령은 보혈의 능력으로 우리에게 오셔서 병에서 해방과 건강의 선물을 주시는 것입니다. 사도행전 10장 38절에 "하나님이 나사렛 예수에게 성령과 능력을 기름 붓듯 하셨으매 그가 두루 다니시며 선한 일을 행하시고 마귀에게 눌린 모든 사람을 고치셨으니 이는 하나님이 함께 하셨음이라" 마귀에게 눌려서 병이 듭니다. 마귀는 우리 심신을 누르고 우리 생활을 억압해서 온갖 병이 들게 하는 것입니다. 그러나 성령께서 예수 그리스도의 보혈을 갖고 와서 우리를 마귀의 억압에서 해방시켜 주시는 것입니다. 주님은 의로운 태양을 떠오르게 하셔서 성령의 빛을 비춰서 우리를 치료하여 주시는 것입니다.

성령께서는 피의 대속을 실행하시는 분이신 것입니다. 그렇기 때문에 성령이 오시면 병에서 해방되게 되어 있는 것입니다. 피의 대가를 원하시는 것입니다. 오늘날 성령은 피에 젖은 비둘기입니다. 우리에게 찾아 오셔서 예수님이 피흘려서 대속한 대가를 내놓으라고 하시는 것입니다. 그리스도의 보혈의 능력 앞에 마귀는 쫓겨나게 되는 것입니다. 오늘 성령은 우리에게 찾아 오셔서 저주에서 해방과 아브라함의 복을 주장하는 것입니다. 성령은 우리에게 오셔서 오랜 좌절과 절망에서 벗어나라고 하는 것입니다. 나는 못한다. 안 된다. 할 수 없다. 못산다. 패배자라는 부정적인 생각을 예수님의 보혈로 모두 씻어 버리고 성령께서 우리 마음속에 밝고 맑고 환하고 긍정적이고 적극적이고 창조적인 생각으로 채워 놓아주신 것입니다.

갈라디아서 3장 13절로 14절의 말씀대로 "그리스도께서 우리를 위하여 저주를 받은 바 되사 율법의 저주에서 우리를 속량하셨으니 기록된 바 나무에 달린 자마다 저주 아래에 있는 자라 하였음이라. 이는 그리스도 예수 안에서 아브라함의 복이 이방인에게 미치게 하고 또 우리로 하여금 믿음으로 말미암아 성령의 약속을 받게 하려 함이라"고 한 것입니다.

4. 성령은 우리의 모든 저주를 청산했다.

피에 젖은 비둘기 성령은 오셔서 피로써 예수님이 십자가에서 우리의 모든 저주를 다 청산했습니다. 아담이 타락하므로 가시와 엉겅퀴를 내는 그 가시와 엉겅퀴를 예수님이 십자가에서 청산해 버렸다. 보혈의 능력으로 저주는 사라졌다. 이제는 긍정적으로 믿으라. 희망을 가져라. 굳건한 믿음 속에 서라고 가르쳐 주는 것입니다. 이 성령의 가르침을 쫓아서 우리가 마음에 바라봄의 법칙으로 그리스도를 바라보고 믿으면 모든 저주에서 해방되고 승리의 삶을 살수가 있는 것입니다. 하나님은 우리에게 아브라함의 복으로 채워 주시기를 원하시고 계신 것입니다.

5. 피에 젖은 성령은 우리를 능력으로 변화시킨다.

바람과 불과 사람의 관계는 밀접한 관계입니다. 바람은 우리에게 유익을 줍니다. 시원하게 해주고 꼭 필요한 것을 가져다주는 존재입니다. 불도 겨울에 추위를 이기게 해주고 밤에 우리에게 빛을 비추어주어 생활을 더욱 윤택케 합니다. 성령강림을 이같은 바람과 불로 비유하여 그 의미와 결과에 대해 증거 합니다.

성령강림의 모습과 의미를 생각해봅니다. 사도행전2장 1절에 "오순절 날이 이미 이르매 그들이 다같이 한 곳에 모였더니" 말씀대로 제자들이 사도행전 1장 4,5절에 하신 예수님 말씀 따라 모이기에 힘쓰고 기도했습니다. 사실 믿음이 없이 보면 기약 없는 상황이었지만 약속대로 성령 충만을 받았습니다. 2절 "홀연히 하늘로부터 급하고 강한 바람 같은 소리가 있어 그들이 앉은 온 집에 가득하며" 말씀대로 성령 충만이 바람 부는 것같이 갑자기 주어졌습니다.

시편 말씀은 "주께서 옷을 입음 같이 빛을 입으시며 하늘을 휘장 같이 치시며 물에 자기 누각의 들보를 얹으시며 구름으로 자기 수레를 삼으시고 바람 날개로 다니시며 바람을 자기 사신으로 삼으시고 불꽃으로 자기 사역자를 삼으시며"(시104:2-4)라고 하셨습니다. 성령에 대해 구약에서는 "루하흐", 그리고 본문은 "프로에스"(강력한 소용돌이로서 강력한 변화를 일으키는 바람)라는 단어로 바람 같은 성령을 표현하고 있습니다. 바람의 위력은 대단합니다. 바다에서 바람은 물결을 요동치게 해서 썩고 부패하는 현상을 방지해 줄만큼 위력이 있습니다. 예를 든다면 태풍 사라호, 미국의 토네이도 같은 강한 바람을 상징하는 것입니다.

이같이 바람처럼 성령도 우리의 모든 죄악과 부패함을 쓸어 가버리시고 변화시키십니다. 요한복음 3장 8절에, "바람이 임의로 불매 네가 그 소리는 들어도 어디서 와서 어디로 가는지 알지 못하나니 성령으로 난 사람도 다 그러하니라" 성령으로 거듭난 사람은 눈으로 잘 보이지 않을지라도 분명 변화가 나타난다는 말씀입니다. 성령을 받으면 분명히 변화가 있습니다. 출3:2-5절에, 모세가 호렙산에서 하나님을 만날 때 하나님은 떨기나무의 불로 임재 하셨습니다. 불은 강력한 힘을 나타내는 존재로 하나님의 임재를 상징합니다. 불이 가는 곳에 따뜻함과 밝음이 있습니다. 불은 생명 그 자체입니다. 사실 자동차, 기차, 배, 비행기 모두가 다 불의 힘으로 움직입니다.

본문에서 성령이 임하시는 모습과 그 의미는, 성령 하나님께서 그를 간절히 열망하고 사랑하는 이들에게 바람처럼 불처럼 강력히 임하셔서 능력으로 새 역사를 이루신다는 뜻입니다. 그래서 행1:8절의 "오직 성령이 너희에게 임하시면 너희가 권능을 받고 예루살렘과 온 유대와 사마리아와 땅 끝까지 이르러 내 증인이 되리라 하시니라." 말씀대로 다이너마이트와 같은 폭발적인 힘, 권능을 얻습니다. 오늘날 그 성령충만의 모습이 사랑입니다. 성령충만으로 얻은 권능이 무엇입니까? 사랑으로 강력하게 사람을 변화시키는 능력입니다.

오순절 성령 강림의 결과를 생각해봅니다. 사도행전2장 4절의 "그들이 다 성령의 충만함을 받고 성령이 말하게 하심을 따라 다른 언어들로 말하기를 시작하니라" 말씀대로 먼저 말하게 하심의 역사가 있었습니다. 창세기 11장의 바벨탑 사건에서는 불순종과 죄악으로 인류의 말이 달라졌으나 이제 성령께서 충만케 역사하셔서 회복시키는 역사가 나타났습니다. 욕심에 따라 갈라졌던 말이 이제 예수님의 죽음과 부활, 구속과 사랑을 증거 하는 말로 통일되고 있습니다. 말이 회복되고 그리스도의 구원이 증거 되어 인류의 운명이 바뀌어 집니다. 마찬가지로 복음이 증거

될 때 우리 민족도, 한국 교회도 운명이 바뀔 것입니다. 우리나라 교회는 특별히 기도의 열심이 세계 최고입니다. 그런데 무엇을 위해 기도합니까? 영혼 구원을 위해 기도해야 합니다.

6. 사망에서 해방되고 천국백성이 되었다.

피에 젖은 성령은 오셔서 우리에게 사망에서 해방되고 천국백성이 되었다는 것을 알려 주는 것입니다. 이제 더 사망을 두려워 할 필요가 없다. 죽음을 겁낼 필요가 없다고 말하는 것입니다. 죽음은 우리들이 가장 두려워하는 것이 아닙니까? 인간의 종말이 죽음이요, 죽음 저 건너편에 무엇이 일어날지 아무도 모릅니다. 그러므로 모른다는 것은 불안과 절망과 고통을 가져오는 것입니다. 그러나 성령께서는 오셔서 우리에게 사망에서 해방시켜 주시고 저 건너편 강 언덕에 아름다운 땅이 있는 것을 보여주시고 우리에게 그리스도의 보혈로 하늘나라가 활짝 열린 문으로 들어갈 수 있다는 것을 보여 주는 것입니다.

로마서 8장 11절에"예수를 죽은 자 가운데서 살리신 이의 영이 너희 안에 거하시면 그리스도 예수를 죽은 자 가운데서 살리신 이가 너희 안에 거하시는 그의 영으로 말미암아 너희 죽을 몸도 살리시리라"성령은 우리를 다시 살려서 영원한 영생을 얻게 만들어 주시는 것입니다. 우리를 위해서 아름다운 땅이 예비 되어 있습니다. 요한계시록 21장 10절로 11절에"성령으로 나를 데리고 크고 높은 산으로 올라가 하나님께로부터 하늘에서 내려오는 거룩한 성 예루살렘을 보이니 하나님의 영광이 있어 그 성의 빛이 지극히 귀한 보석 같고 벽옥과 수정 같이 맑더라" 이것이 우리가 가서 거해야 될 영원한 집인 것입니다. 세상에서 성공했던 프랑스의 철학자 볼테르는 무신론자였습니다. 그는 임종시에 "나는 하나님과 인간에게 버림을 받았다. 의사선생 내 생명을 6개월 연장시켜 주면 내 재산의 절반을 주겠다"고 간청했으나 의사는 그 생명을 연장하지 못했습니다. 그는 비극 중에 죽었습니다.

그러나 잔인한 노예상인이었던 그러나 그 후에 예수님을 영접하고 성령받아 변화되어 목숨을 바쳐서 복음을 증거했던 존뉴턴은 숨을 거두기 전에 이렇게 말했습니다. "나는 지금 하늘나라로 간다. 그러나 내가 하나님나라로 가면 세 번 놀랄 것이다. 처음엔 하나님나라에 오리라고 전혀 기대하지 않았던 사람들이 와 있는 것을 보고 깜짝 놀랄 것이고, 두 번째는 반드시 하늘나라에 가면 만나리라고 기대했던 사람이 안보여서 놀랄 것이고, 세 번째는 노예상인이었던 존 뉴턴이 하늘나라에 와있는 것을 보고 내가 깜짝 놀랄 것이다." 인간의 힘으로는 절대로 인간 자신을 구원할 수 없습니다. 오직 예수 그리스도의 보혈과 그 피의 대속을 실행하는 성령님만이 우리를 사망에서 해방하여 생명으로 옮겨줄 수가 있는 것입니다. 그렇기 때문에 예수님이 오셔서 목회 시작 할 때 요단강에서 세례 받으실 때에 주님이 4천년 동안 닫혔던 하늘 문을 열어 제키고 인간 삶의 문제의 해답으로 성령을 불로 내린 것입니다. 예수님이 성령을 통하여 죄를 용서하고 병을 고치고 귀신을 쫓아내고 죽은 자를 살리고 풍랑을 잠잠케 하고 배고픈 자를 먹이고 기적을 행하신 것입니다. 그리고 이 성령이 영원히 교회와 인간 사회 속에 임하여서 역사하기 위해 주님은 십자가에 못 박혀 몸찢고 피흘려서 하늘 문을 열어 제치고 이제 피에 젖은 보혜사 성령을 오순절날 내려 보내신 것입니다.

오늘 성령은 우리와 함께 거하시고 우리 안에 거하시는 것입니다. 성령은 영원토록 우리와 함께 계신 것입니다. 성령은 오늘 예수 그리스도의 보혈을 가지고 우리를 찾아온 피의 젖은 비둘기인 것입니다. 오순절날 강림한 성령은 피에 젖은 비둘기로서 강림하신 것입니다. 가는 곳마다 예수님이 십자가에서 피흘려 값주고 산 그 보배로운 은혜를 우리에게 실천하는 역사를 베푸는 것이 오늘 성령이신 것입니다.

7. 성령 안에서 승리하는 삶을 살아야 한다.

그러므로 오늘 성령을 우리가 인정하고 환영하고 모셔들이고 의지하며 성령 안에서 승리의 삶을 살아야 됩니다.

1) 예수님은 모든 사람 위에 하늘 문을 열어 놓고 있습니다. 그리스도를 구주로 모신 사람마다 머리 위에 하늘 문이 열려 있습니다. 왜냐하면 예수께서 말씀하기를 내가 곧 문이라고 말했습니다. 예수님을 모신 사람은 하늘 문이 열린 사람이요, 예수님을 모

르는 사람은 하늘 문이 닫힌 사람인 것입니다. 안 믿는 사람들은 모두 다 하늘 문이 닫혀 있어요. 그러나 우리 위에는 하늘 문이 열리고, 우리 위에 성령이 비둘기같이 임하여 계신 것입니다.

2) 하나님의 사랑을 성령으로 부어 주시고 있는 것입니다. 이 성령은 피에 젖은 성령인 것입니다. 피에 젖은 비둘기로 예수 그리스도의 보혈의 은혜를 우리에게 갖고 와서 우리로 하여금 영혼이 잘됨같이 범사에 잘되며 강건하고 생명을 얻되 넘치게 얻게 하는 것입니다.

3) 성령 비둘기는 예수 그리스도의 보혈을 통하여 오늘 우리에게 말씀합니다. 너는 용서와 의와 영광을 받았다. 너는 마귀와 세상에서 해방되고 거룩함과 성령을 받았다. 너는 고침을 받고 건강을 얻었다. 너는 저주에서 해방 받고 아브라함의 복을 얻었다. 너는 사망과 음부에서 해방되고 부활과 영생과 천국백성이 되었다고 말하는 것입니다. 성령의 음성에 귀를 기울이십시오.

4) 성령은 예수 그리스도의 보혈로 역사하기 때문에 거짓이 없고 변함이 없습니다. 우리의 마음을 다하고 뜻을 다하고 정성을 다하여 예수 그리스도의 대속의 은총을 믿으시기 바랍니다. 당신의 마음속에 예수께서 들어오시면 성령이 오셔서 역사하므로 공허와 혼돈과 흑암의 세력, 마귀와 타락의 깊은 심연은 다 사라지고 천국의 영광이 마음속에 충만하게 채워지는 것입니다.

마음이 공허하고 혼돈하며 흑암이 깊음 위에 있을 때 하나님의 성령이 예수로 말미암아 운행하면 흑암은 광명으로 무질서는 질서로 죽음은 생명으로 추는 미로 가난은 부요로 변화시키는 기적을 베푸는 것입니다. 누구든지 그리스도 안에 있으면 새로운 피조물이라 이전 것은 지나갔으니 보라 새것이 되었도다.

우리는 그리스도 안에서 성령의 능력으로 새로운 삶을 살게 되고 지금뿐 아니라 영원한 삶을 사는 것입니다. 지금은 우리는 천국의 적은 부분을 우리가 체험하고 있지만은 진짜 새로운 삶의 출발은 우리가 육신의 장막 집을 벗어 버리고 주님이 예비한 천국으로 성령의 가마타고 갈 때 시작하는 것입니다.

독일의 유명한 목사였던 본 훼퍼는 나치 세력에 대항하다가 체포되어 감옥에 갇히게 되었습니다. 1945년 4월 9일 주일아침 여느 때처럼 감옥에서 아침기도를 하는데 밖에서 소리가 났습니다."죄수 본 훼퍼는 나오라"마침내 사형시간이 다가온 것입니다. 같은 감방에 있던 영국장교는 일어나는 본 훼퍼를 향해 "목사님! 마지막입니다. 안녕히 가십시오" 그렇게 인사했습니다.

그러자 본 훼퍼는 미소를 머금고 평화로운 얼굴로 대답했습니다."형제여~ 이것은 마지막이 아닙니다. 지금 나는 새로운 삶을 시작하러 갑니다." 죽음은 우리의 마지막이 아닙니다. 새로운 삶의 시작을 하러 가는 것입니다. 예수께서 죽어서 사망과 음부를 멸하시고 부활하셨기 때문에 이제는 죽음의 골목마다 부활의 광채가 가득하게 되었습니다. 사망아 너희 이기는 것이 어디 있느냐? 사망아 너희 쏘는 것이 어디 있느냐? 예수를 믿는 우리에게 사망은 없습니다.

16장 영육을 치유하는 피가 흐르는 말씀

(출12:11-14)"너희는 그것을 이렇게 먹을지니 허리에 띠를 띠고 발에 신을 신고 손에 지팡이를 잡고 급히 먹으라. 이것이 여호와의 유월절이니라. 내가 그 밤에 애굽 땅에 두루 다니며 사람과 짐승을 무론하고 애굽 나라 가운데 처음 난 것을 다 치고 애굽의 모든 신에게 벌을 내리리라. 나는 여호와로라. 내가 애굽 땅을 칠 때에 그 피가 너희의 거하는 집에 있어서 너희를 위하여 표적이 될지라. 내가 피를 볼 때에 너희를 넘어가리니 재앙이 너희에게 내려 멸하지 아니하리라. 너희는 이 날을 기념하여 여호와의 절기를 삼아 영원한 규례로 대대에 지킬지니라"

신구약 성경을 관통하는 핵심적 주제는 피라고 말할 수 있습니다. 성경은 붉은 피로 물들어 있는 책이라 해도 과언이 아닙니다. 그래서 과거 성경책은 옆에 종이 부분이 붉게 되어 있었습니다. 창세기 3장에서 아담과 이브의 범죄 직후 하나님께서 그들에게 친히 입히신 가죽옷에서 시작해서 요한계시록에 이르기까지 성경은 온통 피로 점철되어 있습니다. 우리는 '피'라는 말을 들으면 섬뜩하고 소름이 끼칩니다. 왜 그렇게 끔찍한 피를 성경은 누누이 강조하고 있을까요? 거기에는 참으로 중대한 이유가 있습니다. 그것을 바로 깨달아야 알아야 신앙이 뭔지 바로 알 수 있습니다. 피의 진리를 제대로 깨닫지 못한 신앙은 모두 가짜 신앙입니다.

　교회에 다니면서도 아직 구원받지 못한 사람들, 그리고 구원 문제만 나오면 오락가락하는 사람들, 오늘 이 말씀에 정말 귀를 기울이기 바랍니다. 30-50분만 여러분의 귀를 빌려주세요. 그리고 이미 구원받은 분들은 주님 은혜에 감사하고 주님께 헌신하는 기회가 되기 바랍니다. 오늘 우리는 "피의 복음"이란 제목으로 구약에서 가장 큰 사건인 유월절 사건이 오늘 우리에게 어떤 의미가 있는지 함께 상고함으로 은혜를 나누고자 합니다.

1. 양이 대신 죽어 피 흘려야 한다(출12:1-6).

　우리가 아는 대로 10번째 재앙은 애굽에서 처음 난 모든 것, 즉 사람이나 짐승의 초태생은 모두 죽이는 재앙이었지요. 이 재앙을 피하기 위해서 가장 먼저 해야 할 일은 양이나 염소를 잡는 것입니다. 잡되 아무거나 잡아서는 안 됩니다. 나이는 한 살이어야 하고, 흠이 없어야 하고, 수양이나 염소여야 했습니다. 그리고 죽일 짐승의 크기는 식구 수에 맞추어야 했습니다. 식구가 많으면 큰 양을, 적으면 이웃집과 함해서 한 마리 잡을 수 있었습니다. 여기서 중요한 것은, 열 번째 재앙을 피하기 위해서는 어느 누구도 예외없이 모두 양을 잡아 피를 흘려야 한다는 사실입니다.

　참고로 구약시대의 제사는 이런 여러 종류가 있습니다.
　번제: 번제는 불로 태워서 드리는 화제로서 그 제물의 가죽

외에는 제물을 다 태워서 드리기에 "온전한 제사"(신 33:10;시 51:21)라고도 한다.

소제: 소제는 동물의 피 제사가 아닌 곡물로 드리는 제사이다.

화목제: 번제와 소제와는 달리 화목제는 사람이 그 제사를 드리고 싶을 때 드리는 선택적인 제사 였다. 화목제를 드리는 경우는 서원(to fulfill a Vow)이나 자원(a free will)이나 감사할 때 드리는 제사이다(레 7:12).

속죄제: 속죄제는 동물이나 곡물로 드려지는 제사로써 부지중에 혹은 실수로 지은죄를 용서받기 위해 드린 제사이다.(레 4:13,22,27) 이 제사는 번제나 소제나 화목제와는 달리 죄사함을 받기 위해서 반드시 드려야 할 제사이다.

속건제: 속건제는 하나님이나 이웃의 소유권에 대한 침해 내지 손해를 끼쳤을 때 그 잘못을 깨달았을 때 드리는 제사이다.

구약에서는 이렇게 다섯 가지의 제사를 드렸습니다. 시간상 번제 만 자세하게 설명합니다.

구약에는 번제로 피의 제사를 드렸습니다. 레위기 1-5장에서 번제를 가장 먼저 언급하는 것은 이 제사가 가장 흔한 제사이며 아침, 저녁에 드려야 하기 때문이며 성일에는 보다 자주 드리는 제사이기 때문입니다. 구약에서는 노아가 제일 먼저 번제를 드렸고(창 8:20) 아브라함도 번제(창 22:13)를 드렸습니다.

공식적인 번제는 제사장들이 매일 아침과 저녁으로 전체 이스라엘 회중을 위해 소제와 함께 드리는 상번제로 규정됩니다(출 29:38-46 ; 민 28:1-10). 그러나 레위기 1장에서는 이스라엘 자손 중에 여호와 하나님께 예물을 드리고자 하는 사람이면 누구든지 개인적으로도 번제를 드릴 수 있도록 개방하고 있습니다.

번제를 드리기 위한 제물은 규례에 의하면 제물은 동물의 수컷이어야만 했습니다. 공식적인 나라의 예물은 1년된 수양이 가장 흔한 예물이였습니다. 그러나 때로는 양이나 어린 송아지가 드려지기도 합니다(민 28-29). 개인이 드리는 제물로는 수송아지, 수양, 염소, 비둘기였습니다.

번제를 드리는 목적은 성경에 분명히 나와 있지는 않습니다. 그러나 4가지로 설명할 수 있습니다. 첫째, 하나님이 제사 드린 사람을 "열납 하시도록"(레 1:3) 하시기 위해서입니다. 이는 하나님이 제물 바치는 사람을 기쁨으로 받아들이도록 드렸다는 것을 의미합니다. 이는 히브리어 동사 "라차"란 동사에 의해서 확인 할 수 있습니다(레 1:3).

둘째로 하나님을 기쁘시게 하기 위해서 번제를 드렸습니다(레 1:9,13,17). 제물을 불살라 드릴 때 그것이 "여호와께 향기로운 냄새"가 된다고 합니다. 즉 번제물이 타오를 때 그 냄새는 하나님을 기쁘시게 하여 하나님과 죄인된 인간 사이의 평화로운 관계를 가진 것으로 본 것입니다.

셋째는 제사 드리는 사람의 죄가 용서받도록 번제가 드려졌습니다(레 1:4). 카일(Keil)은 번제가 "여호와께 완전한 복종이나 하나님이 기뻐하시는 삶의 길을 걷겠다"는 약속의 제사라 보며, 드보(De Vau)는 "예물에 의해 존경을 표시하는 것"이라고 합니다. 그러나 레위기는 번제가 열납될 때 "속죄가 된 것"(레 1:4,14:20)

으로 보며, 아론에게 백성을 위해서 속죄하라고 하나님은 말씀하셨습니다(레 16:24). 이로 보건대 죄에 물든 인간의 죄의 성향을 용서받기 위해서 하나님의 진노를 누그러뜨리려는 제사로 판단됩니다.

넷째는 하나님의 명령에 복종하는 뜻에서 하나님의 은혜에 감사하기 위해서 드리는 것임을 알 수 있습니다. 창 22장에서 하나님은 아브라함에게 이삭을 바쳐 번제를 드리라고 하십니다. 또한 출애굽기 24:3-8에서 백성이 시내산 계약을 받아들인 후, 모세가 번제와 화목제를 하나님께 감사함으로 드리는 것을 볼 때 번제가 죄의 용서 이상의 의미가 있음을 보여줍니다.

번제 예식에 대하여 조금 더 자세하게 알아보면 이렇습니다. 번제는 불로 태워서 드리는 화제로서 그 제물의 가죽 외에는 제물을 다 태워서 드리기에 "온전한 제사"(신 33:10;시 51:21)라고도 합니다. 번제의 핵심요소는 제물을 완전히 "소각하는 행위"에 있는데 이것은 유보 없는 성별과 봉헌을 의미합니다. 죄인인 자신이 완전하게 죽는 것을 의미하는 것입니다.

또한 제물에서 "수컷"을 강조한 것은 가장 원기 왕성하고 귀하고 값진 것을 의미한다고 봅니다. 번제 예식의 과정은 헌제자인 평신도의 역할이 제사장의 역할과 구분되며, 헌제자와 제사장이 6 대 4 정도의 비율로 협력하여 수행됩니다.

번제 예식의 기본과정은 이렇습니다.
1) 회막문 앞 제사장에게 제물을 가져옵니다.

2) 제물에 본인이 안수한다. 죄를 전이시킵니다.

3) 본인이 제물의 피를 뽑고 제물을 죽입니다. 이는 자기 죄로 인해 제물이 죽는 것입니다.

4) 제사장이 그 피를 번제단 사면에 뿌립니다.

5) 죄인이 번제물의 가죽을 벗깁니다.

6) 죄인이 번제물을 조각으로 자릅니다.

7) 제사장은 제단에 불과 나무를 준비합니다.

8) 제사장은 조각난 제물과 그 머리와 기름을 제단위에 올립니다.

9) 제물의 내장과 다리 정강이를 물로 씻습니다.

10) 제사장은 그 전부를 단위에서 불사릅니다. 죄인이 온전하게 죽었다는 상징적 의미입니다.

이러한 번제의 신학적 의미는 하나님께 자원해서 드리는 예물 즉 히브리어로 "고르반"이라는 점과 "향기로운 냄새"로써 하나님을 기쁘시게 하는 것입니다. 그러기에 예배는 자원하는 마음이 중요하며 예배하는 사람이 하나님께 가까이 가고 하나님을 기쁘시게 하는 것이 그 기초입니다.

또한 헌제자가 제물에 안수함으로써 그 제물이 하나님께 기쁘게 드려지고 자신을 위해 속죄하는 것은 의미심장합니다. 이는 헌제자가 하나님께 기도하는 것을 나타내며(신 21:6-9), 제물과 헌제자와의 깊은 관계를 나타내는 것입니다. 이것은 마땅히 죽어야 할 사람을 죽음에서부터 건져내는 것을 의미하며, 그 사람에게 요구되는 것은 몸값을 지불한 자에 대한 전적인 승복이라는 것입니다. 몸값을 지불한자는 예수 그리스도…

이는 일반적인 타락한 인간 본성의 죄악과 관계된 것으로 볼 수 있습니다(창 8:21; 롬 1:21). 즉 죄는 죽음을 뜻하는 것입니다. 지은 죄를 사함받으려면 받드시 피뿌림이 있어야 한다는 것입니다. 죄가 사해 지려면 반드시 생명이 죽어 피의 제사가 드려져야 한다는 의미입니다. 이러한 상징적인 의미를 통해서 볼 때 번제의 핵심적 의미는 제물을 온전히 태워서 올려 바치는 내용에서 찾게 되며, 그것은 헌제자 곧 예배자의 전체 삶을 하나님께 온전히 위탁하는 것으로 이해하시면 됩니다.

이것은 헌제자의 삶에 있어서 더 이상 자신이 주인이 아니고 하나님이 주인임을 고백하는 것이며 "자기를 부인하는 삶"을 의미하는 것입니다. 하나님에게 자기를 위탁하는 것과 자기 부인의 번제는 오늘날 예배에서 구체적으로 예수 그리스도의 이름을 찬양하는 "찬미의 제사"(히 13:15; 시 69:31-32)로 연결됩니다. 번제는 사람이 자기의 義가 아니라, 하나님의 義를 앞세우고 찬양하며 따라가는 원리를 가르칩니다. 이와 같이 구약시대에는 짐승을 잡아 피를 흘리고 각을 떠서 태워드리는 번제를 하나님에게 드렸습니다.

이렇게 구약시대에는 양을 잡아서 죄 지은 사람의 값으로 대신 지불했습니다. 이것은 예수께서 나의 죄를 위해 피 흘리실 것을 그림자로 미리 보여주신 것입니다. 유월절에 죽은 그 많은 양들, 그 후 1400년 동안 죽은 셀 수도 없으리만큼 많은 양들이 바로 예수 그리스도께서 바로 '나'를 위해서 그렇게 피 흘리실 것을 미리 보여주기 위해서입니다.

오늘은 다시 양을 죽일 필요가 없습니다. 하나님의 아들이신 예수 그리스도께서 사람으로 오셔서 당신 자신을 하나님의 어린 양으로 단번에 제물로 드렸습니다. 한 번 죽으심으로 모든 것을 다 이루셨습니다. 그래서 그는 십자가에서 숨을 거두기 직전에 이렇게 말씀하셨습니다. "다 이루었다." 예, 그렇습니다.

(요19:30) "예수께서 신 포도주를 받으신 후 가라사대 다 이루었다 하시고 머리를 숙이시고 영혼이 돌아가시니라"

오늘 당신이 구원받는데 필요한 모든 것은 십자가에서 이미 다 이루었습니다. 모든 거래는 종결되었습니다. 값은 다 지불되었습니다. 영원히 끝났습니다. 다시는 보탤 것이 아무 것도 없습니다.

우리는 슈베르트가 "미완성 교향곡"을 작곡한 것을 잘 압니다. 그것은 미완성이라는 이름의 완성이라고 할 수 있습니다. 어느 누구도 그 대가의 작품에 손을 댈 수도 없고 대서도 안 됩니다. 다른 사람이 감히 손을 대면 그 대가의 작품은 훼손되고 맙니다. 여러분은 레오나르도 다 빈치가 그린 불후의 명작 "모나리자"를 잘 아시지요? 그 그림에는 이상한 점이 하나가 있어요.

그게 뭔지 아시죠? 눈썹이 없어요. 눈썹이 없으니 저 같은 그림의 문외한이 서투른 붓을 들어 눈썹을 그려 넣는다면 어떻게 될

까요? 그러면 그 작품은 더 이상 가치가 없어지고 말지요. 돈으로 계산하기 힘들 정도로 고귀한 인류의 문화유산이 한 순간에 다 망가지고 마는 것입니다. 예수 그리스도께서 이룬 사역이 바로 그렇습니다. 그 사역은 이미 다 완성되었습니다. 내가 더할 수 있는 것은 눈곱만큼도 없습니다. 그냥 모든 것을 받아들이어 믿기만 하면 되는 것입니다. 이와 같은 피의제사의 영적인 의미를 알고 예수님의 은혜에 날마다 감사하시고 예수 그리스도의 삶을 대신 살아가시기를 바랍니다.

죄악에서 허우적거리는 인류의 구원을 위해 예수님이 십자가에서 흘린 피는

① 땀과 함께 흘린 피입니다. (눅 22:44)"예수께서 힘쓰고 애써 더욱 간절히 기도하시니 땀이 땅에 떨어지는 피방울 같이 되더라"우리의 수고를 사하셨습니다.

② 얼굴에 흘린 피입니다.(사 50:6)"나를 때리는 자들에게 내 등을 맡기며 나의 수염을 뽑는 자들에게 나의 뺨을 맡기며 수욕과 침 뱉음을 피하려고 내 얼굴을 가리우지 아니하였느니라"우리의 수치를 사하셨습니다. 죄악을 사했다는 것입니다.

③ 머리에 흘린 피입니다.(마 27:29)"가시 면류관을 엮어 그 머리에 씌우고 갈대를 그 오른손에 들리고 그 앞에서 무릎을 꿇고 희롱하여 가로되 유대인의 왕이여 평안할지어다 하며"우리의 무지를 사하셨습니다. 성령으로 진리를 깨닫게 하시는 것입니다.

④ 등에 흘린 피입니다. (마 27:26)"이에 바라바는 저희에게 놓아주고 예수는 채찍질하고 십자가에 못박히게 넘겨주니라" 우

리의 연약을 사하셨습니다.

⑤ 손에 흘린 피입니다. (시 22:16)"개들이 나를 에워쌌으며 악한 무리가 나를 둘러 내 수족을 찔렀나이다."우리의 범죄를 사하셨습니다. 우리가 예수 이름으로 기도할 때 자신이 저지른 자범죄를 사해주시는 것입니다.

⑥ 발에 흘린 피입니다. (시22:16)"개들이 나를 에워쌌으며 악한 무리가 나를 둘러 내 수족을 찔렀나이다"우리의 환경을 사하셨습니다. 환경에 다가오는 고통을 사하셨습니다.

⑦ 옆구리에 흘린 피입니다. (요19:34)"그 중 한 군병이 창으로 옆구리를 찌르니 곧 피와 물이 나오더라"우리의 무능을 사하셨습니다. 이와같은 예수님의 피흘림의 영적 원리를 아시고 예수님에게 순종하는 삶을 살아가시기를 바랍니다.

예수님의 보혈을 세상 삶에 사용하여 승리하시기를 바랍니다.

① 예수의 피를 마시자. (요 6:53)"예수께서 이르시되 내가 진실로 진실로 너희에게 이르노니 인자의 살을 먹지 아니하고 인자의 피를 마시지 아니하면 너희 속에 생명이 없느니라."

② 나의 몸과 가정에 예수의 피를 바르자. (레 14:14)"제사장은 그 속건제 희생의 피를 취하여 정결함을 받을 자의 우편 귓부리와 우편 손 엄지가락과 우편 발 엄지가락에 바를 것이요."

③ 나의 몸과 가정에 예수의 피를 뿌리자. (벧전 1:2)"곧 하나님 아버지의 미리 아심을 따라 성령의 거룩하게 하심으로 순종함과 예수 그리스도의 피 뿌림을 얻기 위하여 택하심을 입은자들에게 편지하노니 은혜와 평강이 너희에게 더욱 많을찌어다."(출

24:8)"모세가 그 피를 취하여 백성에게 뿌려 가로되 이는 여호와께서 이 모든 말씀에 대하여 너희와 세우신 언약의 피니라…"

④ 나의 몸과 가정에 예수의 피를 붓자. (눅 22:20)"저녁 먹은 후에 잔도 이와 같이 하여 가라사대 이 잔은 내 피로 세우는 새 언약이니 곧 너희를 위하여 붓는 것이라."

예수님의 피는 구원의 조건, 생명의 조건입니다. 예수님의 피는 성령과 말씀과 함께 우리의 구원을 보장합니다(요일 5:8). 예수의 피를 모르면 생명과 무관합니다. 예수의 피를 무시하면 축복을 받을 수 없습니다. 예수의 피를 모르면 영육의 고통에서 해방 받지 못합니다. 온 몸을 예수님의 피로 덮으세요. 온몸에 예수님의 피를 바르세요. 예수님처럼 될 것입니다.

2. 피는 직접 발라야 한다(출12:7-12).

죽음의 사자가 애굽 전국을 치러 다닐 때, 그 죽음에서 피해 살아남기 위해서 양을 잡는 것만으로는 안 됐어요. 그 피를 직접 문의 좌우 설주와 인방에 발라야만 했습니다. 10번째 재앙은 그 전의 아홉 가지와는 완전히 달랐어요. 9번째까지는 이스라엘 백성들에게 자동적으로 면제가 되었습니다.

그러나 10번째 재앙은 아니에요. 하나님께서 말씀하신 대로 각자가 직접 피를 바르고, 잡은 양을 직접 먹고, 남는 것은 아침이 되기 전에 모두 태워버려야 했습니다. 직접 피를 바르고, 고기를 직접 먹어야 한다는 것은 무엇을 보여주기 위한 것입니까? 신앙은 개인적이라는 것을 보여주기 위해서입니다.

아버지나 어머니 때문에 하늘나라에 가는 것은 아닙니다. 소위 말하는 '모태신앙'이라는 것은 없습니다. 모태죄인은 있어도 모태신앙이란 것은 없습니다. 모태신앙은 '못해 신앙'(발음을 '모태신앙'이라고 함)이라고 하잖아요? '하나님의 어린양이신 예수께서 세상 죄를 위해 죽으셨다, 피 흘리셨다'는 사실만 가지고는 어느 누구도 구원받지 못합니다. 내가 믿고 입으로 시인하고 따라야 구원을 받는 것입니다.

요한복음 6:53에서는 예수 그리스도의 살과 피를 먹어야 한다고 했습니다. 여러분의 집 창고에 쌀이 가득해도 저절로 배가 불러지는 것 아니지요. 내가 직접 밥을 지어서 그 밥을 먹어야 배가 불러지는 것입니다. 그렇지 않으면 쌀을 가득 쌓아놓고도 굶어 죽을 수 있습니다.

신앙은 하나님과 나와의 1대1의 관계입니다. 내가 하나님을 직접 개인적으로 만나지 않고는 아무 소용이 없습니다. 그래서 부흥사로 미국 명문 신학대학인 무디신학교(Moody Bible Institute) 학장을 지낸 스위팅 목사(George Sweeting)는 "하나님에게 아들은 있지만 손자는 없다"고 했습니다. 너무나 적절한 표현입니다. 여러분 예수 그리스도를 개인적으로 영접하고 직접 만나시기를 바랍니다.

그렇기 때문에 하나님의 진노에서 벗어나는 길, 영원한 멸망에서 살아남는 길은 오늘 내가 직접 예수 그리스도 앞으로 나오는 것입니다. 그것은 교회에 온다는 말이 아닙니다. 오늘 여기 예배에는 왔지만 예수 앞에는 오지 않은 사람들이 많습니다. 어쩌면 대부분의 사람들이 그럴지도 모릅니다. 예수 앞에 온다는 것은 어느 장소에 와 있느냐 하는 문제가 아닙니다. 그것은 마음의 문제입니다.

통회하는 심령을 가지고 온 사람이 예수 앞에 나온 것입니다. "하나님, 저는 죄인입니다. 저를 불쌍히 보십시오. 저는 당신의 자비와 긍휼이 필요합니다." 자신의 죄악된 모습을 깊이 보고 애통하는 심령으로 오는 것이 예수 앞에 나아오는 것입니다. 이런 심령을 가지고 나아오면 예수 그리스도를 개인적으로 만나 구원받게 되고, 구원받으면 하나님의 진노의 손길에서 벗어나게 됩니다.

어느 일요일 오후. 시카고의 어느 술집에 야구 선수들이 몇 명 들어와서 술을 잔뜩 마시고는 나가 술집 앞 길가에 앉아 있었습니다. 길 건너 공터에 몇몇 사람들이 악기를 들고 찬양을 하며 복음을 전하고 있었습니다. 그들은 시카고의 Pacific Garden Mission에 소속된 사람들이었습니다. 거기에 앉아 있던 야구 선수 가운데 한 명이 그들의 찬양과 말씀에 귀를 기울였습니다.

찬양을 들으면서 어릴 때, 고향의 교회에서 부르던 찬송, 그리고 어머니가 부르던 찬송이 머리를 스치고 지나가면서 눈에는 눈물이 줄줄 흘러내렸습니다. 그리고 외쳤습니다. "난 이런데 끝이다. 다시 안 올 거야. 나는 예수 따라 가겠어." 그 날 그는 선교본부에 가서 구원을 받게 되었습니다.

나중에 그는 그날 일을 이렇게 간증했습니다. "그 날 나는 하나님의 자비를 구했다. 그 순간 나는 죄로부터 빠져 나와서 예수 그리스도의 팔에 안겼다. 나는 새로운 피조물이 되었다."그가 바로 야구 선수 출신의 유명한 부흥사인 빌리 선데이(Billy Sunday)입니다. 그는 수백만 명을 예수 그리스도께 인도했습니다. 그는 술집에서 예수 앞에 나왔던 것입니다. 성령의 감동하심을 받고 성령의 감동에 순종하여 하나님의 복을 받았다는 것입니다.

오늘 당신도 그렇게 예수 앞에 직접 나와야 합니다. 출애굽 당시의 유대인들이 문 좌우 설주와 인방에 직접 피를 발랐듯이, 오늘 각자가 직접 예수 그리스도 앞으로 와야 합니다. 그래서 예수를 만나야 합니다. 그래야 죽음의 사자가 당신 근처에 얼씬도 못하게 될 것입니다. 직접 예수를 만나시기를 바랍니다.

3. 피는 밖에서 볼 수 있게 해야 한다(출12:13-14).

피는 문안에서 보기 위한 것이 아니었습니다. 문 밖에 있는 좌우 설주와 인방에 발라 죽음의 천사들이 볼 수 있게 하기 위한 것이었습니다. 죽음의 천사가 온 애굽을 치러 다닐 때에 집에 피가 발린 것을 보면 그 집은 들르지 않고 그냥 뛰어 넘어가겠다는 것입니다.

그래서'패스오버'(Passover), 즉 뛰어넘는다는 뜻의 유월절이 생기게 된 것입니다. 그 놀라운 날을 영원히 기념하고 감사해야 할 것입니다. 피는 바로 영적인 문패와 같은 것입니다. 요즘 대도시에는 대부분 아파트에 살기 때문에 문패가 없지요. 그러나 단독 주택에는 반드시 문패가 있습니다. 그래야 헷갈리지 않고 그 집을 쉽게 잘 찾을 수 있을 것입니다. 오늘 우리에게 정말 필요한 문패는 마음의 문패입니다.

우리 교회에 속해서 다니면 집에 "충만한 교회" 교패가 붙어 있습니다. 그러나 그것은 마음의 문패가 아닙니다. 죽음의 사자가 날 잡으러 올 때, 교패 있는 집을 뛰어넘는 게 아닙니다. 교패가 10개 붙어 있어도, 아무런 도움이 안 됩니다. 예수 그리스도의 보혈이 찍힌 문패가 있어야 뛰어 넘어갑니다.

오늘 당신의 마음은 어떤가요? 당신의 마음 문 앞에는 예수의 문패가 걸려 있습니까? 당신의 이름 밑에 예수의 피로 사인한 문패가 있어야 합니다. 하나님은 다른 사람의 사인은 안 받으십니다. 아예 인정도 안 하십니다. 당신의 아들 예수 그리스도의 사인만 받으십니다.

오늘 우리 각자는 자신을 깊이 돌아보는 시간을 가져야 합니다. 우리 마음 속에 깊이 스며 있는 죄의 문제, 문득 문득 다가오는 죽음의 공포, 때때로 나를 짓누르는 무거운 마음의 짐, 원인도 알 수 없는 불안감, 허무감--이런 모든 것들을 깨끗하게 없애기 위해 수양을 해도 소용없습니다. 고행을 해도 소용없습니다. 도를 닦아도 소용이 없습니다. 아무리 피눈물 나는 노력을 해도 소용이 없습니다. 예수 그리스도의 보혈이 내 심령에 찍혀야만 해결책이 있습니다.

수년전 미국 시카고에서 세계 종교인 대회가 있었습니다. 온 세계의 모든 종교 대표가 참석을 했는데, 그 중에는 보스턴에서 온, 쿡(Dr. Joseph Cook) 목사도 있었습니다. 회의 중에 갑자기 일어나서 쿡 목사는 이렇게 말했습니다."신사 숙녀 여러분, 나는 오늘 깊은 슬픔에 빠진 한 여인을 소개하겠습니다.

그 여인의 손은 살인의 피로 얼룩져 있었기 때문에 그 여인은 그 피를 씻기 위해 할 수 있는 것은 다 했습니다. 그러나 그로 인한 죄책을 아직도 씻지 못해 절망 가운데 있습니다. 종교 중에 그 죄를 해결하고, 그 여인에게 참 평안을 줄 수 있는 종교가 있습니까?" 그 말을 듣고 모두 침묵할 수밖에 없었습니다. 얼마 후, 쿡 목사는 "하늘을 향해 눈을 들고 크게 외쳤습니다."

내가 믿는 성경 요한일서 1:7에, "그 아들 예수 그리스도의 피가 우리를 모든 죄에서 깨끗하게 하실 것이요"라고 말했습니다.'나의 죄를 씻기는 예수의 피 밖에 없네…' 예수 그리스도의 피만이 그 여인에게 참 평안을 줄 수 있습니다. 그러므로 이 세상의 그 무엇도 인간에게 만족함을 줄 수가 없는 것입니다. 오직 예수님만이 인간에게 만족함을 주실 수가 있는 것입니다.

유월절 어린양의 피는 궁극적으로 예수 그리스도의 피를 가리키고 있고, 그 피는 바로 당신을 위한 것입니다. 그 피만이 어떤 종교도 해결 못하는 죄의 문제를 완전히 해결할 수 있습니다. 유월절 사건은 오늘 당신에게 어떤 의미가 있나요? 어린 양 예수 그리스도의 피가 당신 마음 문 앞에 발라져 있는 가요? 그래서 하나님이 죽음의 사자를 보낼 때 당신은 그 죽음을 피할 수 있나요? 그래서 영원히 살 수 있나요? 오늘 어린양의 피가 당신의 마음에 묻혀 지는 날이 되기 바랍니다.

강요셉 목사가 저술한 영성 깊은 책에 대하여 알려드립니다. 지금까지 충만한 교회에서 출판된 서적은 이렇습니다.

「성령의 불세례를 체험하라(성령)」 「예언의 달인이 되는 가이드(성령)」 「신유은사역의 달인이 되자(성령)」 「축귀! 백전백승(예찬사)」 「영안열림의 혼돈과 분별법(성령)」 「방언기도에 숨은 비밀(성령)」 「기독교인의 인생문제 치유하기 1.2권(성령)」 「꿈 환상 해석통한 상담과 치유비결(성령)」 「기적 체험하는 대적기도(성령)」 「영분별과 기적치유(성령)」 「기독교인의 연애와 결혼(성령)」 「영의통로가 뚫려야 성공한다(성령)」 「가계가 축복 받는 선포기도문(성령)」 「귀신축사 알고 보니 쉽다(성령)」 「하나님의 음성을 쉽게 듣는 비결(성령)」 「내적 상처를 스스로 치유하는 기도문(성령)」 「성령으로 기도하는 법(성령)」 「성령의 은사와 사명 감당(성령)」 「가계의 고통을 끊고 축복받는 비결(성령)」 「물질 축복받는 비결(성령)」 「기적치유(성령)」 「하나님의 복을 전이 받는 법(성령)」 「깊은 영의기도 숙달하는 비결(성령)」 「불같은 성령의 기름 부으심(성령)」 「형통의 복을 받는 법(성령)」 「말의 권세를 사용하라(성령)」 「성령의 불로 충만 받는 법(성령)」 등이 있습니다. 구입을 원하시는 분은 인터넷 서점을 최대한 활용하여 주시기를 바랍니다. 인터넷 서점에는 모든 책이 비치되어 있습니다.

앞으로 출간 예정인 도서는 「성령의 불로 불세례 받는 법(성령)」 「영안을 밝게 여는 법(성령)」 「5차원의 깊은 영성(성령)」

문의 전화 02-3474-0675

17장 십자가에 숨어있는 초자연적인 위력

(고전1:18-25) "십자가의 도가 멸망하는 자들에게는 미련한 것이요 구원을 받는 우리에게는 하나님의 능력이라. 기록된 바 내가 지혜 있는 자들의 지혜를 멸하고 총명한 자들의 총명을 폐하리라 하였으니 지혜 있는 자가 어디 있느냐 선비가 어디 있느냐 이 세대에 변론가가 어디 있느냐 하나님께서 이 세상의 지혜를 미련하게 하신 것이 아니냐? 하나님의 지혜에 있어서는 이 세상이 자기 지혜로 하나님을 알지 못하므로 하나님께서 전도의 미련한 것으로 믿는 자들을 구원하시기를 기뻐하셨도다. 유대인은 표적을 구하고 헬라인은 지혜를 찾으나 우리는 십자가에 못 박힌 그리스도를 전하니 유대인에게는 거리끼는 것이요 이방인에게는 미련한 것이로되 오직 부르심을 받은 자들에게는 유대인이나 헬라인이나 그리스도는 하나님의 능력이요 하나님의 지혜니라 하나님의 어리석음이 사람보다 지혜롭고 하나님의 약하심이 사람보다 강하니라."

예수그리스도가 지신 십자가는 인류를 구원한 위력이 있습니다. 십자가는 기독교의 상징입니다. 교회 지붕 위에 십자가가 있고, 교회 안에 들어와도 십자가가 있습니다. 많은 성도들이 십자가를 목걸이로, 혹은 반지로 끼고 다닙니다. 십자가는 우리 믿는 성도들에게는 구원과 하나님의 사랑의 표상입니다. 그렇기 때문에 우리는 십자가를 사랑하고 경외합니다. 그 십자가 위에서 우리 주 예수님께서 못 박혀 처형당하심으로 우리와 같은 죄인을 구원하여 주셨기 때문입니다. 그러나 십자가는 우리들에게 그 정도의 의미만 있는 것은 아닙니다. 십자가는 그 위대한 능력을 통하여 하나님과 사람, 그리고 마귀를 변화시켰습니다.

그러므로 인류 역사상 십자가보다 더 위대한 힘을 발휘한 것은 어디를 찾아봐도 없습니다. 오늘 저는 하나님과 인간, 그리고 마귀도 변화시킨 이 십자가의 위대한 권능에 관하여 말씀을 나누고자 합니다.

1. 하나님도 변화시킨 십자가

이 십자가가 하나님 우리 아버지도 변화시키고 말았다는 사실을 우리는 알아야 합니다. 우리는 늘 십자가는 인간을 죄에서 구원하여 변화시키는 위대한 힘이 있다고만 생각했습니다. 우리는 십자가가 하나님 아버지를 변화시킨 위대한 힘을 가지고 있다는 것은 별로 생각하고 있지 않았습니다. 인간이 하나님을 배반하고 타락한 이후로 하나님은 우리 인간에게 무서운 존재가 되어 버리고 말았습니다. 구약 성경에서 보여진 하나님의 모습은 율법을 제정하시고 엄하게 집행하시는 모습입니다. 하나님은 율법을 만드신 후 사람이 율법을 행함으로써 구원을 받도록 하셨습니다. 율법을 어길 때는 하나님께서는 가차 없이 무서운 심판을 내리셨습니다. 죄를 지은 영혼은 죽으리라 하시고, 모세의 율법을 어긴 사람을 두 세 사람의 증인만 있으면 하나님께서는 죽이셨습니다.

그러므로 사람들은 율법 안에서 몸서리를 치고 벌벌 떨었습니다. 우리는 하나님은 언제나 심판하시고, 죄인에 대해 무섭게 분노하시는 하나님이시라는 사실을 늘 마음속에 느끼고 살았습니다. 그래서 될 수만 있으면 하나님 앞에 서지 않는 것이 좋고, 하나님의 얼굴을 피해 숨는 것이 좋다고 생각했습니다. 죄를 지은 사람들은 하나님 앞에 감히 나설 수가 없었습니다. 그뿐 아니라, 하나님은 언제나 인간으로부터 멀리 떠나 계신 엄위 하신 분이셨습니다. 감히 사람들은 하나님 근처에 나올 수가 없고 하나님 곁에 가는 것조차 생각하지 못했습니다.

성경의 역사를 통해 보면 하나님께서는 우상을 숭배하며 범죄한 나라와 민족을 사정없이 멸하셨습니다. 이스라엘 백성이 애굽에서 나와 가나안 땅으로 향할 때 가나안 7족을 하나님의 사역에 방해가 될 때는 인정사정없이 멸하셨습니다. 하나님의 선민인 이스라엘 백성조차도 하나님을 거역할 때는 하나님께서는 가차 없이 그들의 생명을 빼앗아 버리셨습니다. 이와 같이 구약 시대의 우리가 바라보는 하나님은 무섭고 떨리는 하나님이셨습니다. 심판하시고 저주를 내리시는 하나님이셨습니다. 그러므로 어떠한 사람도 감히 하나님 앞에 나설 수가 없었습니다. 성경은 "모든 사람이 죄를 범하였으니 하나님의 영광에 이르지 못하더라."고 말씀하십니다.

"죄를 지은 영혼은 죽으리라."고 말씀하셨습니다. 그런데 예수 그리스도께서 하늘보좌를 버리고 육신을 입고 이 땅에 오셨습니다. 오셔서 우리를 대신해 십자가에 매달리시고, 그 몸을 찢고 피를 흘리시고 죽으시고 장사되었습니다. 그리고 성경대로 사흘 만에 부활하셨습니다. 부활하신 후 사십일 동안 여러 사람들에게 보이신 후에 하늘로 승천하셨습니다. 하늘에 올라가신 후 하나님의 보좌 우편에 앉으셨습니다. 하나님 보좌 우편에서 우리의 대제사장이 되셔서 우리를 위해 하나님께 간절히 기도해 주시는 역사가 일어났습니다.

그러자마자 하나님 스스로가 변화되시고 말았습니다. 왜냐하면 예수 그리스도가 하나님과 인간 사이에 막힌 담을 허는 화목제물이 되었습니다. 그래서 이제 하나님은 더 이상 우리를 율법으로 심판하시는 분이 아닙니다. 인간들의 죄를 예수 그리스도를 통하여 용서하시고 인간들이 하나님에게 나올 수 있도록 해 주셨습니다. 예수 그리스도의 십자가의 보배로운 피로 말미암아, 죄를 지어 불의하고, 추악하고, 버림을 받아 마땅한 인생들에게 구원의 길이 열렸습니다. 예수 그리스도의 십자가 보혈의 공로로 말미암아 세상에서 나와서 예수를 믿기만 하면 구원을 얻도록 용납해 주시는 하나님으로 변하시고 만 것입니다.

이것은 구약 시대에는 어림도 없는 일입니다. 그때는 행위를 통해 구원받았지 행위로써 율법을 지키지 못하면 하나님 앞에는 얼씬하지도 못했습니다. 그러나 이제 우리가 주의 이름을 믿기만 하면 구원을 주시는 하나님으로 십자가를 통해 하나님 자신이 변하신 것입니다. 그리고 하나님께서는 우리에게 심판을 베풀고 분노하시는 하나님이 아니라, 은혜와 용서를 베푸시는 하나님이 되셨습니다. 그래서 베드로가 예수께 나와 '주여 나에게 범죄한 이웃을 일곱 번 용서하면 됩니까?' 라고 물을 때 예수께서 일곱 번이 아니라, 일흔 번씩 일곱 번이라도 와서 회개하면 용서해 주라고 하셨습니다. 구약의 하나님께서는 죄인을 가차 없이 심판하셨습니다. 그런데 예수 그리스도의 십자가 사건 이후의 하나님은 죄인이 하루에 일흔 번씩 일곱 번을 범죄 하더라도 회개하고 나오면 용서해 주시는 은혜와 용서의 하나님으로 변하신 것입니다.

또 하나님께서는 십자가 이후로 우리에 대해 오래 참으시고, 사랑하시는 하나님이 되신 것입니다. 하나님께서 우리의 범죄를 보시고도 오래 참으시고, 성령을 보내셔서 회개시키시고, 끝까지 사해 주시는 하나님으로 변하신 것입니다.

그 뿐 아니라 하나님은 우리를 떠나 구만리장천 멀리 계신 것이 아닙니다. 예수그리스도의 십자가 보혈의 공로로 말미암아 우리 안에 오셔서 우리와 함께 계십니다. 예수그리스도를 믿는 우리 안에 오셔서 24시간 우리와 함께 거하시는 것입니다. 예수님께서 요한복음 14장 20절에서 말씀하시기를 "그 날에는 너희가 내 안에 내가 너희 안에 또 내가 하나님 안에 하나님이 내 안에 있는 것을 너희가 알리라."고 말씀하셨습니다.

하나님께서는 자비와 긍휼의 하나님이요, 오래 참으시는 하나님이요, 구원의 하나님, 좋으신 하나님, 무서운 하나님이 아니라 은혜의 하나님으로 변하신 것입니다. 그러므로 십자가의 도는 사람만 변화시키신 것이 아닙니다. 십자가의 도는 하나님을 변화시키셨습니다. 예수그리스도가 십자가에서 보혈을 흘리시고 죽으신 사건 이전의 사람들은 하나님에게 구원을 받을 수 있다는 것을 거의 상상할 수 없었습니다. 그러나 예수 십자가 이후로는 하나님께서 은혜와 사랑, 자비와 긍휼의 하나님으로 변화되셨습니다.

그리고 오래 참아 우리를 구원하시는 하나님으로 변하셨습니다. 그렇기 때문에 십자가 이후의 우리들은 하나님 앞에 나와서 구원받을 수 있는 가장 좋은 때를 맞게 된 것입니다. 예수 그리스도의 보혈의 은혜로 오늘날에는 죄를 짓고 못났음에도 불구하고, 버림받아 마땅함에도 불구하고, 죄짓고 못난 그대로 언제든지 하나님 앞에 나와서 우리 죄를 회개하고 예수님을 구주로 모시기만 하면 하나님은 우리를 활짝 편 팔로 안아 받아주십니다. 그리고 우리의 과거의 모든 죄를 다 용서하시고 사랑의 팔로 우리를 품어주셔서 하나님의 자녀로 삼아주시고 한없는 은혜를 우리에게 부어 주시게 된 것입니다.

그러므로 우리는 십자가를 바라볼 때 그를 통해 변화된 하나님을 바라보고 감사와 찬양을 드리지 아니할 수 없습니다. 그러나 오늘날에도 그리스도의 십자가를 통하지 아니하고 십자가 밖에서 하나님을 쳐다볼 때 십자가 밖에 있는 사람들에겐 하나님은 여전히 엄격한 율법으로 정죄하시고 심판하시는 하나님이신 것입니다. 그리고 십자가 밖에서 하나님은 진노하시고 언제든지 심판하시려 기다리시는 하나님이신 것입니다. 십자가 밖에 있는 사람들과 하나님께서 절대로 같이 하실 수 없는 이유는 그들의 죄가 하나님과 사람 사이를 막았기 때문입니다. 십자가 밖의 범죄한 나라와 민족은 하나님의 심판을 받을 날을 기다리고 있는 것입니다. 주님께서 이 세상을 심판하시는 그 날에는 어떠한 나라와 민족도 하나님 앞에 설 수 없을 것입니다.

오직 하나님의 자비와 긍휼은 그리스도의 십자가 안에서만 이루어지는 것입니다. 하나님께서는 십자가를 통해서만 변화를 받으셨지 십자가 밖에서는 여전히 하나님은 의의 하나님이시요, 진노의 하나님, 심판의 하나님, 멸망시키는 소멸하는 불의 하나님이신 것입니다. 그렇기 때문에 십자가의 힘이 얼마나 위대한 것이라는 것을 우리는 깨달아야 합니다. 우리가 예수 그리스도의 십자가를 믿고 의지하고 나아가면 예수님께서는 아버지의 보좌 우편에 계시면서 끊임없이 우리를 위해 매시 매시마다 간절히 기도해 주시는 것입니다.

우리 하나님 옆에서 우리를 대변하여 우리를 위해 간절히 기도해 주시는 대제사장으로 예수님께서 계시는 것입니다. 그러므로 우리는 두려워하지 않고 담대히 은혜의 보좌 앞에 나아가 하나님께 간절히 기도드릴 수 있는 것입니다.

그리고 하나님께서는 오늘 우리가 여러 가지 죄와 허물이 많이 있음에도 불구하고 십자가를 통해 하나님 앞에 나갈 때, 하나님께서는 우리를 조금도 미워하지 아니하시고, 차별하지 아니하시고, 있는 그대로 받아주셔서 하나님의 은총을 쏟아부어 주시는 것입니다.

이러므로 십자가를 통한 하나님은 우리의 친아버지요, 우리를 사랑하시는 하나님이시요, 자비와 긍휼과 은혜가 풍성한 하나님이십니다. 우리는 예수 그리스도의 십자가를 통하여 지체하지 말고, 하나님 앞에 늘 나가서 기도하고 감사하고 찬양하는 우리가 되시기를 주님의 이름으로 소원합니다.

2. 십자가는 우리 인간을 완전히 변화시켰다.

잘 아시다시피 우리의 조상 아담과 하와가 하나님의 말씀을 듣지 않고 범죄 하였습니다. 하나님은 범죄한 인간을 에덴의 밖으로 쫓아내셨습니다. 인간이 하나님에게 버림을 당하고 에덴을 떠난 이후로 인류는 원죄와 자범죄를 통해서 하나님과 원수가 되고, 하나님께서 원치 않으시는 죄악의 길로 걸어갔습니다. 그러나 십자가 이전의 우리는 모두 멸망 받을 죄인이었지만, 예수 그리스도의 십자가를 통해서 우리는 용서받은 의인들이 되었습니다. 한없이 많은 죄를 지어 죽어야 했는데, 그 많은 죄를 예수님께서 걸머지시고 몸 찢고 피를 흘리시므로 다 청산해 버리셨습니다. 그렇기 때문에 이제는 그 은혜로 인하여 무조건 믿기만 하면 죄 사함을 받고 용서받은 의인들이 되어서 하나님 앞에 부끄럼 없이 설 수 있는 자격을 얻게 된 것입니다.

비유하자면 우리가 옷이 없어 벌거벗고 있는데 예수께서 천상의 옷을 가지고 오셔서 우리에게 입혀 주셨습니다. 이제 우리가 예수 그리스도의 보혈의 의복을 입었으니, 아버지의 보좌 앞에 조금도 부끄럼 없이 나갈 수 있게 된 것입니다. 믿지 않는 사람은 모두 다 벌거벗은 수치를 가진 사람들입니다. 이 사람들이 아무리 의로운 공로를 세워도 하나님 앞에 벌거벗은 사람들입니다. 벌거벗고 하나님의 보좌 앞에 나갈 수는 없습니다. 죄인이 하나님 앞에 나가면 죽기 때문입니다.

누구든지 하나님 앞에서 죽음을 면하려면 피흘림이 있어야 되는 것입니다. 그래서 구약 시절에는 짐승을 잡아 피를 흘리는 의식을 치룬 다음에 하나님을 만났습니다. 그러나 우리는 예수그리스도가 온 인류를 대표해서 십자가에서 피를 흘리고 죽었습니다. 이 예수를 믿음으로 말미암아 용서받은 의인이 되어 보혈의 의복을 받아 입었습니다. 이제 우리는 강하고 담대하게 부끄러움 없이 날개 치며 우리 하나님 앞에 나갈 수 있는 사람들이 되었습니다. 예수 그리스도가 지신 십자가는 우리를 이렇게 많이 변화시켰습니다.

멸망 받을 죄인에서 용서받은 의인으로 만들어 주셨으니 얼마나 감사합니까? 또 십자가를 통해서 우리가 하나님과 원수 되었던 관계에서 화목한 관계로 변화되었습니다. 십자가 이전에는 하나님과 사람 사이는 원수지간이었습니다. 사람은 하나님께 가까이 갈 수 없고 하나님께서 사람에게 가까이 오시면 사람을 심판할 수밖에 없었습니다. 그런 원수 되었던 사이가 예수 그리스도의 십자가를 통해 원수의 담이 무너졌습니다. 하나님의 진노가 사라지고, 하나님과 사람 사이에 화목이 이루어졌습니다.

그 증거로서 하나님께서 아버지의 그 영을 우리에게 부어주셔서 우리가 하나님을 향하여 아바 아버지라 부르게 된 것입니다. 원수였던 우리들이 친자식이 되고 하나님이 친아버지가 되었습니다. 그러므로 이제 하나님을 향하여 아바 아버지라 부를 수 있게 된 것은 예수 그리스도의 위대한 힘으로 말미암은 것입니다.

그 뿐 아니라 십자가를 통하기 전에는 우리는 병든 인간이었습니다. 영도, 마음도, 육체도, 생활도 병들었습니다. 하나님께 쫓겨난 인간은 그 자체가 병든 인간인데 예수 그리스도의 십자가를 통하여 주께서 우리에게 치료의 능력을 베풀어 주셔서 우리는 치료받은 사람들이 된 것입니다.

그리스도께서 우리의 연약한 것을 친히 담당하시고 병을 짊어지고 가셨습니다. 저가 채찍을 맞음으로 우리가 나음을 입었습니다. 그러므로 예수 그리스도의 십자가를 통하여 우리의 영과 마음과 육체와 생활도 치료받은 것입니다. 십자가 밖에서는 병든 인간이지만 십자가 안에서는 치료가 우리를 감싸고 있습니다. 십자가 안에서 우리는 기도로써 치료를 마셔 들이고 치료 안에 살므로 우리는 건강한 심신을 가지고 살아갈 수 있습니다.

또, 십자가 밖에 있을 때에는 우리는 저주 아래 있었습니다. 아담 이후로 이 땅은 저주를 받아 가시와 엉겅퀴가 났습니다. 환경에 가시와 엉겅퀴가 나고 마음에도 미움과 원한과 시기와 분노, 질투의 가시와 엉겅퀴가 났습니다. 그래서 사람들은 마음으로 찔려 피투성이가 되고 미워하고 시기하고 질투하여 서로 싸웁니다. 환경에도 수많은 저주로 말미암아 사람들은 헐벗고 굶주리고 낭패와 실망을 당하고 슬픔 가운데 있습니다. 이 세상의 저주가 얼마나 무서운지, 얼마나 많은 사람이 굶주림을 당하고 있는지 모릅니다. 그러나 십자가 안에서 우리는 아브라함의 복을 받은 사람들이 되었습니다.

(갈3:13-14)"그리스도께서 우리를 위하여 저주를 받은바 되사 율법의 저주에서 우리를 속량하셨으니 기록된바 나무에 달린 자마다 저주 아래에 있는 자라 하였음이라. 이는 그리스도 예수 안에서 아브라함의 복이 이방인에게 미치게 하고 또 우리로 하여금 믿음으로 말미암아 성령의 약속을 받게 하려 함이라"

그리스도의 십자가를 통해 우리는 저주에서 해방되고 아브라함의 복을 받은 복 있는 사람으로 변화되었습니다.

또한 그리스도의 십자가를 통해서 영혼이 죽은 인간이 영원히 살게 되었습니다. 죄를 지은 영혼은 죽으리라 하셨습니다. 죄를 지은 모든 사람들이 십자가 밖에서는 영원한 멸망을 받을 수밖에 없습니다. 그 영혼은 죽었고 그 육체도 얼마 있지 아니하여 죽을 것이고, 후에는 불과 유황으로 타는 못에 참여할 것입니다. 그러나 예수 그리스도의 십자가 안에서는 영원히 사는 사람이 되는 것입니다.

십자가 안에서 의로움을 얻었으며 영생을 얻었으며 성령을 받았고 천국의 시민이 되었습니다. 고린도후서 5장 17절에 "그런즉 누구든지 그리스도 안에 있으면 새로운 피조물이라 이전 것은 지나갔으니 보라 새 것이 되었도다"라 하셨습니다. 십자가를 통하여 우리는 새 것이 되었습니다.

십자가를 통하지 않고 이와 같은 역사는 절대 일어나지 않습니다. 어떠한 종교나 어떠한 윤리나 도덕적 행위도 우리를 이와 같이 변화된 사람으로 만들 수는 없습니다. 그렇기 때문에 우리는 십자가 이외에 자랑할 것이 절대 없습니다. 십자가 이외에 어떠한 교리나 교파나 인간의 행위를 자랑하면 이는 잘못된 것입니다.

우리가 사는 길은 오직 예수 그리스도 십자가 안에 있는 것입니다. 그러므로 우리는 십자가 이외엔 결코 자랑할 것이 없습니다. 자나 깨나 십자가를 통해서 우리를 변화시키시고 구원해 주신 우리 주 예수 그리스도를 찬미하고 감사하며 예수님을 의지하며 살아가야합니다.

이렇게 예수님을 찬양할 때 하나님도 십자가를 통하여 변화된 하나님으로 우리에게 다가오십니다. 우리도 십자가를 통해 변화된 사람으로서 하나님의 품에 안기게 되는 것입니다. 그러므로 하늘과 땅이 십자가를 통하여 하나가 되고 화해되며 변화되는 것입니다. 인류 역사상 그 어떠한 힘이 이와 같이 하늘과 땅을 합쳐 변화시킬 수 있는 힘을 가졌었습니까? 십자가 이외에는 절대 없습니다. 예수그리스도의 십자가 공로를 날마다 감사하시고 찬양하시기를 바랍니다.

3. 십자가는 마귀도 변화 시켰다.

마귀는 하나님의 보좌를 빼앗으려 하다가 쫓겨나서 하늘의 천사 3분의 1과 함께 타락했습니다. 그래서 지금 마귀는 공중의 권세 잡은 자가 되어 하나님을 대적하고 사람들이 그리스도를 믿어 구원받지 못하도록 하기 위해 온갖 참소와 파괴적인 일을 하고 있습니다. 그렇기 때문에 주님께서는 요한복음 10장 10절에서 "도적이 오는 것은 도적질하고 죽이고 멸망시키는 것뿐이요, 인자가 온 것은 양으로 생명을 얻게 하되 풍성히 얻게 하려 함이라"고 하셨습니다. 예수님은 마귀를 도적으로 비유하셨습니다. 그러므로 오늘날도 마귀는 우는 사자와 같이 두루 다니며 삼킬 자를 찾고 있습니다. 그리고 기회만 있으면 영적, 육체적, 생활적으로 우리를 공격하고 파괴하려 하는 것입니다.

그런데 십자가 이전에는 이 마귀를 당할 자가 없었습니다. 왜냐하면 이 땅의 임금으로 지음 받은 아담과 하와가 이 땅의 왕권을 마귀에게 바쳐버리고 마귀의 노예가 되었기 때문입니다. 창세기의 아담과 하와가 타락한 때로부터 시작하여 이 땅의 임금 노릇은 마귀가 하게 되었습니다. 그래서 마귀가 통치자와 권세를 가지고 이 땅을 다스렸습니다.

그러나 십자가가 오고 난 후 위대한 변화가 일어났습니다. 마귀가 예수 그리스도를 십자가에 못 박은 것은 우주에 불의를 행한 것이었습니다. 예수 그리스도는 마귀의 나라에 속한 분이 아니었습니다. 이 세상 사람들은 다 마귀에 속하였지만 예수님은 마귀의 나라에 속하지 않았습니다. 예수님은 죄를 지으신 적이 없었습니다.

예수님은 하나님의 아들이시요, 의의 근본이십니다. 하늘 나라에 속하지 아니하고 심판할 수 있는 권한도 없는데 죄의 근본인 마귀가 의의 근본인 예수 그리스도를 십자가에 목 박아 죽였다는 것은 중대한 우주의 범죄인 것입니다. 하나님께서는 범죄한 이 마귀를 그대로 두실 수 없습니다. 그래서 십자가를 통해 하나님께서는 마귀를 심판하사 이 세상의 임금의 자리에서 쫓아내셨습니다.

요한복음 12장 31절에 "이제 이 세상의 대한 심판이 이르렀으니 이 세상의 임금이 쫓겨나리라"라 하셨습니다. 예수 그리스도께서 십자가에 못 박혀 "내가 다 이루었다" 하시며 운명하신 그 시간에 마귀는 이 세상 보좌에서 쫓겨나 버렸습니다. 이제 마귀는 우리의 영혼을, 우리의 육체를 도적질하고 죽이고 멸망시킬 합법적인 권리가 없습니다.

마귀는 예수 그리스도로 말미암아 쫓겨났기 때문에 마귀가 가장 두려워하는 것이 예수 그리스도의 십자가 보혈입니다. 마귀가 보혈을 볼 때마다 몸서리치는 것은 예수 그리스도의 십자가 희생으로 말미암아 자기의 권력을 빼앗기고 무장이 해제되고 임금의 자리에서 내쫓겼기 때문입니다. 그러므로 마귀와 대적할 때 성령의 임재가운데 예수 그리스도의 이름과 그 보배로운 피를 가지고 대적하십시오. "내가 예수 이름으로 이 더러운 귀신에게 예수 피를 뿌리노라." "내가 예수 이름으로 이 더러운 귀신에게 예수 피를 붓노라." 그러면 마귀는 그리스도의 피를 보면 몸서리를 치고 쫓겨납니다.

그러므로 십자가를 통하여 이 세상의 임금의 자리에 있던 원수 마귀는 쫓겨난 패장이 된 것입니다. 그 후 마귀의 무장이 해제되었습니다. 마귀는 항상 죄악으로써 사람을 붙잡고 있었습니다. 죄는 마귀의 무기였습니다. 죄를 가지고 사람들이 하나님께 가지 못하게 만들었습니다.

그러나 예수 그리스도의 보배로운 피는 어떠한 죄라도 다 용서하고 사하기 때문에 마귀가 아무리 죄악의 무기를 사용해도 그 무기가 아무 효과가 없는 것은 그리스도께 나와서 회개하면 순식간에 죄가 사라지기 때문입니다. 마귀의 죄악의 쇠사슬은 예수 그리스도의 십자가 앞에서 아무런 힘도 없습니다. 이것은 마치 끓는 물에 눈을 넣는 것이니, 이 죄악의 쇠사슬은 주님의 십자가 앞에서 다 풀어져 버리고 마는 것입니다. 이렇게 마귀는 죄악의 무기를 잃어버렸습니다.

참소의 무기도 잃어버렸습니다. 마귀는 밤낮으로 하나님 앞에서 우리를 참소 했습니다. 우리를 따라 다니며 우리의 모든 잘못을 가지고 하나님께 참소함으로 말미암아 하나님께서 우리를 돌보아 주실 수 없도록 만들었습니다. 세상사람 중에 죄가 없는 사람은 아무도 없습니다. 모두가 허물을 가지고 있습니다.

우리의 모든 죄를 들어 참소를 한다면 우리는 견딜 수가 없습니다. 그러나 이제는 마귀가 참소할 때마다 예수 그리스도께서 아버지의 보좌 우편에 앉아 계셔서 "아버지여 참소 당하는 저 사람의 죄는 이미 다 제가 담당하여 청산했기 때문에 그 참소는 무효입니다."라고 하시기 때문에 마귀의 그 참소는 무효가 되어버립니다. 마귀는 참소라는 굉장한 무기를 가지고 행동을 하였지만 이제는 아무리 참소해도 예수님께서 그것을 무력화하십니다. 예수 그리스도의 그 기도를 통해 마귀는 무력화됩니다.

그리고 마귀는 여러 가지 병을 가지고 사람들을 절망에 몰아넣었습니다. 그러나 예수 그리스도께서 우리의 죄를 직접 청산하셨기 때문에 병의 무기도 무기가 아닙니다. 성경에서 베드로는 사도행전 10장 38절에 "하나님이 나사렛 예수에게 성령과 능력을 기름 붓듯 하셨으매 그가 두루 다니시며 선한 일을 행하시고 마귀에게 눌린 모든 사람을 고치셨으니 이는 하나님이 함께 하셨음이라" 하였습니다. 예수 그리스도는 어제나 오늘이나 영원토록 동일하십니다. 예수 그리스도는 몸 된 교회와 성령을 통해서 마귀가 가져다주는 병을 멸하고 계시므로 마귀의 병은 이제 무기가 되지 않습니다.

'하나님의 아들이 나타나신바 되었으니 마귀의 일을 멸하려 하심이라' 하셔서 예수님께서 이 시간에도 마귀의 일을 멸하기 위해서 능력으로 이 자리에 와 계신 것입니다. 마귀는 사망의 무기로 사람들을 포로로 잡았습니다. 사망으로 말미암아 공포에 떨고 있는 사람들을 예수 그리스도께서 오셔서 모두 해방시켜 주셨습니다. 죽음의 권세는 마귀가 가지고 있습니다. 하나님께는 죽음이 없기 때문입니다. 그러나 죄가 사망을 가지고 오는데 죄의 근본인 마귀가 사망의 권세를 가지고 있습니다. 그런데 예수께서 오셔서 우리를 대신하여 죽으셔서 장사지낸바 되고 음부에 내려갔다가 사흘 만에 부활, 승천하심으로 말미암아 사망과 음부의 권세를 우리를 위해 다 깨뜨리셨습니다.

인류를 대신하여 죽음에 내려가시고 음부에 들어가시고 그 곳에서 싸워 이기셔서 사흘 만에 사망과 음부의 권세를 다 철폐하시고 부활하셨습니다. 그렇기 때문에 이제는 예수 안에서 사망과 음부는 아무 힘이 없습니다. 원수 마귀는 예수님에게 사망의 무기도 다 빼앗긴 것입니다. 그러므로 십자가로 말미암아 마귀는 완전히 패배한 존재가 되어버렸습니다. 십자가 이전엔 그가 세상의 왕이요, 세상의 신으로 죄악, 참소, 병, 사망의 무기를 가지고 무장하여 사람들을 억압하고 있었습니다. 그러나 예수님의 십자가로 말미암아 마귀는 임금의 자리에서 쫓겨나고 무장해제 되고 패졸지장이 되었습니다. 이제 마귀는 사람들이 진리를 알고 예수님의 이름으로 대적하면 한 길로 왔다가 일곱 길로 도망칠 수밖에 없게 되었습니다.

이러므로 성경에는 "마귀를 대적하라 그리하면 저가 너를 피하리라 저가 내 이름으로 귀신을 쫓아내리라"고 말씀하신 것입니다. 이전에는 마귀가 세상의 임금이었기 때문에 우리가 마귀의 밑에서 종살이하였습니다. 이제 우리가 예수님을 믿고 난 후에는 우리 모두 하늘나라 임금의 자녀들이 되었습니다. 그리고 마귀는 우리의 발아래에 짓밟힌 종이 되었습니다. 십자가의 도가 이렇게 마귀의 모든 위치를 변화시켰습니다.

그러므로 십자가는 하늘, 땅, 지옥도 변화시키고 인간에게 영원한 희망과 행복과 승리를 주신 하나님의 지혜요, 하나님의 능력인 것입니다. 우리는 항상 십자가를 가슴에 품고 굳센 믿음과 감사로서 일생을 살아야만 합니다. 십자가 밖에 나가면 안 됩니다. 십자가의 도 안에 살고 그것만 자랑하고 살아야 합니다. 사랑하는 여러분 모두 예수그리스도의 십자가 공로만을 의지하고 살아가시기를 소원합니다.

  예수 그리스도의 십자가를 통과하지 않은 모든 것은 헛것입니다. 모든 권위와 능력은 예수그리스도의 십자가를 통과한 것이어야 합니다. 예수 그리스도의 십자가를 통과한 이외에 어떠한 위대한 인물이 나와도, 어떤 특별한 계시를 받았다 하더라도 따르지 마십시오. 십자가에 계시된 하나님의 아들 예수 그리스도 이외에는 길도, 진리도 생명도 아닌 것입니다. 십자가에 못 박힌 예수 그리스도의 그 희생을 통해서만 하늘도 변화되고 땅도 변화되고 지옥도 변화되는 것입니다. 하나님도 사람도 마귀도 변화되는 것입니다. 십자가만이 이와 같은 위대한 능력과 힘으로 우리에게 다가오는 것입니다. 이러므로 십자가를 믿고 그 밑에 살고 십자가를 자랑하고 십자가의 도를 전파하는 우리가 되시기를 주님의 이름으로 소원합니다.

18장 십자가로 일어난 큰 사건의 실상

(시33:12-22)"여호와로 자기 하나님을 삼은 나라 곧 하나님의 기업으로 빼신바 된 백성은 복이 있도다. 여호와께서 하늘에서 감찰하사 모든 인생을 보심이여 곧 그 거하신 곳에서 세상의 모든 거민을 하감하시도다. 저는 일반의 마음을 지으시며 저희 모든 행사를 감찰하시는 자로다. 많은 군대로 구원 얻은 왕이 없으며 용사가 힘이 커도 스스로 구하지 못하는도다. 구원함에 말은 헛것임이여 그 큰 힘으로 구하지 못하는도다. 여호와는 그 경외하는 자 곧 그 인자하심을 바라는 자를 살피사 저희 영혼을 사망에서 건지시며 저희를 기근시에 살게 하시는도다. 우리 영혼이 여호와를 바람이여 저는 우리의 도움과 방패시로다. 우리 마음이 저를 즐거워함이여 우리가 그 성호를 의지한 연고로다. 여호와여 우리가 주께 바라는 대로 주의 인자하심을 우리에게 베푸소서"

하나님은 예수님을 우리의 죄 값으로 십자가에서 고통을 당하게 하시고 물과 피를 흘리게 하여 우리를 구원 하셨습니다. 죄악으로 인하여 고통당하는 인간을 구원하기 위하여 2000년 전에 하나님의 아들 예수님이 오셔서 십자가에 못 박혀 피를 흘리셨습니다. 우리들은 예수님이 살이 찢기고 십자가에서 피를 흘려 우리를 구원하신 사실을 결코 잊어서는 안 됩니다.

성경 고린도후서 5장 17절에는 "누구든지 그리스도 안에 있으면 새로운 피조물이라 이전 것은 지나갔으니 보라 새것이 되었도다"라고 말씀하고 있습니다. 그러므로 우리는 우리 자신이 예수 그리스도 십자가의 은혜로 어떠한 사람이 되었는지를 알고 예수님께 영광을 돌려야 합니다. 그러면 왜 십자가의 도가 하나님의 능력이요 우주적인 사건이 될 수 있습니까?

1. 죄가 사해지고 영원한 의가 드러나기 때문

예수님은 십자가의 대속을 통하여 다니엘서 9장 24절에 기록한 말씀처럼 허물이 마치고 죄가 끝나며 죄악이 영속되며 영원한 의가 드러나기 때문인 것입니다.

> (단9:24) "네 백성과 네 거룩한 성을 위하여 칠십 이레로 기한을 정하였나니 허물이 마치며 죄가 끝나며 죄악이 영속되며 영원한 의가 드러나며 이상과 예언이 응하며 또 지극히 거룩한 자가 기름부음을 받으리라."

이 너무나 놀라운 역사를 베푼 것입니다. 마귀는 에덴에서 하나님의 계획을 짓밟아 놓았습니다. 인간은 하나님이 만드신 최고의 걸작품입니다. 하나님의 형상과 모양대로 지음을 받았으니 이 얼마나 놀라운 일인 것입니까? 하나님은 당신의 최대, 최고의 능력을 다 부어 넣어서 인간을 만드셨습니다.

그리고 하나님은 인간을 자랑하고 인간을 즐거워했었습니다. 이런 인간이 하나님을 반역하게 만들고 부패하고 타락하게 만든 것이 바로 마귀의 역사인 것입니다. 마귀는 아담과 하와를 꿰어서 하나님을 반역하게 만들고 죄를 지어 정죄함을 받고 버림받고 죄악으로 부패되고 마귀에 종속되게 만들고 난 다음 얼마나 기뻐했던지 아마 뛰고 구르고 춤을 추고 모든 자기의 부하들과 함께 희희낙락했을 것입니다. 하나님의 그 위대한 작품을 파손하고 부패케 했으니 얼마나 하나님에 대한 타격을 가한 것입니까? 하나님의 계획과 꿈이 얼마동안 혼동하게 되고 만 것입니다. 그래서 하나님은 아담을 통한 하나님의 백성과 나라를 세우시는 계획에 차질이 생기게 된 것입니다. 마귀는 승리를 구가하며 귀신들과 더불어 춤을 추었을 것입니다. 그러나 마귀는 하나님이 사람을 얼마나 사랑하는지를 몰랐습니다.

아마 그쯤 타격을 받았으면 하나님도 인생에 대해서 손을 털고 말 줄로 알았는데, 그때 이후 4천년 만에 하나님께서는 그 아들 예수 그리스도를 동정녀 마리아를 통해서 이 세상에 보내셨다는 것입니다. 하나님이 사람이 되셔서 이 땅에 오셔서 죄 없이 태어나서 죄 없이 살다가 33살에 모든 인류를 대표해서 십자가에 못박혀 우리 죄와 질병, 저주와 절망, 죽음을 단숨에 다 청산해 버린 것입니다. 마귀는 어안이 벙벙했을 것입니다.

입을 딱 벌리고 세상에 이런 일도 있을 수 있는가! 하나님이 타락한 인생들을 이처럼 한없이 사랑할 수가 있는 가, 우리 생각으로는 사람들이 하나님을 배반하고 타락하고 부패하고 정죄 받았으면 그뿐일 것이라고 알았는데 하나님이 이처럼 사람들을 사랑하셔서 당신의 독생자 예수를 사람의 몸으로 보내셔서 십자가에 죄를 다 맡겨서 청산할 정도로 사람을 사랑하는가!

하나님의 인간에 대한 사랑을 보고 마귀는 고개를 설레설레 흔들었습니다. 몸서리쳤습니다. 너무나 놀랐습니다. 도저히 상상을 초월한 것이었습니다. 하나님이 세상을 이처럼 사랑하사 독생자를 주셨으니 누구든지 저를 믿으면 멸망하지 않고 영생을 얻으리라는 이 말씀 가운데 이처럼 사랑했다는 것은 상상을 초월합니다. 온 하늘을 두루마리로 삼고 온 바다를 먹물 삼아도 이 하나님의 사랑의 높이와 넓이와 깊이를 우리는 다 측량할 수가 없는 것입니다.

하나님은 이 어마어마한 그리스도의 사랑을 통하여 우리들에게 죄를 영원히 용서하시고 영원한 의로움을 가져다주신 것입니다. 성경 에베소서 2장 7절로 9절에 "이는 그리스도 예수 안에서 우리에게 자비하심으로써 그 은혜의 지극히 풍성함을 오는 여러 세대에 나타내려 하심이니라 너희가 그 은혜를 인하여 믿음으로 말미암아 구원을 얻었나니 이것이 너희에게서 난 것이 아니요 하나님의 선물이라 행위에서 난 것이 아니니 이는 누구든지 자랑치 못하게 함이니라."

우리 행위에서 구원이 온 것이 아닙니다. 우리는 죄를 짓고 불의하고 추악하고 더러울 따름입니다. 그러나 하나님께서는 만세 전에 우리를 너무나 사랑하셔서 그 은혜로 말미암아 그리스도를 통해서 값없이 우리에게 믿음으로 구원을 주시기로 작정하신 것입니다. 이것은 도저히 마귀로서는 상상할 수 없는 것입니다. 이렇기 때문에 마귀는 이 예수그리스도의 위대한 역사를 바라보고 쓰디쓴 참패의 잔을 마셔야만 되었습니다.

골로새서 2장 12절로 15절에 "너희가 세례로 그리스도와 함께 장사한바 되고 또 죽은 자들 가운데서 그를 일으키신 하나님의 역사를 믿음으로 말미암아 그 안에서 함께 일으키심을 받았느니라 또 너희의 범죄와 육체의 무할례로 죽었던 너희를 하나님이 그와 함께 살리시고 우리에게 모든 죄를 사하시고 우리를 거스리고 우리를 대적하는 의문에 쓴 증서를 도말하시고 제하여 버리사 십자가에 못 박으시고 정사와 권세를 벗어버려 밝히 드러내시고 십자가로 승리하셨느니라"

십자가를 통하여 4천년 동안 인류를 괴롭혔던 하나님을 향한 허물이 끝이 나고 죄도 끝이 나고 죄악이 영원히 갚아지고 영원한 의가 우리에게 선물로 주어지게 된 것입니다. 의라는 것은 무슨 말씀입니까? 의라는 것은 일평생의 죄를 한번도 안 지은 것처럼 만들어 주는 것입니다. 의라는 것은 하나님 앞에 설 때 조금도 부끄럼 없이 설 수 있는 자격을 말하는 것입니다.

의란 마귀의 참소를 받지 않는 자격을 말하는 것입니다. 이와 같은 의로움을 주님께서 우리에게 선물로 주신 것입니다. 이렇기 때문에 그리스도의 십자가의 도는 우리에게 형언할 수 없는 은혜인 것입니다. 죄가 영원히 속해지고 의와 영원히 나타나는 하나님의 결정적인 사랑의 표현이 바로 십자가의 은총인 것입니다.

도저히 마귀조차도 상상할 수 없는 이 하나님의 위대한 역사에 우리는 오직 전율하고 감격할 따름인 것입니다. 하나님이 인생을 이처럼 사랑한 줄을 마귀도 모르고 사람들도 깨달을 수가 없습니다. 하나님을 반역하고 마귀를 쫓아서 부정하고 부패한 인생들을 마귀들은 하나님이 당연히 손 털어 버리고 버릴 줄 알았는데, 하나님께서는 그 외아들을 보내어, 우리 대신 십자가에 못박혀 고난당하시고, 죽기까지 하시므로 우리 죄를 대신 갚게 하시고, 불의를 청산케 하시고, 정죄에서 해방을 얻게 하시고, 하나님의 자녀로 영접하려고 하는 이 하나님의 끈질긴 사랑의 역사를 바라보게 될 때, 우리는 마음에 깊이 감동하지 아니할 수가 없습니다.

2. 대속을 통하여 마귀의 나라를 허물었다.

하나님은 예수님의 십자가의 대속을 통하여 마귀의 나라를 허물어 뜨렸습니다. 원래 이 세상은 아담에게 주신 것입니다. 그러나 아담이 하나님을 반역하고 마귀를 쫓음으로 이 세상과 그 영광을 마귀에게 다 넘겨주고 말은 것입니다. 그러므로 아담이 타락한 이후에 마귀는 이 세상의 모든 부귀와 영광을 다 소유하고 사람과 세상을 점령하여 다스리며 도적질하고 죽이고 멸망시키는 일을 계속했습니다.

세계 역사를 통해서 보세요. 피흘림의 전쟁이 없었던 날이 있습니까? 가인이 아벨을 죽인 이후로 세계에서 사람을 죽이고 서로 살상했습니다. 나라와 나라, 민족과 민족이, 대적하고 싸운 날이 계속됐습니다. 부패와 부정은 인간이 사는 사회 속에는 어느 곳에나 있어 왔습니다. 이것이 바로 마귀가 인류를 점령하고 도적질하고 죽이고 멸망시키는 역사를 한 것입니다. 그 마귀의 나라가 우리 주 예수 그리스도의 십자가로 말미암아 허물어지고 말은 것입니다. 마귀는 공중에 보좌를 배설하고 하나님께 대적하는 타락한 천사장 루시퍼와 그 종자(천사)들입니다.

성경 에스겔서 28장 13절로 15절에 보면 원래 마귀는 하나님이 만드신 그룹이며 천사중에 가장 위대한 천사였습니다. 그러나 그 영광에 도취해서 그만 하나님을 반역하고 마귀가 되고 말은 것입니다.

성경에는 에스겔28장 13-15절에 "네가 옛적에 하나님의 동산 에덴에 있어서 각종 보석 곧 홍보석과 황보석과 금강석과 황옥과 홍마노와 창옥과 청보석과 남보석과 홍옥과 황금으로 단장하였었음이여 네가 지음을 받던 날에 너를 위하여 소고와 비파가 예비 되었었도다 너는 기름 부음을 받은 덮는 그룹임이여 내가 너를 세우매 네가 하나님의 성산에 있어서 화광석 사이에 왕래하였었도다 네가 지음을 받던 날로부터 네 모든 길에 완전하더니 마침내 불의가 드러났도다"

너무나 영광스럽고 찬란하게 지음을 받은 하나님의 사랑을 독차지한 그가 사랑에 대한 반역을 행세하게 된 것입니다. 바로 그것이 이사야서 14장 12절로 15절에 기록되었습니다. "너 아침의 아들 계명성이여 어찌 그리 하늘에서 떨어졌으며 너 열국을 엎은 자여 어찌 그리 땅에 찍혔는고 네가 네 마음에 이르기를 내가 하늘에 올라 하나님의 뭇별 위에 나의 보좌를 높이리라 내가 북극 집회의 산 위에 좌정하리라 가장 높은 구름에 올라 지극히 높은 자와 비기리라 하도다 그러나 이제 네가 음부 곧 구덩이의 맨 밑에 빠치우리로다"

피조물이 어떻게 자기를 만드신 창조주 하나님과 동등 되려고 그런 오만한 마음을 먹습니까? 여러분 창조주와 피조물 사이에는 건널 수 없는 구렁이 있습니다. 지음을 받은 자가 어떻게 자기가 스스로 지은 자와 비길 수 있습니까? 아담과 하와도 마귀의 꾀임을 받아서 하나님처럼 되려고 했는데 웃기는 소립니다. 하나님은 창조자요, 인간은 피조물인 것입니다.

지음을 받은자가 지은자와 동등될 수가 없지요. 마귀도 천사장 루시퍼로 있을 때 하나님의 지음을 받은 자인데 그가 어떻게 지은자와 동등 되려고 하는 것입니까? 그 오만과 교만이 스스로 이 운명을 파멸시킨 것입니다. 그래서 마귀는 자기와 동조한 하늘 천사 3분의 1과 함께 타락하여 하늘에서 쫓겨나서 공중에 진을 치고 권세를 잡고 있는 것입니다. 그러나 마귀의 치명적인 범죄는 하나님의 아들 예수님을 죽인 것입니다.

하나님의 아들 예수님이 2천년전에 동정녀 마리아를 통해서 이 땅에 탄생했습니다. 여러분 죄의 종 된 아담의 후손들은 마귀의 통치하에 놓여 있기 때문에 마귀가 마음대로 도적질하고 죽이고 멸망시켰지요. 그러나 예수님은 죄 없이 잉태하여 죄 없이 사셨으므로 마귀의 통치권 하에 있지 않습니다. 하늘나라 임금이요, 하나님의 아들이십니다. 그는 이 땅에 태어나서도 아담의 혈통을 통해서 태어나지 않았기 때문에 아담과 더불어 그 후손이 마귀의 지배하에 있었던 것처럼 마귀의 지배하에 들지 않았습니다. 예수님은 신인류의 조상인 것입니다. 그는 성령으로 잉태되었지 아담의 피를 받지 않았습니다. 그는 처녀의 몸에 태어났지 아버지가 있는 여자의 몸에서 태어나지 않았습니다. 그는 죄 없이 태어났고 죄 없이 살았습니다. 마귀의 나라에 소속되지 않았습니다. 그는 이 땅에 오셔서도 비록 사람의 몸을 입고 오셨어도 하나님 나라 임금이요, 하나님의 아들이십니다.

그런데 하나님의 아들을 죽인 죄는 하나님에 대한 도전이며 하나님의 주권에 대한 침략인 것입니다. 마귀는 세상 사람은 죽여도 말할 것 없습니다. 자기 통치하에 있는데… 하물며 자기 통치밖에 있는 하나님의 아들을 붙잡아서 정죄해서 죽인 그 죄는 우주의 심판주인 하나님 앞에서 심판을 받고 그의 권세가 박탈

당할 잘못을 저지른 것입니다.

그러므로 우주의 재판장이신 하나님은 마귀를 심판하셨습니다. 골로새서 2장 15절에 "통치자와 권세를 벗어버려 밝히 드러내시고 십자가로 승리하셨느니라" 예수님이 십자가에 죽으시므로 마귀는 스스로 자멸했습니다. 자기의 정치, 자기의 권세가 다 해체되어 버리고 만 것입니다. 예수님의 십자가 이후로 마귀는 이제 합법적인 자기의 정부를 가지고 있지 않습니다. 자기의 권세를 가지고 있지 않습니다. 그는 쫓겨났습니다.

그리고 버림받고 해산 당한 게릴라 부대에 불과한 것입니다. 요한계시록 12장 10절에 보면 "내가 또 들으니 하늘에 큰 음성이 있어 가로되 이제 우리 하나님의 구원과 능력과 나라와 또 그의 그리스도의 권세가 이루었으니 우리 형제들을 참소하던 자 곧 우리 하나님 앞에서 밤낮 참소하던 자가 쫓겨났고" 그리스도의 십자가의 보혈로 마귀는 정사와 권세를 다 잃어버리고 쫓겨난 것입니다. 요한복음 12장 31절로 32절에 "이제 이 세상의 심판이 이르렀으니 이 세상 임금이 쫓겨나리라 내가 땅에서 들리면 모든 사람을 내게로 이끌겠노라 하시니라" 이 세상 임금인 마귀가 그리스도가 십자가에 들리면 쫓겨나고 예수님은 세상 백성들을 부르시겠다고 말씀한 것입니다.

히브리서 2장 14절로 15절에 "자녀들은 혈육에 함께 속하였으매 그도 또한 한 모양으로 혈육에 함께 속하심은 사망으로 말미암아 사망의 세력을 잡은 자 곧 마귀를 없이 하시며 또 죽기를 무서워하므로 일생에 매여 종노릇하는 모든 자들을 놓아주려 하심이라" 마귀의 쇠사슬에서 주님은 자유와 해방을 주시기 위한 것입니다. 그렇기 때문에 오늘날 마귀는 우리를 도적질하고 죽이고 멸망시키려고 하나, 예수 그리스도는 우리에게 자유와 해방을 허락하여 주시는 것입니다. "세례요한 때부터 지금까지 천국은 침노를 당하노니 침노하는 자는 빼앗느니라"고 한 말씀 그대로인 것입니다. 왜! 마귀가 이제는 권세를 잃었기 때문에 우리가 이 사실을 알고 마음을 다하고 믿음을 다해서 공격하면 마귀의 진은 무너지게 되어 있는 것입니다.

3. 대속을 통하여 율법의 정죄가 청산되었다.

구약시대에 시내산에서 받은 십계명을 중심으로 한 백여 계명은 사람들을 묶어 놓았습니다. 이렇게 해도 죄를 짓고 저렇게 해도 죄를 짓고 이렇게 해도 심판 받고 저렇게 해도 정죄되고 꼼짝달싹 할 수 없었습니다. 이스라엘 백성들은 선민이 되었으나 그 조건이 계명을 지키는데 있었는데 계명을 지키지 못함으로 그들은 다 정죄받고 버림을 당하고 만 것입니다.

그러나 예수님이 십자가에 못 박혀서 우리의 의문에 쓴 증서인 율법을 십자가에서 다 도말 시켜버리고 만 것입니다. 율법이 요구하는 모든 것을 주님이 다 이루시고 보혈로 청산해 버렸기 때문에 이제 우리는 율법아래 있지 않고 믿음아래 있게 된 것입니다. 여러분! 율법의 사명은 정죄에 있습니다.

로마서 7장 7절로 9절에 "그런즉 우리가 무슨 말하리요 율법이 죄냐 그럴 수 없느니라 율법으로 말미암지 않고는 내가 죄를 알지 못하였나니 곧 율법이 탐내지 말라 하지 아니 하였더면 내가 탐심을 알지 못하였으리라 그러나 죄가 기회를 타서 계명으로 말미암아 내 속에서 각양 탐심을 이루었나니 이는 법이 없으면 죄가 죽은 것임이니라 전에 법을 깨닫지 못할 때에는 내가 살았더니 계명이 이르매 죄는 살아나고 나는 죽었도다"

계명이 없을 때는 내가 죄가 죄인줄 몰랐습니다. 내가 죄인인줄 몰랐습니다. 그러나 계명을 알고 율법이 들어오자 그것에 비춰보니 내가 엉망인 것을 알게 된 것입니다. 거울이 없을 때는 내 얼굴에 얼마나 먹칠이 되었는지 몰랐는데, 거울이 생기자 얼굴에 먹칠한 것이 보이고, 이 먹칠이 얼마나 더러운 모습인 것을 알게 되는 것처럼, 율법이 없을 때는 자기가 죄인이 아닌줄 알았는데 율법이 들어오고 계명이 들어오자, 그것에 비춰보니 죄인 중에 중죄인인 것을 깨닫게 된 것입니다. 율법은 우리를 구원하려는 것이 아니라 우리의 죄를 드러내어 정죄하는 것입니다. 갈라디아서 3장 10절에 "무릇 율법 행위에 속한 자들은 저주 아래 있나니 기록된바 누구든지 율법책에 기록된 대로 온갖 일을 항상 행하지 아니하는 자는 저주 아래 있는 자라 하였음이라" 그러므로 율법 행위를 온전히 못하면 모두 다 저주를 받는 것입니다. 그러므로 온 세상이 하나님의 율법과 계명을 어겼으므로 저주

아래 있는 것입니다.

갈라디아서 2장 16절에 "사람이 의롭게 되는 것은 율법의 행위에서 난 것이 아니요 오직 예수 그리스도를 믿음으로 말미암는 줄 아는 고로 우리도 그리스도 예수를 믿나니 이는 우리가 율법의 행위에서 아니고 그리스도를 믿음으로써 의롭다 함을 얻으려 함이라 율법의 행위로서는 의롭다 함을 얻을 육체가 없느니라" 이 땅에서 율법을 보고 그를 알고 지켜서 의롭게 함을 얻을 육체가 없다고 성경은 말했습니다.

율법 행위로는 다 정죄 받고 저주받고 멸망 받을 수밖에 없는데 예수님의 십자가 보혈이 우리를 율법에서 해방시켜 준 것입니다. 골로새서 2장 14절에 "우리를 거스리고 우리를 대적하는 의문에 쓴 증서를 도말하시고 제하여 버리사 십자가에 못 박으시고" 의문에 쓴 증서라는 것은 율법을 말하는 것입니다. 율법을 적어놓은 율법을 십자가에 예수님이 못박아서 제하여 버렸습니다. 이젠 율법을 지킴으로 구원을 받는 것이 아니라, 예수님을 믿음으로 구원받는 시대에 우리가 살고 있는 것입니다.

로마서 3장 23절로 24절에 "모든 사람이 죄를 범하였으매 하나님의 영광에 이르지 못하더니 그리스도 예수 안에 있는 구속으로 말미암아 하나님의 은혜로 값없이 의롭다 하심을 얻은 자 되었느니라" 가족들에게 "당신은 믿음으로 의인이 되었습니다." 그렇게 말씀을 해주세요. 믿음으로 말미암아 아무런 대가없이 의롭다함을 얻게 된 것입니다.

로마서 7장 1절로 4절에 "형제들아 내가 법아는 자들에게 말하노니 너희는 율법이 사람의 살 동안만 그를 주관하는 줄 알지 못하느냐 남편 있는 여인이 그 남편 생전에는 법으로 그에게 매인바 되나 만일 그 남편이 죽으면 남편의 법에서 벗어났느니라 그러므로 만일 그 남편 생전에 다른 남자에게 가면 음부라 이르되 남편이 죽으면 그 법에서 자유케 되나니 다른 남자에게 갈지라도 음부가 되지 아니하느니라 그러므로 내 형제들아 너희도 그리스도의 몸으로 말미암아 율법에 대하여 죽임을 당하였으니 이는 다른 이 곧 죽은 자 가운데서 살아나신 이에게 가서 우리로 하나님을 위하여 열매를 맺히게 하려 함이니라"

결혼을 하면 남편에게 매인 몸이 됩니다. 죽으나 사나 남편에게 매인 몸이 되는데 언제 해방되느냐! 남편이 죽으면 바이바이 입니다. 해방과 자유를 얻었다. 그러면 자기가 원하는데 시집가도 되요. 왜냐! 그래도 음부가 되지 않습니다. 비유로 말씀한 것입니다. 율법이 우리의 남편이었습니다. 우리는 남편에게 속해서 꼼짝없이 율법에 묶여서 절망에 처할 수밖에 없는데 예수님이 오셔서 율법을 십자가에 못박아 버렸습니다.

그 예수님이 율법과 함께 죽고 부활해서 우리에게 다가와서 우리의 새로운 남편이 되고 만 것입니다. 우린 믿음으로 이젠 예수님을 새로운 남편으로 모시고 의지하고 그리스도와 더불어 의와 평화 가운데 살 수 있게 되었다는 것입니다. 이 얼마나 놀라운 축복인지요.

종교 개혁자 마르틴 루터에 대한 이야기가 있습니다. 루터가 심신이 몹시 쇠약하여 자리에 누워 있었을 때 마귀가 루터의 병실에 나타나 그를 노려보면서 승리의 미소를 지으면서 큰 두루마리 책을 쫙 펼쳤는데 두루마리 이쪽에서 저끝까지 마르틴 루터가 일생동안 지은 죄를 낱낱이 소상하게 기록해 놓았습니다. 거기엔 루터가 지은 많고 두려운 죄가 낱낱이 기록된 것을 보고 가뜩이나 지친 루터의 마음은 새가슴처럼 두렵고 떨렸습니다.

그런데 갑자기 루터의 마음에 번개같이 깨달아 지는 것이 있어 큰 소리로 마귀를 보고 외쳤습니다."마귀야! 너 잊어버린 것이 하나 있구나. 다른 것은 다 맞는데 잊어버린 것은 하나님의 아들 예수 그리스도의 피가 모든 죄에서 나를 깨끗하게 하였느니라는 요한일서 1장 9절에 말씀을 네가 잊어 버렸구나! 그런 말씀은 왜 안썼느냐?"하니, 그 참소하는 마귀가 순식간에 도망을 쳐버리고 그 두루마리 책도 사라져 버리고 말았다는 것입니다.

우리의 죄가 진홍같이 붉을지라도 흰 눈 같이, 주홍같이 붉을지라도 양털같이 희어질 수 있는 것은 예수님의 보혈이 있기 때문인 것입니다. 그리스도의 보혈은 율법에서 우리를 구원해 내시고 율법의 모든 정죄를 제하여 버린 것입니다.

4. 인간 행위의 자랑에서 해방된다.

예수 그리스도의 십자가 대속을 통하여 인간 행위의 자랑에서 해방됩니다. 사람은 "날좀봐! 내가 얼마나 의롭게 살았냐, 내가 얼마나 착하게 살았냐, 나는 의롭게 살고 착하게 산 공로로 나는 천당에 갈 수 있다" 그런 어리석은 소리를 하는 사람이 있습니다. 일반적인 생각이나 종교의 가르침은 인간의 선한 행위를 통하여 구원에 이른다고 말하고 있는 것입니다.

그러나 로마서 3장 10절로 20절을 보십시오. "기록한바 의인은 없나니 하나도 없으며 깨닫는 자도 없고 하나님을 찾는 자도 없고 다 치우쳐 한가지로 무익하게 되고 선을 행하는 자는 없나니 하나도 없도다 저희 목구멍은 열린 무덤이요 그 혀로는 속임을 베풀며 그 입술에는 독사의 독이 있고 그 입에는 저주와 악독이 가득하고 그 발은 피 흘리는데 빠른지라 파멸과 고생이 그 길에 있어 평강의 길을 알지 못하였고 저희 눈앞에 하나님을 두려워함이 없느니라 함과 같으니라"

이것이 믿지 않는 일반 사람들의 현상인 것입니다. 성경에는 "우리가 알거니와 무릇 율법이 말하는 바는 율법 아래 있는 자들에게 말하는 것이니 이는 모든 입을 막고 온 세상으로 하나님의 심판 아래 있게 하려 함이니라 그러므로 율법의 행위로 그의 앞에 의롭다 하심을 얻을 육체가 없나니 율법으로는 죄를 깨달음이니라"(롬3:19-20). 아무도 하나님 앞에서 행위로 의롭다 함을 얻을 자가 없습니다. 모든 사람은 하나님의 율법 앞에서 죄인으로 드러나고 심판 받을 수밖에 없습니다. 구원은 오직 믿음으로, 예수 그리스도의 십자가에서 이룩하신 보혈을 통하여 오직 믿음으로 그 이외에는 아무 조건이 없습니다. 그 의로움은 믿음으로 얻게 되는 것입니다.

로마서 4장 1절로 3절에 "그런즉 육신으로 우리 조상된 아브라함이 무엇을 얻었다 하리요 만일 아브라함이 행위로써 의롭다 하심을 얻었으면 자랑할 것이 있으려니와 하나님 앞에서는 없느니라 성경이 무엇을 말하느뇨 아브라함이 하나님을 믿으매 이것이 저에게 의로 여기신바 되었느니라" 우리 조상 아브라함, 별로 그렇게 훌륭한 분이 아닙니다. 왜냐하면 그는 부인도 어려울 때는 팔아먹을 수 있는 용기를 가진 분이었고 필요하면 눈도 깜짝하지 않고 첩을 얻어서 이스마엘을 낳는 사람이었습니다. 그러나 그는 회개하고 하나님께 꿇어 엎드려서 그리스도를 믿음으로 말미암아 하나님 앞에 의롭다 함을 얻게 된 것입니다.

로마서 4장 23절로 25절에 "저에게 의로 여기셨다 기록된 것은 아브라함만 위한 것이 아니요 의로 여기심을 받을 우리도 위함이니 곧 예수 우리 주를 죽은 자 가운데서 살리신 이를 믿는 자니라 예수는 우리 범죄함을 위하여 내어 줌이 되고 또한 우리를 의롭다하심을 위하여 살아나셨느니라"

예수님은 우리 죄 때문에 죽었다가 죄를 다 청산하고 살아나심으로 예수 안에서 우리는 의롭다함을 얻게 되는 것입니다. 이러므로 로마서 5장 1절로 2절에 "그러므로 우리가 믿음으로 의롭다 하심을 얻은 즉 우리 주 예수 그리스도로 말미암아 하나님으로 더불어 화평을 누리자 또한 그로 말미암아 우리가 믿음으로 서 있는 이 은혜에 들어감을 얻었으며 하나님의 영광을 바라고 즐거워하느니라"고 말씀하고 있는 것입니다.

에베소서 2장 7절로 9절에 "이는 그리스도 예수 안에서 우리에게 자비하심으로써 그 은혜의 지극히 풍성함을 오는 여러 세대에 나타내려 하심이니 너희가 그 은혜를 인하여 믿음으로 말미암아 구원을 얻었나니 이것이 너희에게서 난 것이 아니요 하나님의 선물이라 행위에서 난 것이 아니니 이는 누구든지 자랑치 못하게 함이니라" 당신은 행위에서 난 것 아닙니다. 구원은 우리의 노력에서 난 것이 아닙니다. 하나님의 은혜로 받은 것입니다.

믿음으로 받은 것입니다. 자랑할 데가 어디 있습니까? 없습니다. 오직 예수 그리스도와 아버지 하나님을 자랑할 것 밖에 없는 것입니다. 여러분 십자가 사건은 하나님도 사탄도 인간도 현재도 영원한 미래도 변화시킨 형언할 수 없는 위대한 구원의 사건인 것입니다. 그리스도가 십자가에서 "내가 다 이루었다"했을 때, 첫째로, 죄가 영원히 속해지고, 영원히 의가 드러나고, 둘째로, 마귀의 정사와 권세가 파멸되고 셋째로, 율법의 정죄와 의식이 사라지고, 넷째로, 인간행위의 자랑이 다 없어지고, 그 은혜를 인하여 믿음으로 말미암아 구원을 얻었나니 이것이 우리에게서 난 것이 아니요 하나님의 선물이라. 행위에서 난 것이 아니니 또한 자랑할 것이 없게 되고 만 것입니다.

19장 보혈의 새 옷으로 갈아입는 법

(창 3:21)"여호와 하나님이 아담과 그 아내를 위하여 가죽 옷을 지어 입히시니라"

하나님은 우리의 허물을 덮어주시는 하나님이십니다. 그러나 마귀는 어찌하든지 우리에게 와서 까발리려고 합니다. 발가벗기려고 하는 것입니다. 아담과 하와가 마귀의 꾀임에 넘어가서 죄를 짓고, 제일 먼저 당한 수치와 모욕은 발가벗은 것입니다. 누가 벗겼습니까? 마귀가 아담과 하와를 발가벗겼습니다. 그러나 하나님은 어떻게 하셨습니까? 짐승을 잡아 가죽을 벗겨 피를 흘리고 옷을 지어서 아담과 하와에게 입혀 주었습니다.

마귀는 벗기고 하나님은 입히시는 것입니다. 인생이 죄를 짓고 불의하고 추악하고 벌거벗어 하나님 앞에 나갈 수가 없도록 마귀가 만들어 놓고 박수를 치고 이제는 인류를 다 멸망시켰다. 이제는 저들이 영원히 지옥에 가서 죽을 수밖에 없다고 발을 동동 굴렀는데 하나님은 인생들을 입히시기 위해서 그 아들 예수님을 이 세상에 사람으로 보내셔서 인류공동체의 머리가 되어서 인간의 죄를 대신 짊어지고 십자가에 몸 찢고 피 흘려서 인류의 죄를 씻고, 그 의로운 옷을 벗겨서 우리에게 입혀 주신 것입니다. 마귀는 벗기고 예수님은 입히신 것입니다.

잠언 10장 12절에 "미움은 다툼을 일으켜도 사랑은 모든 허물을 가리우느니라" 미워하는 사람은 자꾸 발가벗기고 다투고 논쟁을 겁니다. 그러나 사랑은 허물을 다 덮어 버리는 것입니다. 허물을 덮고 나가는 것입니다. 베드로전서 4: 8에도 "무엇보다도 열심으로 서로 사랑할찌니 사랑은 허다한 죄를 덮느니라"

교회 와서 예수 믿는 다고 하면서 자꾸 이웃을 못살게 굴고 이웃의 약점을 들춰내고 허물을 들춰내고 "나는 잘 믿는 사람이다. 내가 제일이다." 그렇게 말하는 사람은 대단히 오해를 하고 있습니다. 그는 바로 미움의 사자요, 마귀의 촉수요, 마귀의 종인 것입니다. 그러나 큰 온유한 마음으로 이웃을 감싸고 사랑하고 덮어주는 사람은 하나님의 사자요, 하나님의 사랑의 역사를 하는 사람인 것입니다.

구약 성경에는 네 가지 피가 나옵니다. 양. 염소. 비들기. 송아지 피가 그것입니다. 신약에는 예수님의 피가 흐르고 있습니다. 성경에서 피를 발견하지 못하면 아무 것도 못 본 것입니다. 피는 곧 생명입니다. 성경은 피가 흐르는 책입니다. 성경은 생명이 흐르고 있는 책입니다. 성경은 피를 담고 있는 그릇입니다. 성경에 흐르고 있는 피를 볼 수 있어야 하고, 우리는 그 피의 의미를 바로 알 수 있어야 구원받은 성도입니다. 인간의 죄는 예수님의 피로만 씻어낼 수 있습니다. 성경책에 과거에는 빨간색을 칠했습니다. 예수 그리스도의 보혈을 상징한 것입니다. 기독교의 복음은 피의 복음이요, 피를 통한 복음입니다.

1. 인간이 만든 옷은 일시적이요 불완전하다.

베이커라고 하는 성서학자가 창세기 1장에서 3장까지의 주석을 쓰기 위하여 과거의 에덴동산으로 추정되는 유프라데스강과 티그리스강 유역에서 지내며 직접 실험을 해보았습니다. 옷을 벗고 무화과 나뭇잎을 엮어 치마를 해 입었습니다. 한 시간이 지나자 말라 부스러지기 시작합니다. 결국 무화과 나뭇잎으로 엮은 옷은 한 시간용 밖에 되지 않는 즉석용 옷일 뿐이란 결론입니다. 하나님은 그 옷을 벗기시고 가죽옷을 지어 입히셨습니다. 양의 희생의 피로 만들어진 가죽옷입니다. 이 옷 한 벌이면 평생을 입을 수 있었습니다. 가죽옷은 헤어져 입지 못하는 옷이 아니었습니다. 불완전한 인간은 불완전한 옷밖에 만들어 입지 못합니다. 완전한 하나님은 완전한 옷을 만들어 인간에게 입혀 주셨습니다. 마귀는 완전을 불완전으로 바꾸어 버렸지만 하나님은 불완전을 완전으로 바꾸셨습니다.

성경에 보면 여호수아 장군이 입은 더러운 옷을 벗기고 아름다움 옷으로 입힙니다.

(슥3:2-5)"여호와께서 사단에게 이르시되 사단아 여호와가 너를 책망하노라 예루살렘을 택한 여호와가 너를 책망하노라 이는 불에서 꺼낸 그슬린 나무가 아니냐 하실 때에 여호수아가 더러운 옷을 입고 천사 앞에 섰는지라 여호와께서 자기 앞에 선자들에게 명하사 그 더러운

옷을 벗기라 하시고 또 여호수아에게 이르시되 내가 네 죄과를 제하여 버렸으니 네게 아름다운 옷을 입히리라 하시기로 내가 말하되 정한 관을 그 머리에 씌우소서 하매 곧 정한 관을 그 머리에 씌우며 옷을 입히고 여호와의 사자는 곁에 섰더라."

이는 예수 그리스도의 피에 의한 의로운 세마포입니다.

    (계19:8)"그에게 허락하사 빛나고 깨끗한 세마포를 입게 하셨은즉 이 세마포는 성도들의 옳은 행실이로다 하더라."

예수 그리스도의 보혈의 옷을 입고 담대하게 세상을 이기시기를 축원합니다.

2. 하나님은 신본주의 옷을 지어주신 것이다.

무화과 나뭇잎으로 옷을 만든 것은 인간의 생각이요, 가죽으로 옷을 지어 입히신 것은 하나님의 생각입니다. 인간의 생각은 인본주의요, 하나님의 생각은 신본주의입니다. 무화과 나뭇잎으로 만든 옷을 입고는 하나님 앞에서 숨었지만 가죽으로 만든 옷을 입고는 하나님을 만날 수 있었습니다. 하나님을 만나기 위해서는 가죽옷을 입어야 합니다. 신앙은 인본주의를 포기하고 신본주의를 따르는 것입니다. 무엇이 인본주의입니까?

1) 자기 마음대로 사는 인본주의는 언젠가 무너집니다.

솔로몬은 성막을 성전으로 바꾼 사람입니다. 그는 그의 생각을 따라 마음먹은 대로 성전을 지으면서 물질적 부요를 자랑하기 위하여 물두멍, 번제단, 금촛대 등 모든 성막의 기구들을 열 개씩 만들었습니다. 얼마나 많은 돈을 들였는가 하면 못 하나하나도 다 금으로 만들었습니다.

주전 900년경에 솔로몬 성전이 세워졌는데 주전 586년에 바벨론의 공격을 받아 멸망할 때에 예루살렘 성전이 파괴되었습니다. 인본주의 성전은 가루가 되었습니다. 이스라엘에 가면 통곡의 벽이 있습니다. 솔로몬 성전을 지을 당시 동쪽벽은 귀족들이 지었습니다. 남쪽벽은 부자들이 지었습니다. 북쪽벽은 정치가들이 지었습니다. 서쪽벽은 서민들이 지었습니다. 바벨론이 솔로몬 성전을 함락시킨 후 금을 가져가기에 혈안이 되어 성전을 완벽하게 무너뜨렸고 모든 금을 가루로 빻아가지고 가버렸습니다. 귀족과 부자와 정치가들이 만든 성전의 벽은 초토화가 되었지만 서민들이 눈물 흘리며 믿음으로 지은 성전의 벽은 3000년이 지난 지금까지 든든히 서있습니다. 무엇을 말합니까? 인본주의는 무너지고 신본주의만이 영원하다는 것을 말씀합니다.

2) 하나님의 뜻 인줄 알면서도 순종치 않는 것이 인본주의입니다. 아담과 하와는 선악을 아는 나무 열매를 따먹지 말라는 하나님의 뜻을 어겼습니다. 명령에 순종을 거부하였습니다. 분명한 하나님의 뜻을 알고도 행치 않는 것이 인본주의입니다.

예배를 드리는 것이 마땅히 하나님 앞에 할 일임을 알면서도 하지 않는 것이 인본주의입니다. 복음을 전하는 것이 하나님의 명령입니다. 이를 여러 가지로 핑계하면서 거부하고 하나님의 명령보다 내 입장을 내세우는 것이 인본주의입니다. 인본주의는 멸망합니다. 인본주의를 좇는 사람들은 멸망합니다. 신앙은 내 뜻을 버리고 주님의 뜻을 좇는 것입니다.

3) 하나님과 세상을 겸하여 사랑하는 것이 또 인본주의입니다. 아나니아와 삽비라는 하나님을 사랑하기에 소유 전답을 다 팔아 하나님께 드리기로 했습니다. 그러나 땅에 대한 욕심도 있었기에 절반을 숨겼습니다. 그들은 한날에 부부가 죽고 말았습니다. 롯의 아내는 소돔과 고모라의 멸망의 성에서 구원받고 싶었습니다.

그러나 그 땅의 부요도 잃어버리기 싫었습니다. 뒤를 돌아다 본 연고로 소금 기둥이 되고 말았습니다. 우리는 철저하게 인본주의를 버리고 신본주의를 좇아야 합니다. 세상은 우리의 수치를 드러내어 멸망 받게 합니다. 하나님은 확대경을 하나 들고 계세요. 그 확대경으로 우리의 생애를 들여다보면 우리가 어떻게 서야 할지 알게 되므로 그것이 오면 우리는 움찔합니다. 그러나 하나님의 확대경은 두 가지 역할을 합니다. 여러분 확대경을 보면 어떻습니까? 한쪽은 멀리 보면 작게 보이는 것이 있고, 한쪽은 보면 가까이 보면 크게 보이는 것이 있지 않습니까?

하나님은 우리의 약점을 멀리멀리 보시고, 장점은 확대경으로 크게 보시는 것입니다. "어찌하여 나같이 못난 인생을 하나님이 사랑하시는가?, 왜 날 사랑하나?, 왜 날 사랑하나?, 나같이 죄를 짓고 불의하고 추악한 사람을 하나님은 사랑하셔서 기도 응답을 해주시고 은혜를 주시느냐?, 왜 날 사랑하나?"의 답은 확대경을 들고서 내 장점만 보시기 때문입니다.

하나님은 내 장점을 보시고 사랑 해주시는 것입니다. 단점은 하나님은 안 보려고 하십니다. 그러나 마귀는 확대경을 들고 있습니다. 마귀는 내 장점은 안보고 약점을 확 크게 해가지고서 "야 이 병신아, 이 도둑놈아, 이 음란한 자야, 이 강도야, 이 나쁜 놈아! 네가 무슨 자격이 있어 하나님께 나가냐!" 우리를 좌절시키고 절망시키는 것입니다.

하나님이 든 확대경하고 마귀가 든 확대경이 다릅니다. 바로 여러분이 그 확대경이 될 수 있습니다. 하나님이 당신을 통해서 이웃의 장점을 다 보고 단점을 긍정적으로 보아주면 하나님의 확대경이 되는 것입니다. 그러나 당신이 마귀의 확대경을 통해서 자꾸 이웃의 단점을 바라보고, 단점을 과대평가하고, 이 사람 저 사람에게 참소하고, 이웃을 짓밟으면 마귀의 확대경 노릇을 하는 것입니다. 우리가 그것을 잘 알아야 되는 것입니다.

갈라디아서 5:1에 하나님은 "그리스도께서 우리로 자유케 하려고 자유를 주셨으니, 그러므로 굳세게 서서 다시는 종의 멍에를 메지 말라" 하나님의 사랑의 속성은 우리에게 자유를 주는 것입니다. 묶여 사는 것 원치 않습니다. 하나님은 죄의 종이 되지 않기를 원하고, 세상과 마귀의 종이 되지 않기를 원하고, 병에 묶여서 평생을 고통 속에서 살기를 원하지 아니하고, 가난과 저주에 묶여서 콧물을 줄줄 흘리며, 주접을 떨고 살기를 원치 아니하며, 사망과 음부에 묶여서 영원히 종살이하기를 원치 아니하는 것입니다.

3. 수치와 허물을 가려주신 보호의 옷을 주셨다.

범죄한 아담과 하와 앞에 기다리는 가시와 엉컹퀴가 많은 세상에서 무화과 나뭇잎 옷이라는 것은 아무리 생각해도 어울리지 않습니다. 긁히고 부서지고 찢기고 피를 흘리게 됩니다. 무화과 나뭇잎 옷은 곧바로 찢어져 수치가 드러납니다. 허물이 들어납니다. 그러나 하나님은 어떤 경우에도 능히 몸을 가리워주고 보호할 수 있는 가죽옷을 장만하셨습니다. 아담과 하와의 수치를 가리워주고자 피 흘려주신 어린양의 보혈의 공로로 위험한 세상을 이기고 남을 수 있는 아름답고 튼튼한 옷을 주신 것입니다.

하나님은 사랑이십니다. 마귀가 하는 일은 사람들을 참소하여 수치스럽게 합니다. 마귀가 오는 것은 도적질하고 죽이고 멸망시키는 것이기 때문에 거짓을 꾸며서 참소하여 어찌하든지 파멸하려고 하는 것입니다. 그리고 마귀는 밤낮을 가리지 않고 참소한다고 했습니다. 우리는 자지만 마귀는 자지도 않아요. 밤낮으로 우리를 하나님 앞에 참소합니다. 밤낮으로 죽일 놈 나쁜 놈

저놈에게 기도 응답해 주면 안 됩니다. 저놈을 도와주면 안 됩니다. 저놈은 망해야 됩니다. 온갖 참소를 합니다.

그러므로 우리가 마귀의 참소를 이기기 위해서 어떻게 해야 되겠습니까? 우리는 공의로 심판하시는 하나님께 기도를 해야 합니다. 참소를 당할 때 변명하려고 돌아다니면 한꺼번에 진흙탕에 빠집니다. 참소를 당할 때는 공의로 심판하시는 하나님이 계십니다. 모든 것을 밝히 보시고 아시는 하나님이 계시기 때문에 하나님께 엎드려 기도해야 하는 것입니다.

로마서 8장 31절에 "그런즉 우리가 이 일에 대하여 무슨 말 하리요 만일 하나님이 우리를 위하시면 누가 우리를 대적하리요" 로마서 8장 33절로 34절에 "누가 능히 하나님의 택하신 자들을 송사하리요 의롭다 하신 이는 하나님이시니 누가 정죄하리요 죽으실 뿐 아니라 다시 살아나신 이는 그리스도 예수시니 그는 하나님 우편에 계신 자요 우리를 위하여 간구하시는 자시니라"

그러므로 이 공의로 심판하시는 하나님 앞에 우리가 마음중심으로 간절하게 기도해야지 참소하는 사람을 상대로 자기를 변명하고 뛰어다니면 진흙탕에 빠집니다. 공의로 심판하시는 하나님이 계시기 때문에 하나님이 언제나 공의로 심판해 주시는 것입니다.

그리고 예수님 보혈에 호소해야 하는 것입니다. 요한일서 3장 8절에 "죄를 짓는 자는 마귀에게 속하나니 마귀는 처음부터 범죄함이니라 하나님의 아들이 나타나신 것은 마귀의 일을 멸하려 하심이니라"예수님이 십자가에 못박혀 그 피를 흘리심으로 마귀의 모든 정사와 권세를 해체하시고 마귀의 세력을 멸했습니다. 예수 그리스도의 보혈에는 마귀의 모든 참소를 다 무력화시키는 능력이 있는 것입니다. 그러므로 오늘 성경 말씀에 어린 양의 피와 그 증거하는 말씀으로 저를 이겼다고 말한 것입니다. 그러므로 당신은 끊임없이 예수님의 피를 주장해야 하는 것입니다.

예수님의 피로 덮어주시옵소서. 예수님의 피로 나를 붙들어주시옵소서. 예수님의 보혈에 호소합니다. 그리스도의 보혈로 나로 이기게 하여 주시옵소서. 매일같이 여러분과 나를 참소하는 원수 마귀, 그 때문에 우리에게 여러가지 불행과 어려움이 다 가오게 되는데 우리는 기도할 때마다 예수님의 보혈을 늘 하나님 앞에 가지고 나와서 하나님 예수 보혈로 오늘도 나를 덮어 주시옵소서. 오늘도 그리스도의 보혈의 능력으로 나를 지켜 주시옵시고, 보혈이 나와 함께 하여 주시옵소서. 매일 매일 하루도 빠지지 않고 예수 그리스도의 보혈에 의지해서 기도해야 하는 것입니다. 왜냐하면 예수님은 십자가에서 마귀를 이기고 마귀의 참소를 이겼습니다. 자신을 위해서가 아니라 우리를 대신해서 이겨주신 것입니다.

그러므로 예수 그리스도의 보혈은 우리의 삶에 효과를 발생하는 것입니다. 우리의 매일매일의 생활에 효과가 있습니다. 비록 우리가 불의하고 부정한 일을 했을지라도 예수의 피는 그것을 다 덮어버리고 예수님은 내가 그 죄를 갚아버렸다. 그러므로 너는 참소할 수 없다. 예수의 피가 우리를 보호해 주심으로 우리가 하나님 앞에 담대히 나갈 수 있고, 하나님께 심판을 받지 않을 수 있고, 꾸짖음을 받지 않을 수 있는 것은 예수의 피 때문에 그런 것입니다. 아무리 원수 마귀가 참소를 해도 그 참소는 예수의 피 앞에 산산조각이 나버리고 마는 것입니다. 예수의 피에 대항할 수가 없습니다.

그러므로 우리는 항상 매일같이 하나님! 예수의 피로 덮어 주시고, 예수의 피로 나를 붙잡아 주시고, 나로 하여금 하나님 앞에 늘 서도록 하고, 마귀의 참소를 이기게 해 달라고 기도해야만 하는 것입니다. 그리고 하나님 말씀에 굳게 서야 되는 것입니다. 참소로 인하여 낙심하지 마십시오. 참소 당하면 마음에 낙심하게 됩니다. 이럴 수가 있느냐 어떻게 나를 이렇게 만들 수가 있느냐 그러나 낙심하지 마십시오.

성경 91편에 보면 "저가 나를 사랑한즉 내가 저를 건지리라 저가 내 이름을 안즉 내가 저를 높이리라 저가 내게 간구하리니 내가 응답하리라 저희 환난 때에 내가 저와 함께 하여 저를 건지고 영화롭게 하리라"고 말씀한 것입니다. 이 말씀에 서야 되는 것입니다. 뭐라고 말해도 내가 하나님을 사랑하면 하나님이 나를 건지시고 내가 하나님의 이름을 아니까 하나님이 나를 높여주실 것이고 내가 주님께 부르짖어 기도하는데 주님이 나의 변호자가 되어 주시고, 이 환난에서 주님이 건져주신다. 이러므로 하나님의 말씀에 굳세게 서서 낙심하지 말아야 하는 것입니다.

4. 하나님이 주신 옷은 피로 얼룩진 피묻은 옷이었다.

　가죽옷은 피로 얼룩진 옷입니다. 그 피로 그들의 죄와 수치를 가리워주고 용서하신 것입니다. 피흘림이 없이는 죄 사함이 없습니다. 아담은 범죄하였습니다. 범죄하니 하나님 앞에 나가지 못하고 숨었습니다. 죄지은 영혼은 죽는 것입니다. 인간은 인류의 시조인 아담의 범죄로 인하여 죽을 수밖에 없는 존재들입니다. 영이 죽어 하나님과 관계가 단절되었습니다. 육체적으로 죽습니다. 영원한 형벌인 지옥에 가게 됩니다. 이 저주에서 인간은 무화과 나뭇잎으로 옷을 해 입고 나가지만, 인간의 어떠한 노력도 자신을 구원할 수 없습니다. 우리에게는 가죽옷이 필요합니다. 예수 그리스도께서 우리의 가죽옷이 되십니다. 하나님이 양을 잡아 지어주신 가죽옷의 한 면에는 피가 얼룩져 있습니다. 누군가가 죽어야 죄의 사함을 얻고 부끄러움을 가리 울 수 있는 것입니다. 어떤 인간도 스스로 자기 죄의 문제를 해결할 수 없습니다. 의인이 죄인처럼 죽어 죄인이 의인처럼 살 수 있는 길을 예수님께서 열어 놓으셨습니다.

　우리는 우리의 의지로 구원받을 수가 없습니다. 우리의 의지로 우리의 죄와 허물 그 수치를 가릴 수 없습니다. 예수 그리스도의 보혈의 공로로 우리는 하나님 앞에 담대히 나아갈 수 있게 된 것입니다. 실로 우리는 누구나 다 무화과 나뭇잎으로 만든 옷을 벗고 하나님이 지어주시는 가죽옷을 입어야 합니다.

20장 보혈로 구원과 성화를 이루는 법

(엡1:7)"우리가 그리스도 안에서 그의 은혜의 풍성함을 따라 그의 피로 말미암아 구속 곧 죄 사함을 받았으니"

예수님은 우리들을 구원하기 위하여 하늘보좌를 버리고 천한 말구유에서 인간의 몸을 입고 태어 나셨습니다. 예수님은 우리를 죄악에서 구원하시기 위해서 육신이 되어 이 땅에 오셔서 33년의 공생애를 사시다가 십자가에서 몸 찢고, 물과 피를 흘리시고 죽으심으로 믿는 우리를 구원하셨습니다. 왜 예수님이 십자가에서 보혈을 흘리고 죽으셔야 하는가요? 우리는 왜 예수를 믿어야 구원을 받을 수 있는 가? 이번 장에서는 이것을 확실히 이해하여 심비에 새기는 시간이 되시기를 바랍니다. 원래 인간은 만물 가운데 유일하게 하나님의 형상대로 지음 받았습니다.

성경 창세기 1장 27~28절에 "하나님이 자기형상 곧 하나님의 형상대로 사람을 창조하시되 남자와 여자를 창조하시고 하나님이 그들에게 복을 주시며 그들에게 이르시되 생육하고 번성하여 땅에 충만하라, 땅을 정복하라 바다의 고기와 공중의 새와 땅에 움직이는 모든 생물을 다스리라 하시니라"라고 말씀하셨습니다.

이것이 하나님의 창조 원리입니다. 이렇게 세상의 모든 것을 다스리고, 정복하고, 누리며 살아야할 인간이 진정한 행복을 누리지 못하며, 여러 가지 영육의 문제들, 정신병, 우상숭배, 육신의 병, 점, 굿, 종교 등 이러한 문제들 속에서 눌리며 살아가고 있습니다.

그러면 인간에게 왜 이러한 문제들이 생겨났는가? 하나님은 성경을 통해서 이 문제들이 왜 나타났는가를 말씀해 주셨습니다. 하나님이 세상을 창조할 때에는(창1:2) 혼돈, 공허, 흑암이 있었습니다. 이 혼돈, 공허, 흑암을 성령으로 장악하시고 세상을 창조하셨습니다.

(창1:2)"땅이 혼돈하고 공허하며 흑암이 깊음 위에 있고 하나님의 신은 수면에 운행하시니라."

하나님이 사람을 흙으로 지으시고 생기를 그 코에 불어넣어 생령인 사람을 만드셨습니다(창2:7). 하나님은 모든 만물을 창조하시고 인간에게 다스리고 정복하고 누리라는 권세를 주셨습니다.

(창1:27-28)"하나님이 자기 형상 곧 하나님의 형상대로 사람을 창조하시되 남자와 여자를 창조하시고 하나님이 그들에게 복을 주시며 그들에게 이르시되 생육하고 번성하여 땅에 충만하라, 땅을 정복하라, 바다의 고기와 공중의 새와 땅에 움직이는 모든 생물을 다스리라 하시니라."

그리고 하나님은 하나님과 인간과의 "언약" 즉 약속, 법을 세우시고, 인간에게 지킬 것을 명령하셨습니다. 그 언약은 창세기

2장 17절 말씀에 "선악을 알게 하는 나무의 실과는 먹지 말라 네가 먹는 날에는 정녕 죽으리라 라고 말씀하셨는데", 이 말씀은 하나님과 인간과의 약속을 깨뜨리면 죽는다는 말씀입니다. 죽는다는 것은 우리의 육신이 죽는 게 아니고 영혼이 하나님과 인간과의 관계가 단절된다는 말씀입니다.

그런데 하나님이 천지 창조시의 혼돈, 공허, 흑암 속에는 사람의 눈에 안 보이는 어떤 악한 세력이 존재하고 있었는데, 그 어떤 악한 세력의 존재는 사람의 눈에 띄지 않게, 뱀 속으로 들어가 뱀을 이용하여, 아담과 하와를 하나님의 말씀을 믿지 못하게 하여, 아담과 하와를 넘어뜨리고 범죄하게 만들었습니다(창3:1~6).

뱀에게 미혹을 당한 아담과 하와가 선악을 알게 하는 나무의 열매를 따먹지 말라는 창세기 2장 17절 말씀의 언약을 지키지 못했기 때문에 이 죄악이 육을 입고 태어나는 모든 인간에게 전이되어, 우리 인간은 우리도 모르는 원죄란 운명을 가지고 태어나게 되었습니다. 원죄란 운명 때문에 우리의 영혼이 하나님을 떠나게 된 것입니다. 하나님을 떠난 우리 인간을 하나님은 어떻게 말씀하시는가 하면, 로마서 3장 23절에서 "모든 사람이 죄를 범하였으매 하나님의 영광에 이르지 못 하였더니라"고 말씀하고 계십니다.

인간은 영적인 존재인데, 창3장사건 이후, 육적인 존재가 되어 영적 사망에 빠지게 되고, 영적 사망에 빠진 인간은 원죄로 인해 마귀의 종이 되어 운명, 고통, 저주 속에서 살아가게 된 것입니다.

(창3:16-19)"또 여자에게 이르시되 내가 네게 잉태하는 고통을 크게 더하리니 네가 수고하고 자식을 낳을 것이며 너는 남편을 사모하고 남편은 너를 다스릴 것이니라 하시고 아담에게 이르시되 네가 네 아내의 말을 듣고 내가 너더러 먹지말라 한 나무 실과를 먹었은 즉 땅은 너로 인하여 저주를 받고 너는 종신토록 수고하여야 그 소산을 먹으리라. 땅이 네게 가시덤불과 엉겅퀴를 낼 것이라 너의 먹을 것은 밭의 채소인즉 네가 얼굴에 땀이 흘러야 식물을 먹고 필경은 흙으로 돌아가리니 그 속에서 네가 취함을 입었음이라 너는 흙이니 흙으로 돌아갈 것이니라 하시니라."

그래서 아담과 하와의 범죄 이후에 모든 인간은 원죄를 가지고 태어나게 되었으며, 우리의 영혼은 하나님을 떠나, 그 어떤 세력의 존재의 지배를 받으며 현재 지금까지 그 존재의 지배를 받으며 살아가고 있습니다.

성경 말씀에 보면 (롬3:23)"모든 사람이 죄를 범하였으매 하나님의 영광에 이르지 못하였더니."(롬5:12)"한 사람으로 말미암아 죄가 세상에 들어오고 죄로 말미암아 사망이 왔나니, 이와 같이 모든 사람이 죄를 지었으므로 사망이 모든 사람에게 이르렀느니라."(롬6:23)"죄의 삯은 사망이요"(고전15:22)"아담 안에서 모든 사람이 죽은 것 같이"…라고 강하게 말씀하고 있습니다.

그러나 하나님은 죄를 짓고 수치가 드러나 하나님 앞에 나오지 못하는 아담과 하와를 에덴에서 쫓아내시는 데, 그냥 보내지 않고 짐승을 잡아 가죽옷으로 수치를 가리고 보내십니다.

(창3:21)"여호와 하나님이 아담과 그 아내를 위하여 가죽옷을 지어 입히시니라."

하나님은 사랑이십니다. 우리가 여기서 알아야 할 것은 인간의 죄로 인한 수치가 가리워지려면 생명이 죽어서 피를 흘려야 합니다.

그리고 성경에서 말씀하시는 죄는 살인, 강도, 거짓 등 이러한 행위를 두고 말씀하시는 게 아니라, 물론 이러한 것을 죄를 지었다고 하지만, 하나님이 말씀하시는 죄인이란? 아담의 후손으로 태어나 하나님을 떠난 것 즉, 원죄를 해결 받지 못한 상태에 있는 사람을 죄인이라고 말씀하십니다.

(요16:9)"죄에 대하여라 함은 저희가 나를 믿지 아니함이요."

이와 같이 우리 인간을 하나님께 불신앙하여 죄에 빠뜨린 그 어떤 세력의 존재는 사단, 마귀라고 하고, 사단의 졸개를 귀신이라고 성경에서 말씀하고 있습니다.

이 법적 근거로 인하여 인간이 하나님의 말씀을 어기고 죄를 짓게 되면 귀신이 인간에게 들어와 수치를 드러내고 저주하는 것입니다. 왜냐하면 하나님의 음성을 듣고 순종하지 않고, 마귀가 원하는 불순종을 했기 때문에 마귀에게 저주할 수 있는 문을 열어 준 것입니다.

(유1:6)"자기 지위를 지키지 아니하고 자기 처소를 떠난 천사들" (계12:9~12)"옛 뱀 곧 마귀라고도 하고 사단이라고도 하는 온 천하를 꾀는 자라 땅으로 내어쫓기니 그의 사자들도 저와 함께 내어쫓기니라"(엡2:2) "그때에 너희가 그 가운데서 행하여 세상 풍속을 좇고 공중의 권세잡은자(사단)를 따랐으니 곧 지금 불순종의 아들들 가운데서 역사하는 영이라."

세상의 모든 것을 다스리고, 정복하고, 누리며 살아야할 인간이 하나님과 인간과의 계약 =(언약)=(약속)을 지키지 못하여, 흑암의 세력 눈에 안 보이는 그 어떤 세력의 언약 속으로 들어가 버린 것입니다. 인간이 마귀의 지배하에 들어가 진정한 행복을 누리지 못하며, 인간들의 삶 속에서 나타나는 여러 가지 문제들, 정신병, 우상숭배, 육신의 병, 점, 굿, 종교 등 이러한 문제들 속에서 마귀의 종이 되어 삶을 살아가게 되는 것입니다.

이 원죄로 인해 영적 저주 가운데 빠진 우리 인간은 사단의 지배 아래 살면서 다음과 같은 고통과 문제들 속에서 삶을 살아가고 있습니다.

마귀의 자녀, 우상숭배, 정신적인 고통, 죽음과 지옥의 심판, 영적인 유산 등입니다.

1. 마귀의 자녀, 마귀의 종이 되었다.

하나님을 떠난 인간은 영적으로 죽은 상태이며 마귀의 지배를 받게 되었습니다.

(요8:44) "너희는 너희 아비 마귀에게서 났으니 너희 아비의 욕심을 너희도 행하고자 하느니라 저는 처음부터 살인한 자요 진리가 그 속에 없으므로 진리에 서지 못하고 거짓을 말할 때마다 제 것으로 말하나니 이는 저가 거짓말쟁이요 거짓의 아비가 되었음이니라."

마귀의 자녀가 되니, 자연히 우상숭배 하게 됩니다.

2. 우상을 숭배하게 된다.

마귀를 지배하고 살아야 할 인간이 마귀의 종이 되어 마귀를 섬기면서 살아가게 된 것입니다. 그 결과로 마귀를 섬겨야 잘 지낼 수가 있으므로 미신 우상에 빠져, 점, 굿, 고사, 제사, 미신, 부적, 궁합, 택일, 사주팔자, 종교, 선행 등을 해보지만, 행복은 못 느끼며, 날, 방향, 묘자리 등을 인간 마음대로 할 수 없는 운명과 사주팔자에 묶여 살게 됩니다.

(엡2:2) "그때에 너희가 그 가운데서 행하여 이 세상 풍속을

좇고 공중의 권세 잡은 자를 따랐으니 곧 지금 불순종의 아들들 가운데서 역사하는 영이라."

우상숭배는 공중의 권세 잡은 자를 따랐다는 것입니다. 우상숭배에 빠진 결과 오는 것은 당연히 정신적인 고통이 오게 됩니다.

3. 정신적인 고통이 찾아왔다.

불안, 불평, 허무, 정신병, 노이로제, 불면증, 우울증 등 이상한 저주에 사로 잡혀 있고, 배경 좋고 지식도 많고 돈도 많은데, 자꾸만 영육의 질병으로 망해가게 됩니다. 세상 사람들은 이 원인들을 찾지 못하고 있지만, 성경에는 분명히 원인과 해결책을 말씀하고 있습니다.

> (엡2:3)"전에는 우리도 다 그 가운데서 우리 육체의 욕심을 따라 지내며 육체와 마음의 원하는 것을 하여 다른 이들과 같이 본질상 진노의 자녀이었더니" (히2:14~15)"사망으로 말미암아 사망의 세력을 잡은 자 곧 마귀를 없이 하시며 또 죽기를 무서워하므로 일생에 매여 종노릇 하는 모든 자들을 놓아주려 하심이니" (마11:28)"수고하고 무거운 짐진자들아 다 내게로 오라 내가 너희를 쉬게 하리라"

분명한 해결책은 예수를 믿는 것이라고 성경은 말하고 있습니다.

4. 육신의 고통을 당하면서 살아간다.

불치병, 우환, 질고, 몽유병, 간질병, 악몽에 시달리고, 가위에 눌리며, 병명도 없는데, 온몸이 눌리는 고통을 받게 됩니다.

> (행8:7~8)"많은 사람에게 붙었던 더러운 귀신들이 크게 소리를 지르며 나가고, 또 많은 중풍병과 앉은뱅이가 나으니 그 성에 큰 기쁨이 있더라."

세상에서 대중적으로 성공한 사람들, 위인들, 영웅, 재벌, 연예인, 선수, 과학자, 정치인, 작가, 가수, 배우 등등… 이러한 사람들 역시 마음의 진정한 안정을 얻지 못해, 마약복용, 불안, 자살, 갑작스런 죽음 등등을 당합니다. 우리는 그들에 인생의 끝 모습을 보면서 이러한 여러 가지 정신적인 문제들이 오는 것을 봅니다.

이러한 문제들은 성경에서는 숨은 영적인 문제에서 시작되는 것이라고 말씀하고 있습니다. 이 세상에 살면서 이것으로 끝나면 좋겠지만, 성경에서는 이것으로만 끝나지 않고, 또 다른 이것은 아주 영원한 것이며, 피할 수도 없고, 내가 아무리 부인하고 싶어도 부인 할 수 없는 것이라고 말씀합니다.

5. 죽음과 지옥의 심판을 받는다.

인간은 고통을 당하면서 살아가다가 결국 죽어 지옥으로 가게 됩니다. 하나님을 부인하고 현실에만 집착하다 결국은 죽어 지옥의 영원한 심판을 받게 됩니다.

(계20:12~15)"죽은 자들이 무론 대소하고 그 보좌 앞에 섰는데 책들이 펴 있고 또 다른 책이 펴졌으니 곧 생명책이라 죽은 자들이 자기 행위를 따라 책들에 기록된 대로 심판을 받으니" "누구든지 생명책에 기록되지 못한 자는 불못에 던지우더라"

(히9:27)"한번 죽는 것은 사람에게 정하신 것이요 그 후에는 심판이 있으리니"

성경은 분명히 말씀하고 있습니다. 이러한 것들은 나 혼자만으로 끝나는 것이 아니라, 이 모든 문제들이 결국은 자손들에게 대물림이 됩니다.

6. 영적인 유산의 상속(전이: 대물림)이 된다.

(출20:4~5)"너를 위하여 새긴 우상을 만들지 말고 또 하늘에 있는 것이나 아래로 땅 아래 물속의 있는 것의 아무 형상이

든지 만들지 말며 그것들에게 절하지 말며 그것들을 섬기지 말라 나 여호와 너의 하나님은 질투하는 하나님인즉 나를 미워하는 자의 죄를 갚되 아비로부터 아들에게로 삼사대까지 이르게 하거니와"

이 말씀이 사실일까 하시는 분은 점을 쳐주는 무속인, 굿, 각종 종교로 우상 숭배하는 자손들을 보시면 됩니다. 정신병원에 가보시면 아마 이러한 자손들이 대부분일 것입니다. 또, 각종 질병과 정신적인 고통, 불안 등… 여러 가지 문제들로 대대로 고통당하고 있을 것입니다. 이 세상에 사는 사람들은 1~6가지 문제들을 누구나 안고 살아가고 있습니다. 그래서 많은 사람들이 본인들은 뭐가 무엇인지도 모르지만 무엇인가에 의지하고 행하고 있습니다. 우상숭배에 대하여 꼭 알아야할 말씀이 있습니다.

(출 22:18)"너는 무당을 살려두지 말라" (레 20:27)"남자나 여자가 접신하거나 박수무당이 되거든 반드시 죽일지니 곧 돌로 그를 치라 그들의 피가 자기들에게로 돌아가리라."
(레 20:6)"접신한 자와 박수무당을 음란하게 따르는 자에게는 내가 진노하여 그를 그의 백성 중에서 끊으리니"

하나님은 우상숭배에 대하여 이렇게 강하게 말씀하고 있습니다. 이것은 인간은 영적인 존재이기 때문에 본인도 모르고 종교, 선행, 철학, 과학 등을 통해 누군가를 만나려고 하는 것입니다.

그러나 성경에서는 우리 인간 스스로의 힘으로는 그 누구를 만날 수도 없으며, 구원을 받을 수도 없다고 하셨습니다. 사람은 이 세상 만물들이나 짐승처럼 이 세상에 잠시 존재하다 끝나는 것이 아니라, 육신은 흙이니 흙으로 돌아가고, 영혼은 영원히 존재하는 것이기 때문에 무엇인가를 통해 그 누구를 만나려고 노력하는 것입니다.

원죄아래 있는 사람은 누구나 아무런 이유 잘못도 없이 죄인이 되어 버린 것, 나도 모르게 죄인이 되어 버린 것, 말도 안 되고 이해할 수 없는 것, 그러나 아무리 부인하고 싶어도 부인할 수도 없는 것, 세상 사람들은 이 문제로 인해 고통당하고 있습니다.

그럼 그것 원죄 그 원죄가 무엇이기에…, 아담이 하나님의 말씀을 잊어버리고 마귀의 소리에 넘어가 마귀의 말대로 선악과를 먹은 것이 죄입니다. 왜냐하면 하나님의 자녀이면 하나님의 음성을 들어야 하니까? 아담이 마귀의 소리를 듣고 순종했으니 죄인인 것입니다. 그러면 왜 꼭 예수 그리스도만 구원을 받을 수 있다고 하는가요?

(롬3:23)"모든 사람이 죄를 범하였으매 하나님의 영광에 이르지 못하였더니"

이 불행의 시작은 창3장의 문제인 아담과 하와에서부터 시작되었습니다. 아담과 하와의 범죄 이후에 태어난 사람은 하나님의 언약에서 이탈되어진 원죄를 가지고(마8:44) 태어나게 된 것입니다. 하나님은 원죄에 빠진 인간을 구원해 주시기 위해 즉시 구원의 길 복음을(창3:15) 주셨습니다.

아담과 하와는 범죄 한 후 즉시 무화과 잎으로 옷을 만들어 입었는데(창3:7) 시들어서 쓸모가 없게 된 것입니다. 이것은 인간의 노력, 종교. 선행, 철학, 도덕으로는 원죄를 해결할 수 없다는 것입니다. 그래서 하나님이 양을 잡아 피를 흘리게 한 다음, 가죽옷을 지어 입히니까 수치가 가려졌습니다. 이것으로 보아 죄인인 인간이 하나님에게 나아가려면 죄인이 죽어 피를 흘리는 제사를 드려야 하는 것입니다. 죄인 된 아담과 하와의 수치를 가리기 위하여 하나님이 양을 죽여 가죽옷을 입혔다는 것입니다.

이러므로 죄를 해결하기 위해서는 반드시 피 흘림이 있어야 하는 것입니다.

가인과 아벨의 예배를 통해서도 종교와 복음(피 언약)을 보여 주시는 것입니다. 가인도 최고의 정성을 드려 하나님께 예배를 드렸는데, 가인의 예배는 받지 않으신 것은 피의 언약, 복음을 잊어버린 예배, 종교는 하나님이 받지 않는다고 말합니다.

그래서 하나님은 피의 언약인 일방적으로 주신 원시복음(창3:15), 아담과 하와에게 가죽옷을 지어 입히셨는데, 가죽옷은 언약의 상징인 피를 말씀하십니다.

가죽옷을 만들기 위해서는 짐승이 피를 흘려 죽으므로 가죽옷을 입을 수 있듯이, 창세기 3장 15절의 여자의 후손으로 오셔서, 창세기 3장 21절의 피를 흘릴 것이라는 즉, 예수님의 십자가 대속의 피를 예표적으로 보여 주시기 위한 것이며, 예수 그리스도만이 우리를 흑암의 권세에서 구원해 주실 수 있다는 것입니다. 그러므로 세상 모든 사람들은 우리의 죄악 때문에 피흘리고 죽으신 예수를 믿어야 구원을 받을 수 있는 것입니다.

그럼 또 왜 피를 흘려야 죄사함을 얻는가? 그것은 레위기17장 11절에 보면 사람의 생명은 피에 있다고 하셨기 때문입니다(참고 히9:12). 아담에게 주신 피의 언약이 창4:1~7절의 가인과 아벨을 통해 피의 제사를 보여 주셨고, 출애굽의 유월절 언약의 피를 바르고 붙잡은 사람은 애굽에서 빠져 나왔다는 것, 이것도 예수님의 십자가 대속의 피를 예표적으로 말씀하고 계십니다. 그 밖의 많은 부분 구약에서 피의 언약에 대해 말씀하시고 계십니다.

그래서 죄를 지으면 죽어야 하므로 죽어서 피뿌림의 제사가 있어야 구원을 받을 수 있는 것입니다. 이래서 구약에서는 죄지은 자가 속죄함을 받기 위하여 짐승의 머리에 죄를 전가시키고, 자신이 그 짐승을 잡아 각을 떠서 번제를 드리므로 죄를 속죄 받았습니다. 내가 지은 죄로 자신이 죽어야 하나, 예수 그리스도가 대신 죽어 나의 죄를 속하여 주신 것입니다. 이것이 바로 기독교의 신비입니다.

여자의 후손이란? 모든 인간은 남자가 있어야 태어나는 남자의 후손입니다. 그 남자의 후손은 아담의 원죄를 가지고 태어나기 때문에 남자의 후손이 아닌, 여자의 후손 처녀의 몸에서 성령으로 잉태하실 분(사7:14), 하늘의 사람, 여자의 후손만이 우리를 원죄에서 구원해 주실 수 있다는 것입니다. 그래서 고린도전서 15장 47절에서 "첫 사람은 땅에서 났으니 흙에 속한 자이거니와 둘째 사람은 하늘에서 나셨느니라."고 말씀하고 있습니다.

구약에 예언된 예수님이 신약에 성령으로 잉태되어 여자의 후손으로 오셔서, 모든 것을 성취하시고, 부활 승천 하셨습니다. 우리는 그 예수 그리스도를 입으로 시인하고 마음으로 믿으면 우리의 죄 사함을 받고 죄에서 해방 받는 것입니다.

이는 왜 예수님만이 구원자인가를 말씀으로 설명한 것이었습니다. 창세기3장 원죄로 인해 시작된 영적 문제가 창세기 전체를 통해 사단이 누구를 무너뜨리고 어떻게 어디를 파고들었는가를 말씀해 주시고 계십니다.

이 사단이 어떻게 누구에게 어디를 파고 들어왔느냐 하면, 첫째로 개인에게 들어와 무너뜨리고, 두 번째는 가정을 무너뜨렸습니다. 세 번째는 사회 속으로 들어와 문화와 경제에 파고 들어왔습니다. 이것은 창세기에서 시작된 것이 지금 현재까지 계속 진행되고 있습니다.

창3장→ 개인을 무너뜨린 말씀입니다.
창6장→ 가정을 무너뜨리고 네피림 시대가 오게 되었습니다. 네피림이란 뜻은 위에서 떨어진자란 뜻으로 사단이 인간 속으로 들어왔다, 라는 것입니다. 네피림 시대가 오니 이때부터 우상, 무속, 풍속, 문화에 다 빠지게 되었고, 죄악이(타락) 자동으로 시작 되게 됩니다. 가정마다 음란으로 가정이 무너지는 세상이 되었습니다.

창11장→ 사회, 문화를 무너뜨렸습니다. 홍수 사건 이후 자손의 번성과 문명, 문화가 발전되었지만, 바벨탑 문화를 통해 개인 야망의 성취욕과 성취감은 끝이 없어, 결국 하나님 모르고, 성공한 후에는 무너진다, 라는 것을 말씀으로 보여준 것입니다. ~우리의 힘을 모으자 (흩어짐을 면하자) 인간의 성취욕과 성취감은 끝이 없습니다. ~우리의 이름을 내자(바벨탑이 아주 발달되어 있다.) ~성을 하늘까지 쌓자. 결국 하나님에 의하여 흩어졌습니다.

창12장→ 갈대아 문화: 최고의 정치, 발전된 법, 앞선 학문, 우상이 아주 심함, 학문, 지식, 문화가 아주 발전되어 있으면서 우상에 빠져있습니다.

창32장→ 이스라엘 문화: 선민사상, 율법사상, 전통사상 이었습니다.

창37장→ 애굽 문화: 세계를 우상으로 패망 시킬 사단 종교 국가입니다. 당시의 로마 그 시대의 바벨론 당대의 주도국, 당대의 우상국가 이었습니다. 그런데 하나님의 은혜로 갈대아 우상의 문화에서 아브라함을 부르십니다. 이 속에서 하나님의 구원 계획이 시작됩니다.

~이스라엘 문화에서 : 야곱을 이스라엘로 부르십니다.

~애굽 문화에서 : 요셉을 부르십니다. 요셉을 통하여 이스라엘을 애굽에서 지내게 하시다가 때가 이르매, 모세를 통하여 애굽에서 가나안으로 이주시키십니다. 그래서 믿는 자는 세상이 아니라, 하나님이 친히 준비하신 가나안으로 가야합니다. 세상

에서 구별된 삶을 살아야 합니다.

　이와 같은 창세기에 나타난 문제들을 정리하면 이렇습니다. 야망, 타락, 가정, 사회파괴, 동성연애, 우상숭배, 최고의 학문, 최고의 문화, 최고의 지식, 선민사상, 율법사상, 전통사상, 세계를 움직이는 로마국가 이러한 것들이 지금까지 계속되고 있습니다. 세계를 지배하던 로마(당대의 국가)들이 우상숭배가 극치를 달하여, 결국은 망하게 된 것을 역사를 통해서도 알 수 있습니다.

　지금의 전 세계는 창세기에서 나타난, 이상한 문제들이 지금 현재 사회문화 속에서 진행되고 있고, 풍속과 야망과 물질만능주의에 빠져 방탕, 호색, 음란, 술 취함, 쟁투와 시기 등, 그리고 아주 자연스럽게 우리의 문화가 되어버린 제사, 고사, 점, 굿, 종교, 부적, 숭배, 형상을 만들어 절을 하고, 무엇에게 빌고, 정신병, 이상한 질병 등, 청소년들의 그릇된 놀이문화, 성문화 등 이러한 문제들 이런 것들이 지금까지 계속 진행되고 있습니다.

　창3장에서 온 우리의 눈에 보이지 않는 영의 존재, 그 엄청난 세력을 우리의 힘으로 능력으로도 이길 수 없기 때문에 예수 그리스도를 보내 주신 것입니다. 우리가 마음의 문을 열고 예수 그리스도를 믿고 성령이 주는 믿음의 영적인 눈으로 세상을 바라보면 사단의 역사가 보이게 됩니다.

　이 인류의 고통과 마귀의 저주를 몰아내기 위하여 예수님이 성령으로 잉태되어 사람의 몸으로 태어나 33년간 사시다가 친히 십자가에서 몸을 찢고 피를 흘리고 죽으셨습니다. 예수 믿는 사람이 뭐 저래 나는 그래서 예수 안 믿어 라고 말씀하시는 분들도 계십니다. 그러나 그 분은 그분이고 나는 나인 것입니다. 예수 믿는 하나님의 자녀의 잘못된 부분들이 보여 지는 것은 그 분의 인격일 뿐, 내가 구원받는 것 하고는 아무런 상관이 없습니다.

예수 믿는 것은 사람을 보고 믿는 것이 아니라, 예수 그리스도를 통해 하나님의 자녀가 되는 것입니다. 하나님의 자녀가 되시어 성령의 인도 받아 천국에서 영생하는 것입니다. 예수를 믿는 천국의 시민권이 있는 성도여~, 각자 소속된 예배당에 가서서 예배를 통해, 하나님이 주시는 말씀이 삶 속에서 성취되며, 기도의 비밀과 축복을 누리시길 바랍니다.

(롬5:8)"우리가 아직 죄인 되었을 때에 예수 그리스도께서 우리를 위하여 죽으심으로 하나님께서 우리에게 대한 자기의 사랑을 확증 하셨느니라." (벧전1:9)"믿음의 결국 곧 영혼의 구원을 받음이라."(요3:16)"하나님이 세상을 이처럼 사랑하사 독생자를 주셨으니 이는 저를 믿는 자마다 멸망치 않고 영생을 얻게 하려 하심이라."

인간이 무엇인가 의지하려고 하고, 그 누구를 만나려고 하는 분은 바로 예수 그리스도 한분 이십니다. 오직 예수 한분만 만나야 합니다. 복음은 하나님이 친히 인간의 몸을 입고, 이 땅에 오셔서 우리, 인간을 구원하신 것입니다. 예수 그리스도란 예수는 구원자란 뜻을 가진 이름이며, 그리스도는 기름부음 받은자 선지자, 제사장, 왕이란 직분을 받은 분이라는 뜻입니다.

우리가 예수를 믿고 하나님의 자녀가 된 것은, 구원받았다는 것하고 같은 뜻이며, 그리고 우리가 꼭 기억해야 될 7가지가 있습니다.

첫째, 구원의 확신입니다. : 신분의 변화로 하나님의 자녀가 되었습니다.

(롬8:16)"성령이 친히 우리 영으로 더불어 우리가 하나님의 자녀인 것을 증거 하시나니" (요1:12)"영접하는 자 곧 그 이름을 믿는 자들에게는 하나님의 자녀가 되는 권세를 주셨으니."

이제 당신은 명백한 하나님의 자녀입니다.

둘째, 성령의 인도의 확신, 예수를 믿음으로 성령의 인도를 받게 됩니다.

(고전3:16)"너희가 하나님의 성전인 것과 하나님의 성령이 너희 안에 거하시는 것을 알지 못하느뇨"(요14:26) "보혜사 곧 아버지께서 내 이름으로 보내실 성령 그가 너희에게 모든 것을 가르치시고 내가 너희에게 말한 모든 것을 생각나게 하시니라."

성령께서 항상 함께 동행 하시며 천국까지 인도하십니다.

셋째, 하나님께 기도할 수 있고, 기도의 응답을 받습니다.

(요16:24)"지금까지는 너희가 내 이름으로 아무 것도 구하지 아니하였으나 구하라 그리하면 받으리니 너희를 향하신 하나님의 뜻이니라" (살전5:16-18)"항상 기뻐하라 쉬지 말고 기도하라 범사에 감사하라 이는 그리스도 예수 안에서 너희를 향하신 하나님의 뜻이니라" (계8:3-5)"또 다른 천사가 와서 제단 곁에 서서 금향로를 가지고 많은 향을 받았으니 이는 모든 성도의 기도들과 합하여 보좌 앞 금단에 드리고자 함이라 향연이 성도의 기도와 함께 천사의 손으로부터 하나님 앞으로 올라가는지라 천사가 향로를 가지고 단 위에 불을 담아다가 땅에 쏟으매 뇌성과 음성과 번개와 지진이 나더라."

하나님께서는 우리의 기도에 응답하시며 기도할 때 천사를 보내 주시어 우리의 기도를 들으십니다.

넷째, 흑암의 세력을 꺾고 몰아내는 권세가 주어졌습니다.

(눅10:19)"내가 너희에게 뱀과 전갈을 밟으며 원수의 모든 능력을 제어할 권세를 주었으니 너희를 해할 자가 결단코 없으리라" (엡6:11)"마귀의 궤계를 능히 대적하기 위하여 하나님의 전신갑주를 입으라" (막16:17~20) "믿는 자들에게는 이런 표적이 따르리니 곧 저희가 내 이름으로 귀신을 쫓아내며"

예수님의 권세로 사단의 모든 세력들을 꺾고 몰아낼 수 있습니다.

다섯째, 성령과 천사의 보호를 받게 됩니다. 미국 사람 86%가 천사가 실제로 있다고 믿고 있습니다.

(히1:14)"모든 천사들은 부리는 영으로서 구원 얻을 후사들을 위하여 섬기라고 보내심이 아니뇨"(벧전1:12)"너희를 위한 것임이 계시로 알게 되었으니 이것은 하늘로부터 보내신 성령을 힘입어 복음을 전하는 자들로 이제 너희에게 고한 것이요 천사들도 살펴보기를 원하는 것이니라" (빌3:20)"오직 우리의 시민권은 하늘에 있는지라 거기로서 구원하는 자 곧 주 예수 그리스도를 기다리나니."

지금부터 영원한 생명을 얻은 천국 백성으로 그 모든 축복을 누릴 수 있습니다.

여섯째, 천국 시민이 됩니다. 시민권이 천국에 있습니다..

(빌3:20)"오직 우리의 시민권은 하늘에 있는지라 거기로서 구원하는 자 곧 주 예수 그리스도를 기다리노니"(벧전2:9)"오직 너희는 택하신 족속이요 왕같은 제사장들이요 거룩한 나라요 그의 소유된 백성이니 이는 너희를 어두운데서 불러내어 그의 기이한 빛에 들어가게 하신 자의 아름다운 덕을 선전하게 하려 하심이라."

일곱째, 복음 전도의 사명과 성령의 권능을 받습니다.

(마28:18-20)"예수께서 나아와 일러 가라사대 하늘과 땅의 모든 권세를 내게 주셨으니 그러므로 너희는 가서 모든 족속으로 제자를 삼아 아버지와 아들과 성령의 이름으로 세례를 주고 내가 너희에게 분부한 모든 것을 가르쳐 지키게 하라 볼찌어다 내가 세상 끝날까지 너희와 항상 함께 있으리라."

(골4:3~4)"또한 우리를 위하여 기도하되 하나님이 전도할 문을 우리에게 열어 주사 그리스도의 비밀을 말하게 하시기를 구하라 내가 이것을 인하여 매임을 당하였노라 그리하면 내가 마땅히 할 말로서 이 비밀을 나타내리라."

우리는 예수 이름의 축복으로 복음 전도 할 수 있는 권능을 받았습니다. 복음 전하는 것은 세상의 일을 접어두고, 오직 주를 위해 전도만 하라는 말씀이 아닙니다. 지금 내게 주어진 삶의 현장 속에서(가정, 사업장, 공장, 병원, 학교, 기관 등) 내가 속해 있는 현장을 위해 기도하고, 자기에게 맡겨진 일에 최선을 다하는 것도 전도입니다. 그리고 그곳에서 만나는 사람들에게 예수 그리스도의 복음을 전하는 것이 전도입니다. 전도하여 주님의 마음을 기쁘게 하시기를 바랍니다.

이 책을 통해 예수님이 땅끝까지 전파 되기를 소원합니다.
(출판으로 인한 이익금은 문서선교와 개척교회 선교에 사용합니다.)

보혈의 권능을 사용하는 법

발 행 일 l 2013.12.11초판 1쇄 발행

지 은 이 l 강요셉

펴 낸 이 l 강무신

편집담당 l 강무신

디 자 인 l 강요셉

교정담당 l 원영자/최옥희

펴 낸 곳 l 도서출판 성령

신고번호 l 제22-3134호(2007.5.25)

등록번호 l 114-90-70539

주   소 l 서울 서초구 방배천로 4안길 20(방배동)

전   화 l 02)3474-0675/ 3472-0191

E-mail l kangms113@hanmail.net

유   통 l 하늘유통. 031)947-7777

ISBN l 978-89-97999-17-0 부가기호 l 03230

가   격 l 18,000원

이 책의 내용은 저자의 저작물로 복제,복사가 불가합니다.
복제와 복사시 관련법에 의해 처벌을 받게 됩니다.